J. J. Reiske Conjecturae In Jobum, Et Proverbia Salomonis Cum Ejusdem Oratione De Studio Arabicae Linguae...

Johann Jacob Reiske

IOANNIS IACOBI REISKE
CONIECTVRAE
IN IOBVM
ET
PROVERBIA SALOMONIS
CVM EIVSDEM
ORATIONE
DE STVDIO ARABICAE LINGVAE.

[handwritten annotation]

LIPSIAE,

TYPIS GVLIELMI GOTTLOB SOMMERI.

MDCCLXXIX.

HEROI IN TOGA SPLENDIDISSIMO

IMAGINIBVS VIRTVTE LITTERIS

CLARISSIMO

PETRO FRIDERICO

E NOBILISSIMA GENTE

SVHMIORVM

CVBICVLARIO PRIMI ORDINIS IN AVLA
DANORVM REGIS
PHILOLOGO HISTORICO POETAE

OB SINGVLARIA BENEFICIA

HVNC LIBELLVM

GRATI ANIMI TESTANDI CAVSSA

L. M. Q. D. D.

ERNESTINA CHRISTINA
FILIA MVLLERI
REISKII VIDVA.

VIR GENEROSISSIME, NOBILISSIME, DOCTISSIME,

PATRONE IN PAVCIS CARISSIME,

Vetus verbum est: Ingrato viro terra nihil peius creat. Quod verius de femina dici posse existimem, cuius pectus natura finxit mollius et ab omni asperitate voluit esse alienissimum.

)(3

Ne

Ne igitur et ipsa immemor beneficiorum tardiorue ad referendam gratiam viderer, cupiebam officium in TE meum, si quam nacta essem opportunitatem, aliquo testimonio publice efferre, vt, quantum TIBI debeam, quanti virtutes TVAS, quanti vim ingenii TVI, TEque ipsa faciam, plures intelligerent. Curanti autem mihi, ne displiceat monumentum, quod a me TIBI statuendum sit, quia cum Platone nullum beneficium id esse duco, quod, cui fiat, non placet, nihil acceptius visum est, quam munus huius libri, de cuius auctore omnium optime meruisti. Piis manibus viri mei quasi iusta facis et insigni pietate

tate quaſi inferias publice inſtituis,
comparatis aere non exiguo omnibus,
qui nondum editi in pluteis meis reſta-
rent, foetibus ingenii Reiskiani, iisque
in ampliſſima bibliotheca *TVA* repoſitis,
non vt *TIBI* ſoli, aut tineis, ſer-
viant ibi, aut per cancellos tantum ſpe-
ctentur, ſed in omnium vſum, praeſertim *TVI* ſimilium, ſeruas, bonamque
partem harum lucubrationum, quas auctor ipſe morte praepeditus emittere non
potuit, publici iuris facere conſtituiſti.
Certe tantus cumulus gloriae accedit ad
celebritatem nominis Reiskiani, ſi opera
eius per *TE* curentur, quantum vtili-
tatis ex iis litterarum peritiores dudum

)(4   exſpe-

exspectant. Quis, quaeso, nescit summam ingenii TVI perspicacitatem, acumen iudicii, immensam eruditionis aliunde petitae copiam, incredibile item de praeclaris artibus merendi studium, vt meliorem laboribus illis et intelligentiorem patronum diu quaesiuissem, difficulter inuenissem. Absque TVA cura profecto vtilissimarum dissertationum fructu forte semper caruisset res litteraria. Quo melior igitur curator es reliquorum orphanorum, et quo maior cumulus exinde TVIS in doctrinam politiorem meritis accedit, eo lubentior hoc opusculum Generosissimo Nomini TVO consecratum esse iubeo, quia TV prae

cae-

caeteris omnibus Scriptoris honorem et
vis tueri, et potes, si quibusdam hae vi-
giliae amici olim mei sint offensioni: quod
nihil mirum, quandoquidem Somni ac
Noctis filius, Momum puto, neque su-
peros, neque inferos, inculpatos potuit
relinquere. Ego vero praeterea hunc
in modum simul ex parte nomen redimo,
quod haeret apud TE, VIR GENE-
ROSISSIME, dumque viuam, hae-
rebit, saltem gratae meae voluntatis tes-
seram TIBI offero, quam tot beneficia,
quae liberalitas TVA in me contulit
non parce, dudum a me flagitant.
Quamquam magnus iam splendor est virtutum Tuarum, quibus in dies addun-

)(5   tur

tur noua ornamenta, a me tamen inprimis TVA erga me insignis gratia extolli et verbis explicari satis non potest. TV enim Musas meas humi repere, et cum rerum inopia conflictari noluisti, TV pectus sollicitum de futuro, tacitis leuatum curis, consolatione sustentasti non minima, TV viduam pensione annua instruxisti munifice, de quo mihi vehementer gratulor, praecipuamque duco felicitatem, quod in posterum de vitae praesidiis mihi non sit anxie cogitandum. Quum enim sit nemo, cui me tam esse devinctam non solum profitear libere, sed etiam velim ac gaudeam, tale TVVM praedico ac veneror patrocinium, quale

cultu

cultu mereri vix aſſiduiſſimo cliens queat.
TIBI, mihi crede, TIBI debeo futuram animi tranquillitatem, quae non
exiguum eſt viduitatis leuamentum.
Quum vero referre gratiam dignam non
poſſim vnquam, ad vota confugio, quorum ſumma haec eſt, vt viuas diutiſſime
feliciſſimeque floreas, praecipue in doctrinae ac ſapientiae ſtudiorum tutelam et
incrementum, meique tandem ſolatium
et ſalutem, quia ſine TVA felicitate
vitam acerbam mihi fore praeſentiſco.
Quemadmodum vero pie TE colam perpetuo, ita TE oro ac rogo, beneuolentiam TVAM aeternam eſſe velis, neque patiaris, in animo TVO opinio-
nem

nem de me conceptam quibuscunque
temporum aut locorum interuallis vel
minui, vel perire. Ita bene vale, et
has posthumas Reiskii olim mei exercita-
tiones eadem fronte accipe, qua tum me,
tum alios beneficiis cumulare foles. Ite-
rum iterumque vale. Scr. Lipsiae Ca-
lendis Maiis A. C. CIƆIƆCCLXXIX.

GENEROSISSIMO NOMINI
TVO

addictissima
E. C. Mülleri f.
Reiskii vidua.

IOANN. IACOBI REISKE
PRAEFATIO
AD SVAS
IN
IOBVM ET PROVERBIA SALOMONIS
CONIECTVRAS.

Quae libellum hunc fors maneat, docebunt secuturi dies, neque arduum est conjicere; quae sint iłlius dotes et destinatio, meum est breuiter exponere. In vniuersum tendit eo, vt Iobi libro, ab omni tempore perobscuro habito, nouam lucem ex Arabicae linguae et sobriae Critices vsu accendat. Quum mihi non liceat nunc quidem, vt volebam, euagari, neque licuit pariter, et ne libuit quidem, quae alii viri docti super hoc argumento ante me edisseruerunt, seu recoquere, seu ex-

amina-

aminare, interpretum discordias seu re-
censere, seu componere. Compilatoris
ille labor, et ingratus, est. Mea malo
dare. Neque in singulorum versuum abs-
conditos, mysticos, et nescio quos, sensus me. immergo. Et ab indole animi
mei, qui simplex et verum amat, et a
munere, quod gero, et a vitae genere,
quod affector, id alienum est. Sed, quam
ad me spectare arbitror, prouinciam in-
vasi, Critici nempe, cum quod haec animi mei ingeniique moribus apprime
congruebat, tum quod eam in Iobo de-
prehendebam tam neglectam hactenus
esse, quam e contrario debuerat studii
maxima contentione curata fuisse. Profecto, si caeteros S. C. V. T. libros, quos
nondum lustraui, a Iobo licet aestimare,
et a Prouerbiis Salomonis, quos libros
his diebus aliquantum diligenter tracta-
vi, credibile fiat, non exstare Graecum
Latinumue scriptorem, in quo Criticus ex-
periri suum acumen et monstrare luculentius vtiliusue, quam in S. C. queat.
Quod si vero secus sit, et puriores a
mendis calami sint caeteri libri, quod
cum tempore videbimus, necesse est, vt
incredibilis aliqua vis fatalis stuporis et
hallucinationum, quibus implicari ten-
tari-

tarſque ſolent librariorum oculi et manus, in vnam hanc librorum bigam, et in Iobum praecipue, incubuerit. Finge tibi antiquum aliquod templum, ſed magnificum et admirabile, cui per temporis diuturnitatem vnus lapis et alter de loco ſuo demouit, cui fumus et puluis et denſae araneae atram pallam circumfuderunt. Tale templum eſt Iobi liber, cui appactas ſordes tantum abeſt vt deterſerint, qui in eo incruſtando et dealbando toti fuerunt, vt potius perſaepe magis commaculauerint. Et tamen vtcunque deturpatum et ignorabile et diſſimile ſibi templum hoc admirationem mouit ſpectatoribus; idque merito ſuo. Quid iam putes futurum, ſi deterſis illis librariorum ſordibus, et illis interpretum araneis, totum ſplendorem ſuum explicet? Ego ſane, quum nuper hunc Iobi librum in manus ſumebam, obſtupeſcebam ad inſuetos et inſperatos, qui mihi ex propinquo accidebant, radios gratiſſimae lucis; caligabat oculus ad eloquentiae pompam Deo dignam, infra quam mortale reliquum omne ſublime ſubſidet; trepidabat mihi pectus, credite poſteri, turbida laetitia, tanquam auguſti ſacelli, numine pleni, limina ſalutaſſem. Tam

poten-

potentes fentiebam illos radios, tam
igneos, et amabiles, et venuftos, vt, fi in
recto vifus puncto collocentur, vel fer-
reos oculos non ferire et implere nequeant. Tales autem illos exhibere con-
fpectui radios foli valent Critici Arabice
callentes. Querimur aetate noftra fege-
tem fceleftorum hominum, honorem verbi diuini proteruis fannis infamantium
adeo luxuriare. Cuius rei cauffam de
caeteris vnam neque minimi eam momenti indicabo. Non Dei verbum illi,
fed eius caupones rident, ineptos interpretes. Luctuofa profecto res, pro verbo Dei tot hiulca et lacera venditari, fco-
pas, quod aiunt, diffolutas, tot frigida, tot
fecum et cùm humana ratione pugnantia,
ad quae non fit homo liberalis, et a fuper-
ftitione vacuus, quin naufeet. Ad Iobum
luftrandum qui accedat, et Cel. Schultenfii
Commentarium folummodo euoluat, in
quo varias interpretum ea aetate vulga-
torum fententias in vnum contractas
confpectum propofuit; (quod folum
opus ego tractaui, et ad hoc opufculum concinnandum adhibui vnicum,
neque exteros adire volui, horribili
guftu abfterritus, neque vnquam mihi
nafcetur ingrati operis cupiditas) quod fi
ergo

ergo quis turbam illam adfpiciat, quid
ille credat profeffos Iobi exegetas aliud
voluiffe, quam illum conturbare, coa-
ceruatas in altam ftruem videns tot tae-
diofas et difficiles difputationes mifcella-
neorum hominum, generis omnis, quorundam a capite ad calcem nugatorum,
qui, qua arte diuinas fuas vifiones e Iobo
eruerunt, eadem potuerant, fi animum
illuc aduertiffent, lapidem philofopho-
rum et omnia Gebri regis Arabum myfte-
ria in Homeri Necyomantia aut Batra-
chomyomachia deprehendere; aliorum
eruditorum quidem, fed non fatis, quibus
nempe neceffaria fupellex, peritia genii
orientalis, deerat; vnius tandem et alterius, qui operi par futurus, fortuna opi-
bufque fuis vti aut noluit aut ignorauit.
Micamus in tenebris, et faepe palpamus
vt coeci ad parietes. Et qui poterat fecus contingere? quum geminum nobis
oculum, Arabicae linguae et fanae Critices, vfum, iubente nemine, miferi eruamus. A verbo Dei arcemus eam linguam,
quam Deus eo tantum fine, vt verbum
fuum rectius perciperetur, de tot deper-
ditis vetuftorum temporum linguis folam conferuaffe integram videtur, et per
tot librorum explicuiffe volumina, et

)()(vbere

vbere riuo in nos deriuaſſe; linguam, quam, qui ſacrum codicem V. T. amant, auro carius redimere debebant, at, proh pudor, inquinamentum certe ſuperuacaneum et oneroſum viaticum reputant. A verbo Dei arcemus oculum humanae vitae, diuinam illam dotem, qua homines ſumus, qua beſtiis antecellimus, qua non eſt homo, qui quotidie non vtatur; artem illam, Criticam, immortale Dei donum, cuius ope a falſo verum diſcernimus, eiuſque latentis tenuia veſtigia ſagaciter ſubodoramur. Criticam, id eſt, ſenſus, quem appellant, communis vſum cum caeteris ſuis inſtrumentis, Graeciae Latioque permittimus. Qui eadem ad S. C. expoſitionem afferat, ceu purgamentum exſecrabimur? At quibuſcum tandem praeſidiis, et quocum viatico, accedat homo ſtudioſus ad Sacrum Codicem, ſi cum illis non licet? Ad brutorum conditionem patiemur nos deprimi? Turpiter ſerui, vtcunque cruda et incondita, quae ſapiens homo non audeat comminiſci, velut idolum adorabimus? Vt canes illi poetae in Galatonis pictura, quam Aelianus memorat, vomitus Homericos hauriemus? Et tamen, ſi euentum ſpectes, videntur interpretum Iobi plurimi

hoc

hoc vnum egiſſe, vt auctor ſuus ludibrio cauillatoribus fieret, vt cloaca nugarum, vortex barbariei, et inſaniae, videretur. Quo non adigat ſuperſtitionis tyrannis pingues illos et anguſtos et humiles ſpiritus, et inepte meticuloſos, qui, ne quid exiſtimationi et auctoritati S. C. decedat, abſurda malunt et tortuoſa Loxiae Apollinis oracula illi appingere; cernere vitia malunt et negare, quam confiteri et ſubmouere. Negant manifeſtam veritatem, et pernegant, et, quod ſemel arripuerunt, aut acceperunt a maioribus, mordicus tenent, et arant litus, et ſulcos in vndis ducunt, et ſudant, et algent in conferruminandis, quae miſceri nolunt, in incruſtandis male ſanis, in extundendis ſenſibus tam ſaepe inhumanis, vt neque ipſos alii, neque ipſi ſe, percipiant; id vnum lucrantes, vt, quod aiunt ſimias leonibus obiectare ſtrategema, correptum de humo puluerem in hiantium et vrgentium oculos infundant, et vbicunque haereant anguſtiarum, tamen euadant. Hi ſunt fructus magnificae illius opinionis de S. C. puritate et integritate, (illam a corruptelis librariorum, non aliam, deſigno) contagii, quod per Rabbinos, inſcitiae et futilitatis promos condos, nos

)( )(2   affla-

afflauit. Aeque imaginaria ea eſt opinio, atque nuperrime fuit illa alterà, quae peculiarem Hebraeae linguae ſanctimoniam ineſſe ſanciebat. Verum vt Magnus Vir ſplendidum hoc et venerabile pallium linguae illi his ipſis paene diebus detraxit; ita ego, eius quodammodo ἔφεδρος, inſtitui per hoc opuſculum ipſam illam radiantem et terribilem coronam, qua illa noſtros oculos hactenus perſtrinxit, ſed eam improbi auri, detrahere, et confringere, et in ſcorias ita praecipitare, vt reduci deinceps nunquam poſſit. Sacrum codicem ab inſcitia librariorum contaminatum eſſe, tam apertum eſt et omni dubio potius, quam mirum eſt, magnos quoque viros id pernegare ſuſtinuiſſe, neque ſenſiſſe, aut ſentire noluiſſe, Criticam emendatricem ſolem illum eſſe, a cuius exortu nocturnae tenebrae et lacuſtres nebulae diſpaleſcunt. Sacrum codicem medicina indigere et eam ferre, cum ſalute quoque et εὐφορία, confido me per hoc opuſculum tot numero et tam perſpicuis documentis euiciſſe, vt, ſi ea de re porro dubitetur, iam certum quidquam in ſcientiis deinceps nihil ſit. Monſtraſſe mihi videor viam, qua procedendum eſt, quiſquis ad arduam illam

arcem,

arcem, intelligentiam S. C. contendit.
Bene gnarus, emendatam cuiuscunque
tandem libri lectionem et rectam consti-
tutionem, a dubiis et erroribus pluri-
mis abducere et munire, vicemque com-
mentarii verbosissimi persaepe fungi, stu-
dui pro virili mea mendas, quibus Iobi
ager tanquam carduis et spinis horre-
bat, euellere, veras et ab auctoris manu
profectas scriptiones reuocare, et passim
luxata suum in locum reponere. Quo
facto in Hebraeam ciuitatem, non tam
nouos induxi ciues, quam reduxi veteres ab exilio, eorumque liberos in Lexi-
archicum inscripsi, veteremque suum ha-
bitum, suos quasi τέττιγας, illis im-
posui; alios contra desides, spurios et
onerosos eieci; aliis noua munia et po-
testates attribui; aliis in ciuile bellum
ruentibus pacem et concordiam impe-
raui; alios, qui malo consilio coiuerant
turbatores, et conspirabant, seiunctos in
alias aliasque vrbis regiones transmigra-
re iussi. Neque ciuium Hebraeorum tantummodo, sed et aliorum, quae ad hanc
ciuitatem spectabant, curam et rationem
habui. Aureorum, quae appellant, saecu-
lorum tristia monumenta, et acerbas reliquias, fluuios Ophiricos, aurum soli-

)()(3   dum

dum rotantes exficcaui et obftruxi. Cro-
nicorum temporum domefticam fupellectilem reformaui, et Hebraeis atque
Arabibus filamenta et acus ademi, quibus prodigiofo mecaftor artificio contra
gentium omnium inftitutum, ardentes
prunas commarginabant. Coruos e fluuiorum ripis in culmina palmarum able-
gaui. Monftrofum et horrendum par Be-
hemotum et Leuiathanem nefcio ipfe in
praecipitium dederim, an nouos colonos in Nephelococcygiam miferim. Hi-
rudines et bafilifcos et nefcio quae alia
monftra excidi. Etiam illas abrogaui reliquias temporis, nefcio cuius, quo colonus arabat, bos ftimulum et fcuticam ge-
rebat. Ego vero illos permutare vices do-
cui. Verbo, fponte mea creatum me geffi
in hac feditiofa profecto prouincia dicta-
torem Criticum. Quod meum facinus
non dubito fore multos, qui vehementer
improbent, et audax, mali exempli, impium, intolerabile, effe, et ipfa religionis vifcera ftricto mucrone petere, cla-
ment. En faftu turgidum audio vocife-
rantes, et infanum quoque, qui non contentus, truculenta fica Petronii, et magni
quoque Burmanni, et aliorum veterum
fcriptorum latera perterebraffe, iam ad
fan-

sanctissima Dei quoque oracula suum furorem conuertit. At bona verba quaeso amici; submittite paullulum supercilium, nolite iudicium praecipitare, et caussam non iudicatam obruere. Seposito tantisper partium vestrarum studio concedite huc, considete quaeso, et pensitate placidi, quid promittam, et quid perfecerim, et sic demum vtcunque rigide, modo candide ex intelligentiae vestrae et veritatis dictamine pronunciate, sacro codici per meas emendationes damni plus an emolumenti accreuerit. Placetne conditio? Eccam. Nisi euicero, non tam verbis et iactatione huius praeloquii, quam ipsa re, et exemplis per totum hoc opusculum copiose profusis, codicem sacrum reformatione Critica indigere, et illius ope me nodos numero plures, qui hactenus Gordii fuerunt, resoluisse; hanc mihi poenam scribo, vt aeque nugator audiam atque ἄκριτοι vestri magistri. Non verecundor veritatis tribunal; aequorum et intelligentium iudicum, sed tales postulo, sententiam non extimesco. Vereor id potius, ne deprehendar, in emendando parcus, in ordinando subtimidus fuisse. Mei moris non est fluctus in simpulo concitare. Sed si quid animosius dicere qui-

)()(4 bus-

busdam videbor, fert illud et importat
secum, cauffae, quam peroro, dignitas.
Verbi diuini cauffa haec eft, reformatione egeat, necne: quae ftet, cadatue, non
parum intereft. Nolo me iactare; fed et
indignum homine liberali arbitror, id
quod res eft premere et extenuare. Is effe,
qualis effe volo, vtilis nempe rei litera-
riae, et in genere ftudiorum, quod tracto,
non tantum ad oftentationem verfatus,
ftudui femper magis, quam videri; et
tantum confido cauffae huic meae, vt credam, poftquam ab hac opinione mea,
quam non primus, fed poft Cappellum,
Clericum, Perizonium et alios etiam ho-
dieque fuperftites praeclaros viros, etiam
noftrates, profero, et aliquanto, quam illi,
magis vrgeo, poftquam igitur ab illa horror nofter et tetrum nouitatis virus abfcefferit, poftquam affueuerimus illam,
velut peregrinum aliquod animal, contemplari, quod primo quidem fugimus,
adfpectu territi, deinde vero fiftimus gradum, et intuemur eminus, tum accedi-
mus propius fubtimidi, denique trepidam admouemus et retro filientem manum, tandem amplexamur familiares et
mulcemus fecuri; poftquam itaque horror nofter ab hac opinione abfcefferit, et
obtu-

obtufa per moram fuerit acies impetus
noftri, et auitorum praeiudiciorum; credo fore, vt itli fors eadem contingat,
quae multis contigit aliis fanctionibus,
quas hodie quidem nemo amplius in dubium vocat, poftquam ipfe vfus earum
veritatem docuit, et affenfum nobis ex-
torfit; at vetuftas perhorrefcebat et atro-
carbone notabat. Inueteraturum hoc
quoque credo, et quod exemplis hodie
tueor, inter exempla fore. Cenforibus
meis et veritati confido tantum, et tantum credo huic roboris ineffe, illis virtutis et probitatis, vt haec quidem per ob-
ftantes errorum denfos cuneos peruadat,
et aut fponte fua fe prodat, aut faltim, ab
vno aliquo in fublimi femel expofita, tam
potentibus feriat radiis amatores fuos, vt
hi protinus illam ex antiquis aliquibus et
notis fignis, quemadmodum nutrix Vlyf-
fem ex cicatrice, agnofcant, et femel agni-
tam e finu emittere, etiamfi velint, nequeant. Non diffiteor, hanc emendandi S.
C. licentiam, fi ftupor, fi furor, fi facri-
lega manus corripiat, illi valde perniciofam effe. Sed in fe non magis eft perniciofa, quam funt res aliae omnes a natura
tributae, quas ex indole fua bonas et lau-
dabiles peruerfus vfus in peftem conuersit.

Licen-

Licentiam hanc si tantum ideo proscribimus, quod a malis male vsurpari potest, quare non exscindimus omnes nos nobis linguam? quare non imitamur Origenem aut Gallos? postquam vidimus, et videmus quotidie, per haec sua membra homines se destruere, et suo sibi iumento damnum irreparabile arcessere. Si pietas erga S. C. est, omnem emendandi conatum supprimere, quid non vtimur eadem pietate in Graecos et Latinos scriptores, qui etiam sapientes fuerunt, et excellentia multa tradidere. Veremur nempe, si desinamus non illos, sed ipsorum librarios, castigare, ne aut illorum mentem non percipiamus, aut in barbariem prona ruina recidamus. Vide iam, quid Hebraeae linguae periculi immineat. Alii caussantur, in vili, scilicet, capite periculum impune institui. At fuerunt tamen illi veteres Graeci et Latini homines, nostrum similes, a quibus interdum nonnihil proficimus; et nisi omnem humanitatem eiurare audebimus, non possumus illis absque iniquitate beneficium tam praeclarum negare, atque est omnis Critices ξευηλασία. Si quis exemplum meum sequatur, metus non est, vt Christiana res ea ratione detrimentum accipiat. Certus equidem
sum

fum in hoc opufculo, quod totum eft in
Iobo emendando, neminem quidquam
deprehenfurum, quod praua confilia, ad
Chriftianae fidei euerfionem tendentia,
arguat. Ne illud quidem, quod capita-
lem illum cap. XIX. 15. locum fecus exponi poffe iudicaui, quam vulgo folet,
et theologi cupiunt. Non primus ego
id aufus fui, fed poft alios, etiam theologos profeffos. Etiamfi appareat, ex illo
quidem loco refurrectionem mortuorum
non poffe, faltim liquido, demonftrari;
nihil tamen eo decedit illius dogmatis
certitudini, quod alia multa clariora loca
confirmant. Non ego ibi loci theolo-
gum egi, quem neque profiteor, fed in-
terpretem, qui, quidquid inuenit, fide-
liter reddit. Haec talia premi magis ob-
eft, quam proferri. Nam fi ea nolimus
aut edere, aut in vulgus emanare, prodimus metum, et cauffae noftrae debilitatem. Deum immortalem teftor, nullam meam in hoc toto negotio malam
mentem fubeffe. Is idem mihi quoque
teftis et confcius eft, me, quidquid hic
molitus fui, id omne ftudio et amore veritatis fufcepiffe, et eo inftituiffe, quo
nominis eius gloriam promouerem, et
verbi diuini dignitatem a contemptu et

ab

ab ignorantia vindicarem, planumque id
et admirabile omnibus efficerem. Non
erat quidem opus illa excufatione et ob-
teftatione. Poterat me a telis calumniae
confcientia mea tueri, qui dudum didici
recte agendo reuereri neminem, et cri-
minatorum inanem maleuolentiam fe-
cure contemnere, quemadmodum in hoc
negotio me recte decenterque agere ipfe
mihi fum confcius. Sed eft genus aliquod hominum angufti fpiritus, valde
fufpicax, et in rimandis obtrectationum
atque iniuriarum cauffis acre admodum,
ex illorum profapia, quos Ariftophanes
facete χύτρας πυροῤῥαγεῖς appellat, rau-
cum aliquid Deoque odiofum perpetuo
tinnientes, quos placare his modis et
auertere prudentia neceffe eft. Et quidquid etiam tandem contra me moliantur,
in tuto me cauffae meae probitas collocat.
Veritas lucem amat. Trahebat ergo ipfa
veritas, et clariorem in diem educi ge-
ftiebat. Debebam id verbo diuino, et
orbi chriftiano, et mihi denique, vt, quae
primus, quantum fcio, in Iobo animad-
verti, non premerem, fed huncce meum
quafi baculum Hebraizantibus in hoc
cliuo maxime laborantibus porrigerem.
Et praecipit iam confcientia meas dulces

gra-

gratiarum fructus, quas mihi habebunt
Hebraizantes, quum opera mea paene
complanatum videbunt magnum illum
montem, qui tot equites deiecit, certe,
nunc multo minus, quam olim erat, arduum et falebrofum, fcandent. Nam illa
mihi fpe omnino blandior, huius opu-
fculi editione me effeciffe, vt pauca deinceps in Iobi libro fuperfint, quae ftudiofos eius lectores impediant. Neque
tamen adeo impotens, et mei fum igna-
rus, vt putem primo hoc et fubitaneo
impetu me in emendando et conftituen-
do textu Hebraeo fatis dextrum et fatis
liberalem fuiffe, omnia recte perfeciffe,
omnia exhaufiffe. Sentio, quamuis a pru-
ritu Critico mihi, quantum pote, caue-
rim, quae res eft perquam difficilis: citius enim fibi fcabiofus a frictione cutis,
quam Criticus ab atterendis et limandis
literulis, temperet: quamuis porro nihil,
quantum noui, abfque cauffa follicitaue-
rim, et fimplicitatem in emendando et
interpretando ftudiofe fuerim affectatus,
quae recte figillum veritatis appellatur,
et quae abfque fuco longius arceffito pulchrius nitet, abfque ventofo cothurno
grandius et decentius graditur: fentio
tamen facile fieri paffim potuiffe, vt aeftus
aliquis Criticus me in tranfuerfum egerit.

Satis

Satis interea gloriosum est in negotio
tam arduo longe plurima recte consti-
tuisse. Verendum non est, ne sit aliquando, qui meas seu emendationes, seu
coniecturas, in ipsum textum S. C. inse-
rat. Neque id spero futurum, neque
postulo. Sufficiet mihi, si eas in loco
τȣ *Keri* habebunt eruditi, et secundum
eas interpretationes suas conformabunt.
Libera porro facultas sit, quisquis volet
et sciet, errores hic a me commissos, re-
prehendendi. Homini, qualem me ge-
rere nunquam non satagam, veritatis et
liberalitatis, et libertatis item, aman-
tissimo gratius accidere nequit vllum
aliud humanitatis officium. Quod ad
me pertinere ius reputo, de aliis iuxta
veritatem et captum meum absque cu-
iusquam reuerentia censendi, id idem
aliis in me integrum et plenum absque
controuersia permitto. Ipse ego sche-
diasma hoc non desinam retractare, et,
quod multis osseum, macrum, exsan-
gue corpus videbitur, carne vestire, ru-
diaque et deformia fingere et refingere,
et mea vineta caedere, donec mihi liceat
opus, quod molior, et cuius hoc opusculum rudimentum est, prodere; de quo
vt adiiciam aliquid, opportunitas monet.
Saepius nimirum citantur hoc in opuscu-
lo

lo Arabicae radices. Quod aliter fieri nequibat, quandoquidem luculentis exemplis in eo demonftrare laboraui, non illud vulgare, de quo paene non eft hodie, qui dubitet, Hebraeae linguae Arabicam egregie famulari, fed iftud alterum, absque huius peritia mancam alterius peritiam effe, et, quisquis Iobum interpretari aliis audet, nifi Arabice non fuperficie tenus, fed perfecte calleat, eum meras nugas agere. Agnouerunt quidem in Iobo plurimi Arabifmi veftigia. Et quis tandem tam exftantia non agnofcat, verba bene multa Arabica, hic folummodo, non alibi totius S. C. V. T. reperiunda, notarumue vocum infuetas et ignotas fignificationes, et formas verborum mere Arabicas; quarum rerum multas in hominum notitiam reuocaui. Eo quoque prouecti fuerunt aliqui, vt coniicerent hunc librum ex Arabico fonte in Hebraeum idioma transfufum fuiffe ab homine quodam Iudaeo, qui linguae alterutrius non exacte callens, quae aut non percipiebat, aut, quibus aptis Hebraeis vocabulis redderet, nefciebat, qualia coram inuenerit, talia reliquerit. Celeberrimus Schultenfius fermonem, quem Iobi liber exhibet, veterem Arabicum purum putum
tum

tum effe, tuetur. Quarum opinionum
vtra fit rectior, neque difputare meum
eft, neque intelligere. Quis enim in
defectu monumentorum dirimendae cauffae idoneorum, in tanta rerum vetuftate
cafuumque dubiis decreuerit? Atqui tamen factum nihilominus fuit, vt Arabicam linguam ad Hebraei Codicis et Iobi
praecipue declarationem adhibuerint pau-
ciffimi; et, quod maius, a quo plurimum
exfpectari iure poterat, qui id agere pro-
fitebatur, qui peritia linguae vfuque librorum inftructus erat, quibus pauci gau-
dent, ideoque operae pretium non faciunt; factum fuit, inquam, vt eius par-
fimonia nos fefellerit, neglectaque, quam
mereri fibi foli propriam potuerat, laude rarae, elegantis et vtilis eruditionis,
in librarii gratiam aerumnofae diligen-
tiae ambiuerit elogium. Potuerat ille
Vir mihi nihil reliquum facere. Sed noluit, et tantum mihi reliquit operae, vt
futuri fint absque dubio bene multi, qui
ftupebunt et vix oculis fuis credent, recentem Iobum illi veteri tam abnor-
miter diffimilem videntes. Alii, me
clamabunt nihil in Iobo, nifi Arabica fpectra vidiffe, prorfus vt icterici flaua
omnia vident; fimilem me clamabunt
antiquariis, qui, rerum omnium, prae-
ter-

terquam vetuftarum, ignari et vacui, fic
vbi fcaphigerulum forte quendam metal-
lifoflorem, aut tubicinem, nulla aut ambi-
gua effictum pictumue aut fculptum de-
ftinatione videant, protinus ex illo facer-
dotem Ifidis, ex hoc feu Márfyam, feu
Ptolemaeum Auleten, efficiunt, quos fculp-
tor aeque atque Tataros vel Laplandos
nouerit. Verum non valde me mouet
ifta criminatio, quum bene norim anato-
mices, vt exemplo vtar, veteranum, diu-
turno vfu doctum, per microfcopia corporum fabricam eruditis oculis contemplari, primo protinus obtutu, coram cernere clare, et affequi, quae ftudii recens
nufquam videre Iouem lapidem iuret.
Intempeftiuos illos iudices idem, quod
ego in Iobo, non quaefiui, fed inueni,
pariter confido inuenturos ibi effe, fi
Arabicae linguae qua par eft operam dare e re fua effe cenfeant. Quod num a
fe fint impetraturi, ipfi norint. Satis'
interea mihi tributum effe reputabo, fi
agnofcant et confiteantur, quod illos
haud inuitos facturos confido, fenfus,
quos Iobi verbis imputaui, fimpliciores,
lucidiores, ad captum hominum propio-
res, fcopo difputationis magis congruos,
cohaerentes magis, et homine faltim fa-
piente digniores effe, quam funt vulga-

)( )( )(

tae

tae interpretationes. Quod fi conceffe-
rint, eo ipfo fuperiorem criminationem
deftruent, aut profecto nimis honorifice,
et magis quam cupio, de me cenfebunt,
magnam me lucem Iobo circumdediffe
cenfentes, cuius femina ipfe Iobus mihi
non fubminiftrauerit. Erunt tandem A-
rabice quidam docti, qui multa gratis a
me afferi dicent, nullas aut perraras allegari fcriptorum veterum auctoritates;
nam Goliani Lexici pondus magnum quidem, fed graue fatis non effe; affingi
quoque a me vocibus interdum fignificationes, quarum in Golio vola veftigium-
ve non exftet. Haec talia in meo hoc
libello reprehenfum iri vt credam, efficiunt eorum exempla quaedam, quae
mihi nuper contigerunt. Prouidus horum libenter fatisfeciffem querelis et de-
fideriis id genus omnibus, non profecto
iniquis. At non licebat. Ea funt, in
quae incidimus, tempora, id emtorum
faftidium, vt librum literis Arabicis offer-
tum non magis ferant, quam debilis ven-
triculus robuftos cibos. Lacticiniis adhuc opus eft, et efca veluti, quae alio
fpectantes huc trahat. Si fpes emtorum
affulgeat, fi fit, qui fumtus impreffioni
faciat, fi Deus vitam et vires porro clementer indulgeat, opus parabo, quod,
quae

quae leuiter hic libellus adumbrat, in
plena luce collocabit, dubiis fidem, infir-
mis robur, addet, quae praua properanti
mihi exciderunt, corriget; et inter alia
quoque fontes gloffarum Lexici Goliani,
quantum nempe eius fieri copiolae meae
permittent, indicabit. Satis interea fit,
vt mihi eft, ita lectoribus, quae maxi-
mopere ad intelligentiam Iobi facere
videbantur, breuiffimis expofita hoc
in libello fuiffe, cuius ad editionem quid
me impulerit, ne quem lateat, ideo
curandum eft mihi, quod erunt multi,
quibus opufculum hoc ab ingenio moribusque meis inexfpectatum accidet. Neque id immerito. Falcem a me in agrum
theologicum immittendam aliquando fore, ne ipfe quidem ego ante hoc femeftre
fomniabam. Diftractus aliis curis diu
abfui a confilio facrum codicem illuftran-
di. Sed quum e lectione doctiffimi operis, quo Cel. *Schultens* eruditum orbem
nuper auxit, Salomoneum illud intelligo,
Criticam artem etiam facro codici adhiberi cum vtilitate poffe perfpicerem: ten-
tabam huius artis, quam vehementer
amo, measque vires primum quidem in
Prouerbiis Salomonis; et fuccedente ibi
non omnino male conatu, deinceps in
Iobo quoque. Recentis itaque libri auida

da lectio natales libello huic, vt vides,
dedit. Sed accedebat aliud, quod, vt illum extunderem magis, quam matura-
rem, effecit, et veluti lapidem ruinae
pronum denique praecipitem dedit. Est,
quem ne fycophantam appellem, interce-
dit veteris notitiae et muneris, quod nunc
gerit, reuerentia. Multa is in me lu-
dicra et obtufa tela, et contemtu digna
iecit in praefatione ad librum, quo auguftif-
fima cantica ex intimis orientis penetra-
libus obfcurauit. Sed vnum inter reliqua me feriit et fauciauit, crudi zeli veneno tinctum. Iactat nempe non effe,
cur Sacer Codex ab Arabifmo meo fibi
lucis aliquam acceffionem polliceatur.
Verebar fimul atque intelligebam, ne
theologorum calidior aliquis hoc telum agnofceret; et quidni agnofcat,
quum nota et familiaria et fimilia noftris
facilius quam aliena agnofcamus; agni-
toque fuum quoque telum aduerfus me,
communem hoftem, adiungeret. Neque
fane vanum meum fuiffe metum, ipfa re
deprehendi. Confultum itaque vifum
fuit, priusquam tumultus increfceret,
paregoricam hanc offam latrantibus obiectare. Scrib. Lipfiae menfe Martio A.
C. 1749.

IOAN-

IOANNIS IACOBI REISKE
NOTAE CRITICAE
AD LIBRVM IOBI.

Quid ergo impedit, quin a maioribus fumamus
exemplum, vt quomodo illi, quae falfa inue-
nerant, pofteris tradiderunt, fic nos, qui verum
inuenimus, pofteris meliora tradamus.

LACT.

I. I. R.
NOTAE CRITICAE
IN LIBRVM IOBI.

CAP. III.

v. 2. ויען est hic loci a verbo عنن id est ظهر in conſpectum venire, vel عرض in tranſuerſum venire. Notat idem quod inſtituebat, ordiebatur, incipiebat. Si vero ex loci nexu patet, ſenſum reſpondendi requiri, repeti debet a verbo عان, عون‎ ‎עון aliquid reſumere, redoriri, vt dicitur, حرب عوان bellum, vel pugna, quoties omiſſa, toties reſtituta.

3. Leg. והלילה אמי הרה גבר et nox, qua concepit mater mea virum nobilem et honeſtum. Nam vox גבר hoc nobiliore ſenſu ſaepe apud Iobum occurrit.

4. אל ידרשהו poteſt duplici modo exponi, vel illo conſueto, non requirat eum Deus, vt aegrum deſperatum, quem iam omnes

A 2   deſer-

deferuerunt. Conf. locus Abulolae a me ad
Tharafam p. 109. citatus et quae ad ipfum
dixi. Vel: dies hic fiat caligo, quam non deleat et detergat Deus. Arab. غسق لا يدسه
الله.

Porro תופע eft pro تنغض תנפץ neque
excutiatur fuper ipfum, tanquam veftis, fe-
renitas.

5. יغوله יגאלהו derepente opprimat, et
ftrangulet et funditus perdat ipfum (diem)
caligo, velut Empufa غول in deferto viato-
rem, fic vt nunquam redeat ad fuos lares ex
itinere, et aeternum defideretur a domefticis
fuis, neque fciatur, deprehendiue vllo veftigio queat, quo Empufa ipfum rapuerit, aut
quo fato perierit.

צלמות non eft compofita vox, fed vnica
ex צלם cum terminatione ות vt apud Arabes
جبرت et fimilia. Fine verfus leg. יבעתהו
يبغته خمارات الليل كمريري הלילה defubito inexfpectatae ipfum obruant calyptrae
noctis. Vel fi malis כמרירי cum قمر conferre, fubluftres tenebrae noctis, colorem قمر
muftelinum, vel oliuaftrum habentes, cui
cum multa nigredine aliquid fubalbidum ad-
miftum eft. Nos talem colorem, plane vt
Arabes, *mondfarbig* appellamus. *Die Däm-
merungen, die Schimmer der Nacht,* τὰ
ἀμφίλυκα τῆς νυκτὸς, λυκόφως, λύγη.

6. In-

6. Incipit a verbo היום illum diem היום ההוא occupet obfcuritas.

לא יחד non numeretur, proprie, non definiatur in diebus anni, (in circulo dierum anni non concludatnr, non circumfcribatur)

لا يُحَدّ

7. הנה היום ההוא leg. Comparatur ille dies, iubilis vacuus, cum dura filice, eo refpectu. Vt dura filex furda et muta eft: (vnde quoque apud Arabes الصباء et حجر أصم pro terra) fic fit ille dies, non edat iubilos, non audiat. Adfcribitur diei, quod hominibus competit, pro more orientalium, apud quos frequentiffimae funt hae phrafes: videt, audit, vigilat, dormit dies, pro vident, audiunt, vigilant, dormiunt homines illo die.

Deinde in תבוא notandus venit fenfus reciprocationis, retentis. Non retonet iterum iterumque in ipfo iubilus.

In genere eft גלמוד omne folidum الجامد Lam enim infertitium eft. Nimis grandes et folidae moles non tinniunt.

8. לערר לוית חן qui parati funt ad عر in puluere et coeno volutandum cinnum amabilem feu crinium, feu florum. Conf. XVI. 15. et Prouerb. I. 9.

קבה a quo יקבוהו pro יקבוהו et יקבוהו et יקבחו conferri debet cum Ar. قبح foedus fuit. Inde folennis Arabum imprecatio قبحك الله

الله turpem te reputet, et vt talem auerfetur Deus.

Inter v. 11. et 12. inferendus v. 16. Aut quare non fui sicut abortus abditus, sicut etc.

12. Quare accesserunt ad me benedicentes (benedicturi) ומה שרים שרים כי אונק et quare (venerunt ad me) principes السراة vel السريين laetantes مسرورين propterea quod vber sugebam.

13. Distinguendum sic ישכתי אז . ינוח לי obdormiuissem tunc. Aut, si quis malit חלי vel ינוח חלי (pro חללי) quieuisset cadauer meum; nam חלל est proprie cadauer; quasi impurum, abominatio. Sed primus praeplacet. Arabes dicerent يروخ لي aut et ينوخ لي concessum mihi fuisset vt camelo ex itinere redeunti, vel in mansionem venienti, procumbere; datus et concessus, et paratus mihi fuisset مناخ locus procubitus.

14. ויעצי ארץ δημηγόροι, oratores terrae.

17. רגז est vel fremitus, vel رجز sceleftisfima iniquitas.

יחד sequentis versus ad hunc pertinet. Simul impotentes et supra vires suas afflicti, ibi recubant.

18. נגש est trusor, impulsor, qui mancipia ad opus vel ad catastam pellit ناخس et نخاس

19. יהוא

19. הוא vanitas, inane, diftinctio inter moraliter paruum et magnum ibi nulla eft.

20. Quare datur, vel data eft, lux aerumnofo?

22. المسحون الي الجول الشمحيم الي جيل qui properant verfus foueam; proprie qui in plano et expedito, molli folo proficifcuntur, verfus foueam, vel tumulum. גיל hic idem eft quod infra C. XIX. 25. جال גאל et inter fe ftrepitant, muffitant prae hilaritate, quod eunt ad fepulcrum. קבר pro מצא אל מצא הלך qualis conftructio in مضي الي الغبر قبر quoque occurrit abfque אל, et in ἔρχεσθαι vel μολεῖν abfque εἰς vel πρός.

توشوشوا توسوسوا ישושו colla inter fe laeti conferunt, vt anferes, quando homo, quem timent, praeteriit, vt paſſeres, quando fparfa grana inueniunt.

23. בערו vel eft compofitum, vel fimplex. Si prius, erit, fuum terminum, עור vel עד et معاد et عون معور tempus deftinatum, quo redire ad condictum, fe reddere, iubetur. Si pofterius, erit Arab. بعد fuum pofticum, وراء quod retro ipfum eft. Tempus praeteritum قبلنا coram nobis, futurum وراءنا retro nos. Vel poteft quoque בערו notare fpatium fuum, fpatium, intercapedinem, vitae fuae, ab vno puncto initii ad alterum punctum finis vfque.

24. כי

24. כִּי faepiſſime in hoc libro, quod et
et hic loci v. 25. facio, per Ecce, vel heus,
interpretabor. Eſt Arab. حَيّ Particula eſt exclamandi, vel inclamandi. Hinc quoque notat faepe quam! Eſt vbi quis notet interroga-
tiuum.

CAP. IV.

v. 2. Ad תלאה fane ambigo, num ſic
debeat relinqui, nec ne. Ego quidem reti-
neam, fed ſic, vt illud ה fit fuffixum 3. maſc.
ﬢ, pro quo alias fcribere folent Hebraei וֹ.
Sed Arabiſmis Iobi potius hoc accenfere malim, quam תלאהו fcribere, quod facile foret,
proxime fequente voce, quae a ו incipit. Notat autem תִּלְאֶה An feremus ad te fermonem, quem amoliri vt magnum incumbens
onus ftudes. Conf. لاَيِّ et لَوِيَّ Arabum et
لَوَّ et وَلَعَ et وَلاَّ nam haec omnia huc trahi
poſſunt.

5. Leg. כי בעתה תבא ecce incurfat in
te terror.

6. Annon ſc. verum eſt? tua fobrietas et
abftinentia (a prauis et voluptatibus وَرَعَكَ)
eſt confidentia tua.

ותם דרכיך תקותך aut ſi ordinem recep-
tum magis placeat feruare, delendum erit ו
ante תם aut inter ת et ם inferendum, ſic: תום.

10. Rugitum leaenae, clangorem leonis,
et dentes leunculorum in vaftum rictum hian-
tes. A نَغَا vel نَئِ. Id eſt vidi rugiiſſe —
clan-

clanxiſſe — hiaſſe. Cohaeret cúm ראיתי. Vidi impotentem et iniquam matrem, crudelem
patrem, iniuſtos et oppreſſos populi filios,
poſt priſtinam abundantiam rerum omnium
ad incitas redactos.

11. (vidi) leonem pereuntem — et filios
— diſſipari.

12. Cohaeret cum כאשר v. 8. reſoluenda
conſtructio — et quemadmodum ductum ad
me fuit verbum וכדבר אשר יגנב אלי et ſecundum verbum, quod ad me ductum fuit,
יגנב eſt Ar. يجنب quaſi جنيب equus du-
ctitius, παράτειρος ad me adductus fuit, vt ab
agaſone adduci ad herum ſolet, vt eo vtere-
tur in caſu indigentiae.

اشمازت ادني منه وتقح ازني شمض منحو

vel تاخذ اننى نشمار منه et ob quod, vel
a quo, auris mea concepit φρίκην, horrorem.

13. Leg. بشعفي בשעפי in dementari me,
in mea ἐκτοπία φρενὸς, in demendatione
mea, in turbatione mea propter viſiones —
cohorruit auris mea, tum quum extra me
raperer propter viſiones nocturnas.

14. קראני aut eſt frigidum me fecit, me
congelauit ἔπηξέν ἐμε, a קרח frigus قر aut
קרח gelu, aut eſt pro קרני قرعني contudit
me, alternantibus ע et א

A 5   15. תסמר

15. תסמר oliuaftri coloris, ὤχρα euade-
bat cutis carnis meae. Conf. fragmentum Sap-
phus apud Longin.

16. רממה eft participium et praedicatum
ad תמונה pertinens ftabat tranquilla, fixa
ناﺋﻐة coram me fpecies.

18. תהלה eft λιτότης, non foliditas, te-
nuitas, raritas, vt in panno. (a وسم) يسمهم
تهلّة vel تعلهلة notat ipfos figno et quafi
cauterio infufficientiae, vel يسومهم تهلّة
aeftimat, cenfet eos cenfu defe&us, vel infufficientiae. מחל vel מחלהל eft veftis, quae
micat, per cuius raram texturam lux tranfmicat.

19. Leg. ירכאו מלפני עש qui conterun-
tur ab ore tineae, proprie ab eo, quod ante
eft tineae, id eft ab anteriore parte tineae
من قبل العث quod idem eft Arabibus ac
fimplex من العث ab inde tineae, pro a tinea.

20. L. יאכרו ligantur. משים vel eft a
נשם abfque dante refpirare, abfque vt quis-
quam permittebat refpirare, et fi fic explices,
pertinebit ad יכתו; vel, quod re&ius, a سام
שום מסום بلا مسيّم vel بلا مسيّم abfque vt quis folu-
tis vinculis libere paftum ire finat; et tunc
ad fequentia pertinebit.

21. Annon euellitur نزع (annon vides,
quomodo euellatur) in ipfis ipforum funis
(pofteritas.)

ימותי

يموتوا ببهم יموتו בבהם in brutalitate
moriuntur, et non in intelligentia, vt bruta,
non vt sapientes homines.

CAP. V.

v. 1. Voca, quaeso (impios illos et a Deo
excisos.) Num respondebit tibi aliquis? Ad
quem מקרשים de turbis illis من المتغروشبين
te conuertes?

2. (Ne irascere, quando Deus te casti-
gat) Ecce stultum occidit indignatio.

3. אקוב انقاب a قوب media crepuit et
diffiliit.

5. ואלם צנים יקחו et robur, παχύτητα,
πλῦτον eorum capiebant ضنيون aegri, miseri,
debiles, pauperes, macilenti, ἰσχνοὶ λαγαροὶ,
et lue peribat selectissimum et purissimum
opum ipsorum. وساف صبيم حولهم Conf.
locus a Cel. Schultensio ad Iobum p. 574, col.
a citatus ex Diwan Hudeil.

6. יצא يضا emicabit, efflorebit, enitebit.

7. Ecce homo ad miseriam natus est, quemadmodum filii רשף يسف τῦ σκιρτηθμῦ eo
(nascuntur) quo in altum euolent. Dicitur
haec vox de auibus carniuoris et rapacibus,
quae in incessu magis saltant, quam eunt, sub-
sultim vtroque pede simul sublato sese transfe-
runt ex vno loco in alterum, vt corui.

8. אשים versus Deum sinam libere euagari.

9. ואין חקר poteft quoque verti, absque
parsimonia. Infra quoque attingam ad Cap.
10. חוצות

10. חוצות funt vel piſcinae, lacus, ſtagna
الحضيضات vel حوضات loca depreſſa, de-
cliuia, valles.

11. אשים דברתי לשום ponenti. redit ad
emittam ſermonem meum ad ponentem humiles in excelſo, et eum, qui קדרים שגבו ישע in
amplo collocat pauperes (proprie المتقدمين
vel المتغبرين quibus atra fuligine, cine-
ribus plena, curis atra vita eſt) qui fame
cruciantur سغبوا

13. נמהרה مسخورة fiſſa, rupta, rumpitur
et finditur conſilium impiorum, vt manibus
natator aquam findit, vt nauis fluctus pon-
dere ſuo.

15. Eripit מחרב المخرب ad ſiccam bucellam redactum ex ipſorum ore.

16. ועולתם et iniquitas eorum conſtrin-
get os fremens et dolens. Indicatur ea oris
compoſitio, quam de ſe produnt, qui aliquem
dolorem aut naturalem, aut animi, ſicco ore
deuorant, vt qui ſe ambuſſit, cui carnis particula reſecatur, aut contunditur; qui rapha-
num ruſticanam recentem aut acre ſinapi
mandit; ita vt oculi ſimul lacrymas ſtillent.
Iſti firmiter quidem adſtringunt dentes, et
apprimunt ad ſe labia, oblongum tamen magis, quam rotunde clauſum os habent, maſſete-
ribus, conſtrictoribus labiorum, Zygomaticis
et orbicularibus palpebrarum ſimul agentibus.

19. בך

19. ينجع بك يגע בך efficaciam in te non habebit, in te nihil valebit malum. Simile a medicina nimis debile.

יצילך eft, immerget te. Immerget te ينزلك vel ينصلك in fex anguftias, at in feptima malum in te nihil valebit.

21. In graffatione linguofi اللسان לשן mordacis (obtrectatoris) in occulto et tuto eris.

שוט poteft vel cum سوط flagellum comparari, quod fecit Cl. Schultens, vel cum سطو effrenis graffatio, vel cum شاظ vffit, ambuffit; quando vrit linguofus, vel mordax, inftillato cauftico fuo veneno, vel etiam a شط violenter opprimere. conf. IX. 22.

22. L. לחסר ולכפן ad frigus et ad inediam ridebis. conf. XXX. 3. vbi חסר legitur, quod idem atque חשר. Arabes خصر fcribunt.

23. אבני funt filii, forma Arabica. Foedus tuum, vel tibi eft cum agri filiis (feris beftiis.) Animal campi tibi toto affectu addictum, tibi foederatum, imo dediticium eft, et amicum.

24. Et fcies (abfens, in itinere) tentorium tuum (vel et familiam tuam) שלום سليم fartam tectam effe, vel et, et quiefces, tranquillus eris, quandoquidem lares tui integri et illaefi (a feris, ab hoftibus, igne, tempeftate) refpicies ad foffam tuam نولك i. e. domum retro meabis, requires eam poft abfentiam

fentiam aliquam, et non aberrabis. (non
fruftra requires eam.)

26. Quemadmodum annonae, vel fruges
hordeae, עלות الغلات (veniunt nempe ad)
גדיש cumulum, (vel aceruum e frugibus ag-
geftum) tempore fuo. Vel תבא simplex, vel
תבא אלי a communi repetendum.

27. Ecce hoc eft, quod in penum nobis
recondideramus (haec eft fapientia, quam tra-
ditam a maioribus fida feruamus aure.) Sic
eft quod audiuimus.

CAP. VI.

3. על כן דברי לעו poteft duplici modo
capi, vel per fe ftare reputabitur, vel ad
כעשי והיתי refpicere. Hoc pofteriore cafu
foret fenfus: Indignatio mea ob iftud verborum futilitatis علي نا من كلمات اللغو vel
fi per fe ftet, erit fenfus: In tantum (adeo)
דְבָרי contendentes mecum المدبرون لي nu-
gantur لغوا Conf. XXXIV. 32. Initio verfus
verti debet: ecce (vel fane) tunc.

4. Includit partic. עמד notionem periodi,
circuitus, עמדי circumcirca me, quafi غمدي
tegmen meum.

يعركو ننى יערכוני confricant, confriant me.

5. Senfus prouerbii eft: Si mihi omnia ex
voto caderent, non quiritarer.

6. An fatisfaciant mihi veftri infulfi fermones. היאכל an comedet, fc. האכל comedens quis. תפל eft Ar. ثغل omnes craffi, fae-
culen-

culenti, viscidi, glutinosi cibi, farina, legu-
mina, quibus sale stimulo et incisore, atte-
nuatore opus est. Legumen arinaceum, insi-
pidum absque sale' num comedetur? An pos-
sessor saporis est (نو طعم يش טעם id est ha-
betne saporem) farina foenugraeci? בריר
est idem quod بر farina, vel si כ credatur
non radicale esse, potest ריר etiam مبر etiam
mucilaginem notare. Foret ergo tunc sensus:
An est sapor in mucilagine foenugraeci?
חלמות est الحلبة foenugraecum.

7. Renuit anima mea pascere (depascere)
illa, vt situ mucidum vel squalidum bucellae
meae.

8. O vtinam rediret ad me petitio mea;
quasi nuncius ad Deum missus, qui redit bene
confectis negotiis, secus, non redit.

9. ויאל et eo deueniret Deus ويوول a آل
vt me contereret, vt manu neruata, fortius
intenta, me comminueret.

10. et fieret finis meus (terminus meus,
meum redire eo vnde veni, عودي, معادي)
mea consolatio, a cuius robore ferocirem.

واتسلط بحق لها aut بخيلا يها a cuius
fastu ὑπεροχῇ, splendore, κόμπῳ, φρονήματι,
pompa, magnificentia ferocirem, ἴταμος eua-
derem et γαῦρος.

Ne parcat quaeso Deus. (vel repeti a communi potest מי יתן o vtinam non parceret, sed
hoc

hoc meae pietati praemium daret, vt quanto-
cyus me deftrueret.) Nam non abnegaui etc.

11. Quale meum eft robur? (tantumne?)
vt ftudeam per verfutias me expedire, (vt exco-
gitem technas, quarum ope euadam, et Deum
fruftrer, vt iure fperare poffim me artibus eua-
furum. חתי אחול כי איחל حتي أحاول Qualis eft terminus meus? tam vaftuine et tam longinque
remotus?) vt longam faciam (et in multos
dies atque annos producam) meam animam.

12. An, quando non eft meum robur in
me, et foliditas (realitas) femota a me eft
(id eft, an tum quum non amplius, vt olim
valeo, et vmbra magis hominis atque fpecies,
quam verus homo fum, an tunc v. 13. ילמס
erit, qui decerpat, auellat a fuo focio (id eft me)
inuidiam حسدا صاحبه من يلتمس an erit
tunc, quum ipfe mihi prodeffe, me tueri non valeo, aliquis, qui nudum meum latus petat, mea
exagitet vitia, inuidiae mihi faciendae caufa a
me violenter decerpat, me vellicet, fepofito
Dei timore, Dei prorfus oblitus.

16, qui turbidi, nigri, ruunt; qui a crudo
غلموا עלימו من في glaciei faeuiunt νεανικῶς,
تغلموا, أغتلموا; quos nix quaquauerfum fufos
conferto agmine ire et vicina trahere facit.

יתעלם התלג يَتّعلهم יתערם שלג. Radix eft תעל.

17. Quo tempore יזובו fluunt (fiue a
نزب deriuare velis, fiue a زب fpumare)
aut

aut יזרבו ﻳﺰﺗﺒﻮﺍ spumant et aestuant maxime, abolentur, (dispereunt) כהמו fiunt ignorabiles ﺑﻬﻤﻮﺍ, et ﺍﺑﻬﻤﻮﺍ coniiciunt homines in stuporem; quandoquidem illos torrentes antea ibi loci viderunt, nunc amplius non vident, ideoque visus se fefellerit, aut quid aliud rei sit, nesciunt. Conf. ﺍﻓﺤﺪﻡ detruduntur e loco suo. Si quis tamen malit יזרבו retinere, deriuare is poterit a ﻧﺮﺏ acer, vehemens, ἀκμαῖος fuit. Quum sunt ἑαυτῶν ὀξύτατοι.

18. toto versu de torrentibus sermo est. ﻭﻳﻮﻏﻠﻮﻥ ﺑﻨﻴﻪ וועלו כתהו et immergunt se in vastum desertum. ﻭﻏﻞ se in profundum penetrare notat.

19. etc. קוו למו וכשו כי Isti torrentes spectant versus Tehamam (seu regionem inferiorem, mari Erythraeo appositam, in quam se torrentes ex altis regni Sabaei montibus effundunt, versus mare praecipitantes.) ideoque turmae seu carauanae Sabaeae (e Saba in Tehamam proficiscentes) firmam et robustam spem in illis collocant ﺗﻐﻮﺍ ﺑﻬﻢ fore scilicet, vt in Tahamam venientes aquam inueniant; et (vel sed) pudefiunt. Nam confidenter praecedentes vsque ad eos (absque prouisione aquae in vtribus) inueniunt se spe atque praesidio suo destitutos . ﻭﻳﺤﻐﺮﻭﻥ . Per Sa-

B   bam

bam hic non vrbs sic dicta, sed totum regnum,
cuius illa capitalis est, nempe al Iamana, seu
Arabia felix, et totus populus olim Saba dictus,
intelligitur.

21. An propterea quod, si forte, dixerim.

25. Potest נמרצו vel cum مرس vel cum
مرخ conferri. Prius si fiat, emerget sensus:
O quam firmiter contorplicata sunt (vt funis,
qui nec rumpi, nec scindi, nec retroplicari
potest) verba simplicitatis, verba simplicis et
facilis veritatis. Et haec interpretatio mihi
praeplacet. Si accipias pro Arabico ما مرخ
foret, o quam laeta, virentia, nitentia, vbere
prouentu pabuli amica sunt (vt pratum her-
bidum) verba — Et ומה יוכיח הכיח מכם
وما ينجح انجاح محكم et o quam mul-
tum boni et recti et prosperi efficit (quam se
monstrat, rectam, prosperam, auspicatam)
rectificatio solida et sapiens.

26. An ad rectificandum et conuincen-
dum computatis argumenta? an ad consola-
tionem (computatis) אמרי נואש verba e
lapsu erigentis?) verba quibus vtitur ille mi-
sericors, qui alterum a caespitatione, e lapsu,
a cernuatione, e coeno, e puteo alleuat
هن للانجاح تحتنسبوب حجحا والتنرويج
كلمات الناغش scilicet Arabes habent
quasdam peculiares voces, quas apprecantur
aut lapso, aut lapsabundo et ad ruinam prono,

ño, vt أصلحكى الله ,لعل ,لعا لكى ,لعا

et أصلكى نعشكى أدوة ناشك

27. אף עלי תום An fecundum integritatem facietis fuper focium veftrum (id eft me)
fententiam cadere (an aequam et iuftam mihi
dicetis fententiam) et cognofcetis, fc. litem
eius, cognofcetis fuper focio veftro fecundum integritatem?

28. ועתה Et tunc (fi his conditionibus
fatisfacere et ftare vultis) agitote dum, con-
vertimini ad me, et coram veftris faciebus fit
id (tanquam propofitus fcopus, ad quem at-
tenti collineetis) num mentiar.

29. Refpondete quaefo: אלתתי עולה an
gingiua mea fit iniqua? وشنو أملتتني غايلة
לא עוד צדקי כה et dens meus, num non amplius in eo fit mea iuftitia?

30. Num fit in lingua mea iniquitas (vel
perditio הוות אם חכי יבין num palatum
meum prodat, (extrudat, extundat) vanitates.

CAP. VII.

1. Annon eft homini צבא ضباء humilis
appactio, adhaefio cum ventre, ad terram,
neceffitas terrae adhaerendi, vt vermis prono
ventre.

2. Vt feruus (verna, mancipium) ex-
pectat ישאף צלו صلبة يسوق fuum donum
Conf. XXXVI. 19. ab vna προθεσμία vfque ad
alteram exfpectat ab hero donum gratuitum.
Mancipium enim non meret; et vt mercede
con-

conductus firmiter credit et exspectat operis sui mercedem. פעלו عمله , عمله et جعيلته

3. منيوا لي مَنُوا לי fataliter mihi assignati et decreti fuerunt dies שוא سوء prauitatis, miseriae, mali. In paterna haereditate quasi, id est nascendo et subeundo formam, leges, quales pater meus subiit, seu humanas, adire et capere iussus ego fui pro portione mea menses aerumnae.

4. Si cubitum iui et dixi: quando surgam: et a fuga vesperae נשבעתי נדרים iuraui vota: vsque ad auroram: (id si fuerit:

5. Induat caro mea putredinem! est imprecatio vel deuotio. Vult dicere, si vnquam vitae diuturnioris cupidus et securus fui, si vnquam vllam noctem non credidi meae vitae vltimam esse posse, eaque opinione dixi cubitum iturus, quando surgam, hoc vel illud faciam, aut sub declinationem vesperae concepi vota sub diluculum matutinum proxime sequens absoluenda: id si fecero, volo vt caro mea putrescat.

Induat caro mea putredinem distabescentem ܐܘܦ (vt funis humiditate corruptus vt vel attactu diffluat) et جرش וגרש עפר τὸ κριμνῶδες τῆς ἄμμ8 das gekrimte, das gebrockte, das geklunckte des Staubes, puluerem tenuiorem cum massulis crassioribus intermixtum. עורי ורגע cutis mea يرگع fiat flac-

flaccida prae calore וימאס ويمسي et diftabe-
fcat, attenuetur prae calore.

6. מני ארג dies mei funt tenuiores, exi-
liores, quam نير filum textorium, facilius
rumpi poffunt, quam filum.

7. Memento quaefo, quod abierit רוח
כלי femel vita mea, (id eft fi femel abierit)
oculi mei denuo vifuri non fint bonum. Par-
ticulae fi -"ו\fis hoc in libro frequens eft,
vt VIII. 7. et, fuerit initium tuum — id eft,
et, fi fuerit etc. Conf. IX. 20. Porro ad-
iungendum huic verfui fequentis initium,
ולא תשורני עין neque videbit me oculus.
Neque ipfe ego bonum et fuaue vitae videbo, neque videbit me alter.

8. Vibra modo ראי oculos tuos in me, erga
me, et non fum. In nictu oculi, fi velis oculum tuum verfus me dirigere, non amplius
exifto.

12. Sumne ego taurus fyluefter, vel bubalus an voluminofus ferpens, (cui neceffe eft
cuftodiam et coercitorem apponere, vt tu
mihi facis.) Quis mari cuftodiam apponat?

13. ישא efferet fefe in altum ينشا (vt
aquila cum praeda quam vnguibus infixam
tenet) cum querimonia mea, abibit, auferet.

15. adeo vt eligat anima mea ftrangulatio-
nem vel reftim (מות מעצבותי מאסתי mortem
prae doloribus meis contemnam; leuius putem mori, quam hos cruciatus tolerare.

B 3   16. Inci-

16. Incipit a verbis לא לעולם et definit in ממני.

17. כי חבל ecce, vanitas funt dies mei! vel, o quam funt vanitas! quid eft homo (quid meritus fuit) quo תגדלהו fineres eum in altum excrefcere, adolefcere, vel, vt funem bene firmum contorplicares, id eft fingeres et creares.

19. כמה hic eft pro כי מה vt quod? vt fiat quid? كيما quem in finem, quare, non dormitas a me, non negligis me لا تَسْهَي مني

vel لا تَسْهُو عني

21. תשא تَنْسي obliuifceris.

תעביר تَغْبِر praeterire, euanefcere, facis, in obfcuritatem, in ignorabilitatem et inobfervabilitatem abire. —

et requires me mane وتُصْبِاحَني, وتُسَحِرْني et nufquam ero. Valde frequentia funt Arabibus اصبح et امسي

CAP. VIII.

4. ו in ושלחם eft apodofis praecedentis אם, Arabum ﻑ fi peccarunt filii tui aduerfus eum, mifit eos ان خطاوا بنوك له فاسلكهم vel miferit eos, mittat eos (*a la bonne heure,* meriti funt.)

5. Tu vero, fi fummo mane adfis ad Deum, et fupplices ipfi, purus et fimplex: ecce

ecce tunc euigilabit, excitabit fe, fuper te, tui
caufa, tuo bono, furget ex fomnolentia fua
et neglectu tui, et fartam tectam praeftabit
manfionem iuftitiae tuae, manfionem, quam
tu, iuftus, obtines.

7. Et, etiamfi fuerit initium מצער
مصغر paruum, vel مصغر parui factum, tamen finis tuus fefe diffundet et explicabit
valde שגה י_שٍ_عي et یشوع vt ingens riuus.

8. Et accinge te ad lectandum patres ipforum (nempe generationis prioris.)

10. یوتمو لك ویأمرو لك confilium tibi
dabunt.

11. 12. Senfus horum verfuum eft: Vt
iuncus, vt vlua, quae etiamfi humida in vli-
gine crefcant, et per aquas luxurient, neque
deficiantur nutrimento, etiamfi ftent in maximo fuo flore, etiamfi ferro aut vi non deme-
tantur, fponte fua tamen ante omne viride et
herbofum exarefcunt: ita funt itinera Dei
obliuifcentium:

ארחות رواحات et תקות vel a نقي confidentia, نقوة a قوي praefidium, a quo fe quis
roborat, ὁρμητήριον.

14. Hypocritae, cuius כסל ἀνακλιτήριον,
κλισία, ἀναπαυτήριον, ἀνάπαυλα eft יקוט
یقطین cucurbita, vel viridarium cucurbitae
ramis et flagellis late ferpentibus inumbra-
tum.

tum. Cuius fpes et habitatio, in qua fperet aeternum et pinguefcere, fimilis eft tali viridario cucurbitis obumbrato, quod feruido fole meridiano emarcefcit.

15. יעמד non ftabit firmum, palis اعمدة fuffultum; neque יקום ftabit erectum, altum, procerum.

16. Continuat defcriptionem viridarii cucurbitacei. תצא تضاء niteant. Hic iterum deeft fi. Si fuccofum fit, quo tempore fuccofum eft maxime illud viridarium, — eo ipfo tempore על גל super fimetum profunduntur eius radices, et inter lapides dedecoratur, vel perit cum ignominia, وبين الحجارة يخزي vt res, quae pudori et verecundiae eft, vt res turpis, inhonefta, infamis et nefanda tractatur, vel perit, tum

18. quum אם יבלענו euellet eum יקום (iftam cucurbitam, vel iftud cucurbitaceum vmbraculum) e loco fuo. ان يقلعنه قالعه (fi euellet eum euulfor eius. Haec enim plena eft phrafis. vid. ad Cap. XXXIV. 33.) et abnegat eum (non vult illum pro fuo agnofcere, dicens:) Vt te deinceps in aeternum non videam.

19. Ecce Deus משוש مشوش confundens, conturbans, viam eius (fc. hypocritae) et ex puluere alium fuccrefcere facit. Illud ו in fine abundat. dictum: ex puluere alius

(vel

(vel alium, quantum ad alium attinet) facit
eum progerminare, loco, et facit alium progerminare — יַצְמִחוּ pro יַצְמַח. Talia hoc in
libro frequentia funt, et tangemus deinceps
ad Cap. XXXVIII. 12. et, fi liceat aliquando integras noftras opes producere, magna
exemplorum farragine adftruemus ex Arabibus.

20. לא יחזיק non finit effe robur in
manu —

21. ער olim aliquando, vel denuo, עור
عون quando redibit ad fuum exordium fatalis
circumuolutio. ער et עור funt proprie nomina fubftantiua, περίοδος. deinde pro aduer-
biis adhibentur ἐν περιόδῳ. vt fupra Cap. VI. 20.
בטח confidenter, pro בבטח in confidentia, cum confidentia.

CAP. IX.

5. Qui transfert montes ita, vt non relinquant veftigium fui euerti (fuae euerfio-
nis, quae contigit) per iram eius. ולא ידעו
ولا يدعوا اثر تهفكهم بانفا اشر هفكم بافن
καὶ μὴ λείπωσιν, ἐχ ὑπερβᾶσιν ἴχνος τῷ ἐξε-
ςραφθαι ἑαυτὲς ὑπ᾽ ὀργῆς αὐτῷ.

6. הַמַּרְגִּיז , المرجز المرجس cum fragore concutiens et tremere faciens, ita vt columnae eius (quibus tanquam בית tentorium
fulcitur et nititur)

B 5 יקלצין

يَنْقَلَصُون יתקרלצין‎ se retrahant in sese, concrispentur, vt pannus a lotura. Columnae terrae in se retractae necessario efficiunt vt illa ruat.

7. Et periodum stellarum obsignat; quasi impresso sigillo et cera, serisque impositis claudit, vt continuare nequeant.

8. וطي السماء لبدا نטה שמים לברן emollit calcando et substernit sibi coelum vt molle sagma, vel puluinar. لبد לכר, est sagma, vel malagma, ex mallis aut glomis lanae, quod ephippio equi supponitur, ne ipsius armos lignum ephippii atterat et cruentet, in genere omne πιλωτόν quod mollioris infessus gratia natibus substernitur. Ididem quoque בַּ בַּר et بداً est. Conf. XVII. 16. vnde possit ל pro seruili haberi. Semper idem sensus manet. Tale puluinar sibi substernit Deus coelum, postquam id prius bene commolliuerit quasi, vt solent coriarii e. c. corium durum et rigidum emollire, supersaltando et conculcando. Scilicet conuolutum illud in globum imponunt latae crati vimineae, et tamdiu pedibus contundunt et volutant, donec emollescat.

Et graditur super وبرج علي כמתים كومات اليم celsis montibus maris. برج est proprie scandere, procedere vno demenso quasi quafi et aequabili greſſu. Vertices vel montes maris vndae quae, montes et valles hiatibus ſuis efficiunt, ſunt quafi illa ligna eminentia in magnis illis rotis, quarum ope in ſalinis et metallifodinis exhauriuntur. Illis tranſuerſis lignis imponunt pedes, qui in illis ambulant, et nixum illis imprimendo circumagunt rotas. Tali rotae comparatur mare; turritae ipſius vndae ſunt quafi tranſuerſa illa ligna, phalanges, quibus Deus pedem ſuum imponendo retro illas agit vnam poſt alteram, et ſic mare ex imo ad ſummum, ex ſummo ad imum circumrotat.

9. vid. Cap. XXXVIII.

11. يخلفني يחלף, id eſt يخلف venit a poſtica mea, et non يجي من خلفي percipio ipſum. Poſſet quoque ſic: abit ex viſu meo verſo tergo, et non agnoſco veſtigium ipſi.

12. L. هنا ينصرف הן יחרוף Ecce auertitur, auertit ſe, vel יחלוף, quod idem eſt, et quis retrahet, reducet, ipſum.

13. Deus non ſubſidet, non ſuccumbit naſus, gloria, celſitudo eius (وثب a) لا يثب ſed potius ſub eum humiliantur omnes עזרי רהב abundantes terrore غريري الرهبوت vel etiam عذوري الرهبوت omnes a ſaeuitie et aſperitate morum terribiles.

14. أعاننة אענכו id eſt أعا رضة me obiiciam, me opponam, praeſentem et monſtrem me

أَبَخَرَنْ دِيَارِي مَعَ أَبْحَرَةَ رَبَرِي عَمُو me ipfi

ad fundum vfque meae rixae cum ipfo, tanquam ad fundum vafti maris defcendam.

15. Sic conftituendus hic et fequens verfus:

אם צרקתי לא אענה. אם קראתיו ויענני

Si ,למשפטי אתחנן: לא אאמן כי יאזין קולי

clamo צרקתי pro צרחתי non exaudior, vel

non adiuuor. لَا أَعَانَنْ fi inuoco ipfum quo

mihi refpondeat, vel quo me adiuuet, فيعوننِي

fi fupplex et argute tinnula voce depofco ius

meum quiritans. أَنْحَنِي fecurus non fum

quod auditurus fit vocem meam, vel non
credo ipfum auditurum effe vocem meam.

17. Vt typho كَشَاغِرَة כשערה ישופני

يسفوني me, ceu puluerem, abradit, euerrit

et afportat.

18. כי eft vel ecce, vel o quam!

19. Arabice haec paene fic efferantur

حبيس هنا وان) يعيدني vel أن لشدّة

لدين من يوعدني Si virium haec caufa et

lis eft, en hic eft, praefto eft, adeft,) acer et
validus; (Deus nempe:) Si vero iuftitiae,
quis mihi diem iudicialem, peremtorium, quo
caufam meam perorem, conftituet, condicet
et decernet. Sed hoc Cl. Schultens iam prae-
cepit; vt nunc demum video.

21. Si

21. Si dicam: Integer ego fum: tunc tamen dicit Deus לא nequaquam.

ארע נפשי אמאס חיי אחת היא detefter vt rem malam et noxiam, fpiritum, quem traho, meum, faftidiam vitam meam, vnum tamen et idem femper eft. Etiamfi medius crepem, prae indignatione, ne hilum tamen eo proficio.

22. Propterea dixi (ex ea ratione agendi deduxi hoc confectarium) confumit Deus probum iuxta et improbum.

23. Etiamfi extrauagatorem, tyrannum שוט, id eft שוטט الشاطّ, id eft الشطّ, derepente perimit. (etiamfi hoc neque velim, neque poffim negare) at idem tamen ad quiritationem iuftorum ridet et σκώπτει. מסח eft proprie illud ασπαίρειν, illud cohorrefcere et conuelli, et attracto per anguftas dentium rimas fpiritu fibilare illorum, qui derepente acicula compunguntur, aut ab igne laeduntur. Arabes ومس حس appellant, clamauit His, aut Mis.

24. ארץ נתנה ביד רשע רשע פני שפטיה יכסה Terra commiffa eft in manum et poteftatem improbi. Improbitas obtexit facies iudicum eius.

Sequentia forte fic integranda: אם לא אפו צריק fi non ibi (vel hic) eft iuftus (in iudicio Dei, vel אם לא אפו שופט צרק fi non ibi eft

eft iudex iuftus, fi Deus non iudicat iufte)
quis ille iuftus, iuftus iudex, erit הוא

25. et 26. inferendi inter v. 18. et 19.
ברחו infelices, fcaeui auolarunt.

26. יטוש per vertices et gyros volando
delabitur يطبيش

Porro videtur mihi pro אבה legendum effe
אברו vel perierunt vt naues a naufragio, vel
in folitudinem et horribilem vaftitatem vt feroces beftiae, hominum confortium fugien-
tes, aufugerunt.

27. aut אמר אם aut אם אמרתי fi dico,
etiamfi dicam, — alio vertam vultum meum,
et fic renidefcam, vel refpirabo:

28. Nihilo tamen minus vereor totas
copias dolorum meorum. et fcio, te pro
puro agniturum non effe me (aut alium
quemcunque)

29. Dicam: נקי אנכי Ego purus fum; nihilo minus tamen pro improbo et fcelefto decla-
ror. Quid ita (redeunte femper in circulum
lite, et me nihil proficiente) fruftra laboro?

30. Et enitidauero in cifterna manus meas.

31. In voce ותעבוני radicale non eft ת
fed ו تَغِبُونَنِي facis vt me impurum et fpur.

cum habeant et abominentur meae veftes,
pro عَبا reputent, pro panno quem fibi mu-
lieres excipiendis menftruis fubftruunt. Conf.
quae dixi ad Tharapham p. 102. cf. et locus
quem ibi ex al Meidanio adduxi.

35. עמרי

لاثي علي غير كي لا كن انكي عمري 35.

تلك الحال معي nam in statu (controuersiae et apparatu litis) alio et diuerso ab eo, qui nunc est, ego mecum; in eo, qui nunc est, ego mecum mentis meae compos non sum. Ἐπὶ τέτοις ἐν ἐμαυτῷ ἐκ εἰμί.

CAP. X.

بغضت نغسي بحيّاتي נקטח נפשי 1. odit anima mea vitam meam. aut si malis ad بغظ referre, erit: exhibet se anima mea

بافطة مبقّطة dissipatricem in spiritibus meis, vitales meos spiritus, tanquam nuces aut da-ctylos e corbe, excutit, quaquauersum spargit; aut tanquam stercus e domo eiicit. Qui volet, poterit etiam Ar. نغص huc conferre.

אעזבני solus ero super querela mea, ab-stractus ab aliis rebus et curis omnibus, in-haerebo querelae meae.

4. Potest הרפעת vel a نغض excussit re-peti, an excussus es, impulsus es ad consilium prauorum, ad id quod suadent impii, vel a وقف (nam saepe ע et ק alternant) an per-tractus, (adsistere, consentire factus) es con-silio prauorum. Mihi tamen non improbabile videtur olim scriptum fuisse הרפעת impulsus

es أدفعت رפع دفع et رفq رפ idem, trusit, pepulit.

6. כִּי ecce. admirantis et indignitatem rei exprobrantis.

8. Manus tuae conftringunt me vehementer et arcte, וַיְעַשְּׂוּנִי (pro ويغشبونني) et obtegunt inuoluuntque me circumcirca, יַחַד ־ סָבִיב (tanquam fi vna vox compofita effet.

וַתְּבַלְּעֵנִי et fic deuoras me. Finge tibi vrfum, qui vtraque vola inuncatam et compreffam praedam vorat, aut hominem, qui grande pomum manibus comprehenfum dilacerat. Cogitabam aliquando (fed quod nolim vrgere) וַתְּכַלְּעֵנִי et euellis me, tanquam arborem, quam qui euellere vult, circumplexis arcte manibus ambabus et oppofito genu et retro inclinato corpore trahit.

12. Vitam et copiam, opulentiam, fecifti circum me, vt circum, vt mecum effent, vel etiam غمدي tegumentum et pallium meum; et tua inuifitatio, vel infpectio eft fatellitium, praetorium, mei fpiritus. Vel etiam eft ἀνέγερσις, ἀνανέωσις, mei fpiritus, id quod eum شمر alacrem, expeditum, accinctum rebus gerendis reddit. vel etiam سمرة روحه رواحي vefpertini mei otii confabulatio, conuerfatio.

13. Et tamen haec talia recondidifti in corde tuo; hunc iniquum mecum agendi modum, tam parum cum tantis beneficiis confiftentem, quem a te non expectaueram.

14. אִם

14. אם vel eſt ſi vel num. Num lapſus ſum, ideoque ושמרתני me diſperdis, et non pronuncias me iuſtum — aut ſi lapſus ſum, exſcinde me, et non purifica me — (patiar; merui.) Sed quis ſpondeat, olim ſcriptum non fuiſſe אם חטאתי הרשעתני ושמרתני.

15. Si fui ſceleratus أَتِي لِي أللِلي لي vel أُلَكِّي لِي error meus mihi eſt (imputandus.) Sed iuſtus fui et tamen non audeo attollere caput, ſatur infamiae, ebrius humilitate שבע العَلَّة وروي العناء.

16. aut تصودني وكشحل يغاه تصودني وكاشكل يبجاء ليبجاع et vt leo vaſti rictus وتنشبت ظفرا بي وتشبت تفلا بي venaris me, et infigis vngulam in me.

17. תחרש שעריך aduerſus me inſtigas تحرش (φύζεις immittis, in furorem adigis tanquam canes) terrores tuos.

Vox וצבא eſt pura puta Arabica وصبا. Radicale eſt ו et ſeruile א nota ſcilicet accuſatiui. mecum, ſi mecum agis, penes me, חליפות recentes identidem aliaſque poſt alias permutatis vicibus quaſi *ἐκ διαδοχῆς* militares excubias permutas et ſubſtituis nouas prioribus moleſtias. احلفت et خالفت

C   20. An-

20. Annon dies mei tantillum funt? Vt ceffet (Deus!) vt deponat a me (manum fuam) quo poffim paululum renidefcere.

22. Hunc verfum paene merum Arabicum fuis literis fic fcribas: أرْضٌ عَتَّنْتُهَا كَمْ وَاقِلْ Terra ظَلْمُوتُ وَلَاءِ الْأِسْدَارِ وَتَنْبُعُ كَمٍ وَاقِلْ qùam (incumbens, vt ventus) defolauit et ignorabilem fecit aer fpiffus et angens, et obfcurus; tenebrae regni coecutitionum, et fcaturigo craffi, grauis, angentis et obfcuri aeris. Scilicet vtrobique fic feparandae funt voces כם ואפל.

CAP. XI.

2. Multiplicare verba לא יענה נבון nil prodeft.

3. בידיך coram te, inter manus tuas بين يديك (confer. elegans coniectura Cel. Schultenf. ad XV. 23. p. 381. et Cap. XXVII. 11.) fodales filebunt et tu abfque repreffore garries تلعج et تلعج.

4. poft הייתי ponendum punctum. Et tunc eft: Nempe in oculis tuis, non noftris, non Dei.

6. Sunt fane (vel nam funt) כפלים plicae, receffus, μυχοί realitati, foliditati. Arduum eft folide pius et integer effe. vel, fi cum قفل fera, clauftrum, conferatur; funt ferae et clauftra rigidae integritati, portae et adi-

aditus ad eam clauſi ſunt, non patent. Deus
adhuc demit, vel negligit, ينسي aut يسهي
in fauorem tuum de improbitate tua, non
omnia tua crimina tibi imputat, et in cen-
ſum refert.

7. חקר fundum. Poſterius תמצא eſt تمصي
ibis, peruenies.

8. גבחה גברי שמים excelſa eſt (nempe
חכמת ſapientia Dei) vt ſunt celſitudines coe-
lorum, aeque celſa eſt.

מה תדע quid omittes? ما تفعل وما تدع
quid facies, aut quid non?

10. Si permutat Deus res et homines rebus et hominibus, et paruos facit e magnis,
et aridos ſqualidos facit, ſenes et pauperes ex
vegetis, ſuccoſis et opimis: quis tum auertet
eum?

11. Ecce, (vide modo) ille הוא (Deus)
ſineretne tranquillos et immotos gentiles ma-
litiae? videret iniquum, et tamen non obſer-
varet eum admirabundus et ſtupens?

12. Virum נבוב perplexum et tortuoſum
declararet pro cordato? et pullum onagri re-
formaret in infantem humanum?

Prouerbialis locutio: An diceret eum, qui
prae ſtupiditate ſimilis eſt pullo onagri, ſapientem eſſe.

15. תשא vel attolles, vel mundabis a
نشي , وشي .

16. כי עתה ecce tunc aerumnam obli-
viſceris.

17. Ac prae meridie ftabit vel lucebit חלד
(pro חילך حولك) potentia tua; (vel et
خيلوك magnificentia tua;) obfolueris; تغني
(deletis antiquis tuis notis et veftigiis detritus
et ignorabilis factus fueris. Conf. quoque تغني)
eris deinceps vt aurora, tam fplendidus.

18. Pronus in faciem corrueris بطحت:
ecce hic eft funis, quo prehenfo refurgas.
تغوة pro تغوية eft omne quo quis nititur.
Hinc etiam hic loci, fi quis malit, poteft pro
baculo accipi. والغرت והפרת trepidaueris,
fugeris trepidus, in trepidam fugam coniectus
fueris, habueris camelos, greges, familiam,
coetus tuos pauidos, fugaces, et quaquauerfum diffipatos, tamen in fecuritate recubabis,
cohabitabis.

19. Et inhabitatum venient ad tuum ἐπ-
αύλιον וחלו פניך وحلوا فناءك multi. proprie
foluent multi fuas farcinas, et pilenta de fuis
camelis in epaulio tuo; id eft venient vel e
longinquo multi ad te falutandum et vene-
randum.

20. ומנוסם refugium ipforum erit exitium
vel defolatio rugire et gemere faciens.

CAP. XII.

2. כי אתם עם טעם fane vos eftis populus fapientiae, boni et delicati guftus; et fapientia vobifcum morietur.

Huic

Huic verſui ſtatim ſubiiciendus v. 11. et 12.

3. Ego non ſum נפל abortus, cadauer, πτῶμα, σκύβαλον, pituita exſcreatitia, quisquiliae prae vobis.

4. שחק לרעהו אחו הקרא אל אלוה riſus et ludibrium eſt ſocio ſuo frater eius, inuocans Deum, vt ſibi ſuccurrat! Deriſus eſt (deridetur) iuſtus, integer לְפִּיָר للغايب aut للغباد ſuperbo, iactabundo.

5. Huc non pertinet, ſed poſt v. 21. vbi eum explicabo.

6. Contra vero pacata et liquida ſunt tentoria vaſtatoribus et fiducia certa (בטחות eſt ſingularis, vt צלמות irritantibus אל Deum, qui אשר הביא אלה בידו produxit (effecit) haec omnia manu ſua. Conf. v. 9.

7. فَاوَلَم ואולם et annon ita eſt? Tu neges, Deum haec omnia efficere et cauſari? Interroga quaeſo —

8. Aut שיח deſcende in terram سخ vel سخ. Poſſet quoque a سخ ساح perambula terram.

11. et 12. poſt v. 2. locandi. Nexus hic eſt. Vos eſtis ſapientes. Sed liceat mihi quae audio explorare. Conf. XIII. 1. Auris non minus explorat argumenta, quam palatum cibos. Eſtis ſenes. Solet ſapientia ſenibus cohabitare. Attamen et ego me vobis deteriorem non reputo.

puto. — Quis dixerit annon vox תבונה quae v. 12. et 13. pariter finit, huic confusioni ansam dederit.

ib. et palatum ·cibum (sc. explorat, qui ipsi gustatur, qui ab ipso gustatur, quem sub organum gustus accepit.

15. יעצר במים est elliptica locutio pro יעצר ידו במים constringit manum suam super aquis يعصر يده بالمياه.

16. לו שוגג ומשגה ipsius est vulnerans, saucians et vulneratus. Si a شج. Vel si a شجي repetas, ipsius est شُجَّ الشَّجِي anxius et querulus iuxta et المُشَجِّي angorem et querimoniam efficiens, vel inuerso ordine شَجَّ angens, et משגה المُشَشجِّي الشَّاجِي ille qui angetur. Potest etiam شكي huc trahi, الشَّاكِي querens, querulus, et المُشَكِّي querulum faciens. Item شَغِي, الشِّغَي miser, et المُشَكِّي miserum faciens. Omnia eodem redeunt.

17. יהולל insanos pronunciat, vel et monstrat tales. Proprie pronunciat, aut et monstrat, λιταϛ, raros, tenues nimis et transparentes, non satis solidos.

19. ואיתנים et firmos, firmiter stantes, peruertit, facit labi.

20. מסיר

20. مزم מסיר curuum et tortuosum per-
verſumque faciens labium illis, quorum verbis fides certa poterat et ſolebat haberi.

21. מזיח vel cum خسع conferri poteſt,
vel cum ‏موتشح‏ ‏وشح‏.

الغايظين אפיקים excellentium.

Tum ſequitur, qui in vulgatis ordine quin-
tus eſt, hoc modo:

בוזל לעש תקות שאנן : נכון למרעדי רגל
البانل للعث تقوة السنان والمكون لمرعدي

الرجل Tradens, permittens in praedam
tineae (in datiuo) ſpem et fiduciam alte
ſecuri; (repete a communi בוזל tradens)
certum, conſtantem et tutum illis (doloribus
nempe, aut calamitatibus, horroribus,) qui
pedem tremefaciunt.

שאנן eſt vel سنان pro وسنان dormitator,
ſecurus, vel a سن ſtrenuus.

22. f. מני חשך e valle tenebrarum emicare faciens —

23. משניא לגוים ויאבד : משמח לגוים
וינחם dolere faciens ‏مشجي، مشكي، مشتقي‏.
gentes et perdens: laetari faciens gentes
(alias) et conſolans.

C 4   CAP. XIII.

CAP. XIII.

3. Annon et ego — argumentationem aduerſus Deum אחפץ احفص colligam, congregabo.

4. Annon eſtis טפלי שקר السحر طافلي κάπηλοι τῆ ψεύδες vel τῆς γοητείας. Vt caupones vino affundunt aquam, quo tenuius ſit, ita illi affundunt mendacio aliquid veritatis, quo lucidius euadat. طغل eſt proprie miſcere tenues lucis reliquias ingruentibus craſſis tenebris.

רפאי אלל אֹלّ رافي (اِلاَلَل vel) interpolatores erroris, vel ſtultitiae. Nam אלל et אול idem eſt.

6. רבות exundantiam, vel etiam κόμπον مربوغ

9. אם eſt ſi.

12. רגביכם חמר רגבי fruſta, boli veſtri (e quibus compoſiti eſtis) ſunt fruſta, boli, luti. Nexus eſt hic: Annon terrebit vos eius maieſtas? annon cadet eius timor ſuper vos? vos fragiles, vos nauci homines, quorum memoriae ſunt ſimilitudines, imagines, cinereae: —

13. מה על מה עלי ויעבר مهما علي ويعبر Niſi credatur מה על מה idem olim notaſſe quod Arabic. مهما על מה ſane delenda erunt quae in ipitio v. 14. conſpiciuntur.

14. בשני

14. אשא בשרי בשני tollam, portabo, apportabo, carnem meam in attrito vetulo-que meo vidulo. بشني (hoc eſt in cute mea) *Ich will meine Haut ſelbſt zu Marckte bringen,* ipſe copiam mei faciam iudici. Siſtam ipſe me ipſi.

15. Ecce occidat me. לא אחתל לא איחל אחאول לא Proprie non excogitabo ſtrophas, quibus ipſum eludam. tantummodo.

17. ואחוה احوها pro ואחוה et com-prehendite illum (ſermonem meum) auribus veſtris. Aut ſane ואחו מלתי באזניכם quod eodem redit.

19. ידעתי noui, vel et ſecurus ſum, quod —

20. ואגוע واجوع et hiabo. Auſcultabo hiante ore.

21. אל o Deus. Duo tantummodo mihi indulgeas, o Deus.

23. כמה كم indica mihi كم quot ſint mihi crimina et lapſus. proprie quotuplica mihi עונות proprie ſunt deceptiones a غان quibus homo Deum vult circumuenire. חטא eſt lap-ſatio inuoluntaria. פשע transgreſſio contu-max, quae fixos adeo limites perrumpit. Caeterorum, vt רשע, מרע et aliorum diſcri-mina tetigi alibi huius opuſculi.

25. An folium a vento ex arbore excuſſum תרעוץ confringes.

26. Ecee תכתב نكتب accumulas super me, coaceruas, vndecunque corrosas, מרדות contumacias. Non tantum, quae matura aetate commisi, mihi imputas, sed etiam, vt exaggeres cumulum onerum meorum, addis illi, quae iuuenis contumax, inconsultus, disciplinae impatiens feci.

Tenendum quoque hunc v. 26. et sequentem 27. post v. tertium proximi capitis XIV. collocandos esse.

27. Aut על שרשי aut על שרשי legendum. Vnum idemque ambo notant. Super incisiones, characteres, vestigia-pedis mei. شرطي

תחקה in ה ح vel رجلي aut شراشي رجلي. est radicale, et tunc est idem quod حق media geminata. Nam Arabes حقين pro حققت et تحقين dicunt. Vel est seruile, et tunc est He emphaticum, quod Arabes السكن He silentii nominant, quia mobile non est, sed sermo in illo abrumpitur. Tandem quoque a verbo حقى, حقى potest deduci. quasi incuruato corpore, compressis hypochondriis, attente consideras, vestigia mei pedis.

28. cohaeret immediate cum v. 25. An folium excussum confringes — והוא, quod sponte sua per putredinem נרקב veterasceret, consumeretur, vt vestis, quam tinea deuorat.

CAP. XIV.

CAP. XIV.

1. אדם cohaeret cum תרעץ v. 25. C. XIII. a foemina natum, breuem dierum, et molestiis turbisque saturum.

2. יצא يضاء nitet. Vel etiam ينضي marcescit. vel a ימל مال inclinat, deiicit caput; vel a مل amburitur, nigrescit, cinerescit, putrescit.

5. Si praecisi sunt eius dies: si numerus —

6. Tunc conniue quaeso ipsi أشة من عليه et sinatur, donec ירצח يرضح conteratur, vt qui diem suum meret. Vel potest manere يرضة ירצח quod idem prorsus est.

7. Ecce arbori est spes. Si (etiamsi) excisa fuerit, tamen denuo ועור. Wau hic idem est quod Arabum ف.

8. Si longam et densam barbam fecerit eius radix in terra, يذقن et in puluerem profunde descenderit ימות يميح vel eius truncus. ماح descendit in puteum aquae hauriendae causa, praesertim si pauca sit, adeoque profunde descendendum. Talis aquator est arbor. Nam terrae succos haurit. Contradictio est in vulgata. Si arbor mortua sit, nunquam reuirescet.

9. כיום נטע vt illo die, quo plantabatur.

10. יחלש

10. يهلس‎ יחרש φϑίνει,

11. אזלו‎ vel eft pro زالوا زالو‎ decedunt de loco fuo, vel أزلوا‎ fiunt delabi, coguntur eo vt delabantur. Vult dicere. quemadmodum mare litora fua deferit et rurfus non implet, et fluuius exficcatur, ita quoque vir, vbi femel mortuus fit.

Poft v. 12. collocandus eft v. 14. Non euigilant e fomno fuo. (14.) An reuiuifcet vir, quando mortuus fuerit?

Quamdiu haereo appactus terrae, (tanquam vermis) profpecto (tanquam حول‎ periodum et epocham notabilem) tempus aduentus meae innouationis (13.) Sed quis mihi dicat et fpondeat, fore, vt tu, Deus, me a Scheol praeferues (id eft ab illa fouea, quam Arabes لحد‎ appellant) vt me abfcondas donec fubfederit ira tua, vt conftituto termino fatale adimpleto mei memor fis; (15.) vt me voces, egoque tibi refpondeam. (Hinc aliud argumentum.) At tu opus manuum tuarum delinquere (vt lunam) facis. Ecce, nunc quidem numeras greffus meos. Noli quaefo. Noli obferuare meas lapfationes. (17.) Obfigna potius in fafce — et duc vmbram, obfcuritatem fuper —

18. vt mons cadens יבול‎ يوبل‎ vel يبل‎ vehementer percellit terram (tanquam fullo fuum pannum fuo وبل‎ feu plauftro ligneo plau-

plaudens,) et rupes, quae יעתק يهتك euulfa amouetur e loco fuo.

19. vt aquae diftrahunt lapides, vt earum effufiones proluunt — fic fpem hominis —

20. perterebras eum ad purum putum تتفعه للناصح ideoque perit.

משנת פניו vibicibus foedas vultum eius, مشنت وجهه et fic abiicis eum.

21. Vt potentes et illuftres fiant eius filii, et ipfe nefciat, non multum id eum angebit. vt fiant parui, et ipfe hoc in ipfis non deprehendat: neque hoc refte dignum eft. Aliena ifta funt.

22. At id fentit homo, quando caro fua fibi dolet.

CAP. XV.

2. היענה لم يعنه id eft لم يظهر an apparere faciet, an producet in confpectum, fapiens fcientiam ventofam, futilem, etc. וימלא קדים בטנו הוכח בדבר et an implebit كريم قرم et قريم قرم vir nobilis, (bene natus, dux fui populi) ventrem fuum argutatione fermonis qui non prodeft لم ينلا قرم بطنه انجاحا.

4. Etiam tu, (quantum ad te attinet) qui חפר יראה وامرية تغر exaeftuas (vt olla bulliens aquas fuas extra oras eiiciens) vomicam pul:

pulmones tuos depaſcentem, et procumbere
facis וְתַגְרַע (idem quod תכרע تُكْرِع quaſi ca-
melum ad aquationem; conf. c. XXXI. querimoniam coram Deo.

Ita ſtatim v. 8. vertendum: An coegiſti ſapientiam, vt ad te, tanquam ad fontem aut
ſtagnum, tanquam ſitiens et nouarum rerum
indiga, et exhauſta, procumberet.

5. Haec eſt apodoſis prioris v. 4. Etiam
quantum ad te attinet, כי אלף ecce, aſſueuit
fraudulentia tua ori tuo حيّ الغ غونك فاك
vel حيّ نالغت غاينتك فاك et, (fraudulentia tua) immerſit ſe tanquam vrinator in profundum mare linguae, hoc eſt ſermonis, loquendi moris, dialecti, verſutorum.

6. יַעֲנוּ בָּךְ يغنوا بك et labia tua ſufficient, reſpectu tui, et in cauſa tua, vt alio
teſte et conuictione opus non ſit. *Deine Lippen werden genug ſeyn über dir.* Eſt elliptica
locutio, quam Arabes integram efferre ſic ſolent وشغتناك تغنوا بك شاهدا labia tua
ſufficient quoad teſtem ſuper te. *Deine Lippen
werden Zeuges genug ſeyn über dir (vor oder
wieder dich)*

11. verſum hunc Arabes ſic ſcriberent
أصط عنك تنقبلت الله وتكلّم لوطء فى مكى

Amoue a te inculpationes, exprobrationes
Dei,

Dei, (fermones illos tuos, quos indignabundus contra Deum effutis, et quibus Deo inuidiam facis; verbo blafphemias aduerfus Deum) et loquere ad captum et morem populi tui. מעם eſt Arab. مَاط vt מער مَاطْ מער: נחם hic loci tantundem quod נَعَم נפם ſaepe alternant ה et ק, לאט idem quod لُوطَء لِيْطُ et לוטא et tandem עם idem quod قُوم vt ſaepe ע et ק alternant. Sed ע in hac voce γνήσιον eſt, ק tantum vicarium; nam venit ab قَمّ communio, *die Gemeinde.*

12. O quam proteruum et expudoratum te fecit cor tuum? مَا اَوقَحَكِ قَلبَكِ ſic ſolent orientales dicere. nos vero dicimus. O quam proteruum eſt cor tuum. ז in יקחך eſt radicale, aut excidit ſane radicalis, et eſt pro וַיִּקְחֹךְ; et o quam ירומו עיניך extulerunt te, elatum et ſuperbum fecerunt oculi tui. id eſt noſtro loquendi more, o quam elatos oculos geris.

13. Ecce libere vagatum emittis תשיב تَسِيْب tanquam gregem aut ὀχετὸν vel riuum, aduerſus Deum ſpiritum tuum, et educis והוצאת وَاَنْضَان aut وَاَنْضِيتَ tanquam gladium a vagina —

16. אף כי multo minus (ſc. purus erit in eius oculis) — vir, qui perditionem bibit vt aquam

aquam, id eſt, aeque amat homines perdere, aeque faciliter et frequenter hoc facit, atque homo aquam bibit. Sitit perdere homines, vt aquam ſitit. Conf. XXXIV. 6.

18. neque illi patribus ſuis diſſimiles, non inferiores patribus ſuis ſapientia, quorum res et rationes non negabant hos eſſe illorum filios.

20. מתחולל vel eſt منحاول moliens, ſtruens machinas, ad diutius viuendum, ad Dei iudicia eludendum, vel, quod aptiſſimum praeſenti loco videtur, et ab vno حول longo ſpatio temporis, periodo, epocha ſeſe volvens, proſpiciens, expectans ad alterum منحل منحال, ſpatium: vel eſt a منحال منحل, luxatus, turbatus, confuſus, diſtractus.

22. Non ſecurus eſt de eo, quod vnquam reuerſurus ſit מני חשך من نو الغسق e via tenebrarum. et نوي نی eſt plaga, vel tractus, quo viator contendit. Si quis malit, poterit מני חשך e valle tenebrarum. וצפו eſt pro וצפון وصفوﻩ et ſelectum opum eius, τὸ ἀκραιφνὲς, τὸ εἰλικρινὲς, τὸ ἔκκριτον τῆς οὐσίας αὐτῶ, deſtinatum eſt, cedet gladio, vel et deſolationi. Supra Cap. צמים חיל appellauerat.

23. Eleganter explicuit Cel. Schultens ad h. v. בירו coram ipſo. Debuerat quoque ſic Cap. XXVII. 11. quod ſuo loco videbimus. חשך porro videtur hic loci non vulgare illud, tene-

tenebras, غسق fed alterum iftud حسك
notare. Scil. nouit quod dies hifpiditatis,
afperitatis, fcabritiei, aculeorum tribulo-
rum, coram fe in talo erectus et collocatus
fit, feque expectet amplectendum.

24. verfum hunc fic fcriberent Arabes.
يبغتنه ضر ومضيقة تتقفه كملك عتيد
للكدار (feu للأنكدار) defubito ipfum oppri-
met noxia angens; et coarctatio fpiritus con-
terebrabit ipfum (tam fubito irruens, tam
vehementer comminuens) vt rupes praeceps
in ruinam.

26. בצואר cum curuitate colli بصوام ob-
ftipo capite, quod fuperbiae fymbolum eft.
Conf. صعر et سعر et نوام fed hoc poftremum
de curuitate thoracis potiffimum dicitur. Formae fimiles huic, vt in owandab, et fimiliter
definentes, morbum folent Arabibus defigna-
re, vt صوام et صعام et سعام tracheloftrabe.
دوام vertigo كلاب rabies canina, دوال, كراز
هيام etc.

28. Nexus huius verfus redit ad v. 24.
obruent ipfum calamitates, quia — (v. 25.
26. 27.) — et habitabit vrbes — et domos,
quas non inhabitant, homines nempe inha-
bitantes.

29. Arabes hunc verſum ſic ſcribant

لا يعشر ولا يتقوم. حوله ولا. ولا يطي

مكلّم لارض (يطه vel) Non habebit decuriam, ad quam pertineat, neque populum, quicum in vnum corpus conſiſtat, et a quo protegatur. Eius copiae Φρᾶδαι. et non calcabit terram collocutoris. in qua collocutor ipſi ſit. Patet hinc ſcribendum eſſe חילו ולא. ולא יטה לארץ מכלם Conf. carmen Salomoni, ſi Diis placet, coaeuum a Cel. Schultenſio edit. p. 2. ſeqq. Monum. vetuſt. Arab. quod deplorat gentilium e Mecca deſolationem. Ac ſi non eſſet, ait ex Cel. viri latina interpretatione, inter Hagun vſque ad Sapham humanus quiſquam, neque confabulationis nocturnae vllum in Mecca commercium.

30. Non excidet e via tenebrarum (quae ad tenebras ducit.) aut ſi malis מני חשך e valle tenebrarum non excedet.) انتنا يونقتو laete virentem et amabilem eius ſurculum arefaciet flamma, ويسون البارح ثمرة ויסור ברוח פרין et ventus calidus nigreſcere faciet eius fructum. v. ad Cap. XXVII. 22.

31. Miſerum illum et errantem, deceptum נתעה non ſinit ſecurum eſſe לא יאמן vel non praeſtat omnino ſecurum et periculorum immunem בשן بشاشنه, بشه, hilaritas ſua,
ala-

alacritas fua iuuenilis. nam conuerfio, exitus, cataftrophe eius (nempe hilaritatis) erit שוא‎ 50 سوء malum, calamitas.

32. Leg. תמרתו בלא יומו תמרא וכפתו‎

לְאִרְעֶנֶּה‎ Arabice fic fcribas. تمرة بلا (بغير vel) يومه تمري وكغته ٱلٱرعنانها Palma eius (vel dactylus eius) deftringetur in die non fuo, quum nondum maturum erat id fieri; بغير يوم مرية et eius ramus (proprie glomus rotundus, كغة et كبة βοςρυχώδης et βοτρυώδης racemus) in adhuc viuere ipfum; quum adhuc tener, mollis, flaccidus et cedens eft (id notat معن) quum nondum deftitutus fuccis, aridus et friabilis euafit. ארענכ‎ eft infinitiuus coniugationis nonae apud Arabes.

34. Ecce עדת‎ عدة numerus, coetus, multitudo, euadet dura, mortua, furda, non refonans filex. non audietur ipfi vllus ftrepitus; id eft morientur omnes. et ignis deuorabit אהלי שחד‎ tantoria τᾶ γόητος, praeftigiatoris, impoftoris, mendacis, اهل الساحر احلة الساحر شكر vel totam gentilitatem magi; vel etiam السكر praeftigiarum, impofturae, mendacii, τῆς γοητείας. Sed prius rectius eft. nam v. 35. continuat defcriptio talis hypocritae, talis

magi ; concipientis moleftiam in damnum
aliorum hominum ; parientis iniquitatem, et
eorum, quorum venter תכין praeparat, firmat, εὐτρεπίζει, ῥωννύει, vel potius idem quod

(تكني تكني pro תכני pro תכין vel نكنن) تكن
occultat quafi fub velo, fraudem, proprie
praecipitium.

CAP. XVI.

3. ما يمرحكى, ما يمرعكى مה ימריצך

ما يمرككى, quid agilem, alacrem, promtum,
rapidum, vel et ما يمرسكى quid ftrenuum
te facit. Non fatisfacit Graecum τί ἐπαίρει σε.
Haeccine te, o Hiob, impellant vt refpon-
deas, vel vt cures, vt in cenfum et animad-
verfionem admittas.

4: Etiam ego, vt vos, contendam. Imo
vero לתשב נפשכם תחת נפשי fane fubfidebit
ftrepitus vefter fub ftrepitum meum. elegan-
tius quid praeftabo in argumentis, in argu-

mentando, quam vos, واني أحبر عليكم

وأنوع غليكم عليكم بمور (במר vel) ראשי

بموم راسي et commouebo iram (proprie
ebullitionem) veftram غليبانكم per quaffatio-
nem capitis mei. Improbantes aliquid, item
irridentes alicui quaffant caput. Paulo aliud
eft quam Graecum ἀνανεύειν. Ego efficiam
quaf-

quaſſando caput meum, et vos explodendo,
vt frematis et crepetis prae indignatione.

5. L. أمضّكم אמצכם faciam vos vri, faciam vos dolere et αλύειν, tanquam ab igne
intus ardente et faeuiente, במר פי vel במוט פי
quod idem eſt, per motitationem oris mei.
et וניר (id eſt נור ac נרור) iaƐtatio labiorum
meorum يَحُشُّكُم יחשכם accendet vos, vt
rogum ſuppoſita ſtipula, foeno, ſchidiis aridis.
Quod ſi vero improbabile videatur יחשכם et
ſatius retinere יחשך, tunc ſcribendum erit
ſaltem וגיד et neruus labiorum meorum
يحسك erit aſper et acutus, vt tribulus,
vt ſpina.

6. At, ſiue loquar, ſiue taceam, nihil proficio. Si loquar, non obſcuratur dolor meus.
Si omittam מהמני יהלך procedit مهني id
quod me ſollicitum habet, proprie id quod
me colliquat, conf. XXX. 30. Poſſet quoque
יחלד legi pro יהלך perennat, perdurat. Sed
opus non eſt.

7. Tu vero هَلَنَني הלתני terres me, vel
terruiſti me, et deuaſtaſti omnem meum numerum et coetum, عَدَّني, vel عَدَّني appa-
ratum meum, ותקמטני et decerpſiſti me, tanquam florem, aut praemorſiſti me وتَتَقَطَّبني

D 3 tan-

tanquam pomum. Si quis malit וחמסטני retinere, dicendum ei fit Hebraeos קמס Arabes
قطم ad vnum idemque fignificandum dixiffe.
Multa talium tranfpofitionum exempla proftant. Quis dixerit vtra melior pronunciatio;
quis vtramque rectam non effe. Difficile, imo
impoffibile hoc decernere. Tale eft quod
fequente verfu occurrit כחשי pro quo Arabes
مكاشحي ,كاشحي, dicunt. Conf. XXII. 16.

8. Conuertit fermonem; et quum hactenus allocutus fuiffet Deum, nunc in tertia
perfona de ipfo loquitur לער היה. Ab his
enim hic verfus incipit. וينغم بي ויקם בי
iram et vindictam fuam in me effundit כחשי
hoftis meus كاشحي et مكاشحي qui foede
horribiliterque deftrictis dentibus morfum
minatur. Nifi hoc admittas, et in כחשי folitam fignificationem abnegandi requiras:
erit fenfus; euafit teftis (contra me) et ex-
probrat mihi وينغم بي in me tanquam ira et
odio dignum quid exagitat כחשי meam Dei —
abnegationem. Coram me refpondet, aut
apparet.

9. Ira eius eft leo difcerptor, qui me caf-
fat, vel caffauit. חרק ,فيصدمني וישטמני
خرق علي باسنانه علي בשניו afperum, rudem,
impetuofum, σκαιον fe exhibens contra me
cum

cum (vel in) dentibus fuis. Eft ضَرِيّ سَل

accipiter fanguinolentus, qui oculos fuos in

me acuit. ضَرِيّ eft vel accipiter, vel aquila,
vel leo, vel lupus, omne animal quod fuman-
tem fanguinem fitit. item canis venaticus, ad
venaturam exercitatus, fanguinis ferini amans.
Quae omnia huc quadrant. Conf. XIX. 12.

10. poft vndecimum collocandus.

يَنْبَالُونَ יתמלאון fibi inuicem mutuam
et auxiliatricem operam contra me fimul
omnes ferunt.

11. עויל hic loci conferendum eft cum
Ar. غَايِل deftructor, perditor, excifor. Alibi,
vbi inquilinum, domefticum, notat, pertinet
ad عِبَال , عِبِيل .

12. פרפר eft e. c. fruftum panis ficcioris
in tenuiores micas per volas manuum ro-
tando comminuere, vel maffam compactae
arenae conterere in minutum fabulum. zer-
trümmern, zermalmen, zerkrümeln. פצפץ eft
e. c. baculum fuper genu aliquoties infringere,
quamuis non prorfus foluatur baculi vnio,
aut articulos laxare. zerknicken.

14. يَرِصّ ירץ incumbit fuper me, vt vir
robuftus.

15. Et volutaui in puluere cirrum meum,
qui mihi a temporibus olim venuftulus de-
D 4   pende-

pendebat, κρώβυλον ἐμὸν. وغلت بالغفر قرني

conf. עֵרֶר عَرَّ Cap. III. 8. vel potius quoque
קרֵני قرناي ambo mea tempora, vel ambos
meos crobylos.

16. قمرت ، غمرت ، خُمِّرَت חמרמרת ob-
scuratus fuit vultus meus tam hebetatus fuit
visus meus, a nimio fletu, tanquam per tenuem nigram calyptram خمار חסיר perspice-
rem, *als wenn ich durch einen Flohr sähe*, vel
tanquam in قمر in subluftri, in crepusculo,
viderem. Conf. כמרירי Cap. III. 5.

Post hunc versum sequantur v. 6. 7. 8. et
9. Cap. XVII.

17. Hic versus ponendus post v. 1.
Cap. XVII.

21. Qui, (vel quo, vt) recte constituat ויוכח
עם אלוהו وينجح negotium quod est viro
ויבן مع الْوَأة cum importuno eius litigatore;
ויבן ابن ادم لرايعا בן אדם et conciliet
filium hominis fodali eius. vsitatius est in
libris: ويلزم (ويوصل) رجلا لصاحبه (aut)

22. Cum hoc versu incipit cap. XVII.
Vt veniant anni mihi imputati כי שנות
מספרי יאתין est imprecatio.

CAP. XVII.

CAP. XVII.

1. חכלה כבלת conuulfus et luxatus et paralyticus iacet fpiritus meus! mei dies (id eft rerum mearum rationes, in quibus dies meos, aetatem meam, exigo) נזעכו انزعجوا difturbati, in iactationem et inquietem dati fint! obtingant mihi fepulcra!

2. Nifi me circumftant illufores. nifi, qui me circumftant, fpecie vifitatorum et confo-latorum, mihi reuera illudunt; et nifi —

עיני תלג ובהמורתם עיני تلز وبامارتهم per ipforum verfipellitatem (collufionem, fimu-lationem) premitur et pungitur oculus meus.

3. Pone quaefo ערבני arrhabonem meum penes te. En tibi arrhabonem meum. afferua illum tibi. depono iam in anteceffum. Haec eft illa ipfa vox arrhabon neque Graecis, neque nobis ignota. Arabes talem termi-nationem cum Elif, quod Hebraei omittunt, fcribunt, vt ערבן عربان قربن قربان الم اللسان صفعن ضبعان.

4. Quod omnes vos כי כלכם (haec fpon-fio, vel argumentum fponfionis) שכל צפנתם سجلا دفنتم abfconditi eftis fapientiam vel liberalitatem. ita loquuntur orientales; id eft quod a vobis abfcondita fit fapientia vel liberalitas. عنكم السجل دفن Non du-bium

D 5

bium hac de re: quam, fi Deo placet, aliquando pluribus adftruam. Si quis interea
dubitet, facile illi erit ‏מ‎ duplicare et legere

‏نفنتم من السجل صفنتم مشكل‎

‏על כן לא תרוממו‎ fuper rectum, verum,
folidum, bona intentione, vel fuper fic, fcil.
cum ‏שכל‎ fapientia et liberalitate, ‏لا تروصون‎
vel ‏لا تراميون‎ ἐκ ἀκοντίζετε, non collineatis,
illuc non tenditis, id non cupitis.

5. Sed ‏לחלק יליד זעים‎ ad diuidendum
tenditis, diuidere cupitis, patrimonium viri
principis in ipfo filiorum eius confpectu, ita
vt, (vel quum) oculi filiorum eius fatifcant,
contabefcant, prae indignatione et defiderio
rapinarum fuarum. Haec aut ad literam ac-
cipienda, aut παροιμιακῶς. Profecto fapiunt
adagium; vt dicere velit, non id cupitis, fa-
pienter et liberaliter mecum agere, fed malis meis illaetari, aut quod in prouerbio dicitur, patrimonium honorati viri ‏يليد زعيم‎
fpectante ipfius familia, diripere et diribere.
Si ad literam accipere malis, non obftabit id
quod Iobus liberos tum non habuerit. Nam
et infra C. XIX. 17. ita loquitur ac fi liberos
adhuc haberet.

6. Iam fupra dixi hunc verfum et fequen-
tes, 7. 8. et 9. fubiungendos effe v. 16. cap. XVI.
‏הציגני‎ eft a ‏صاغ‎ fudit, vnde ‏الصايغ‎ aurifaber. Fudit me, vt aurifaber fuum vafcu-
                                          lum

lum quod parat, in prouerbium. effecit, vt
populi, quando volunt hominem abiectum
et miserabilem designare, illum Iobum appel-
lent. Iobi nomine, tanquam, appellatiuo,
non proprio, pro *ταλαιπώρῳ καὶ βδελυρῷ*
vtantur. et euasi פנים תפתל ואחיה וآكن
تَغَنَّنُ الوجوه conuersio facierum, obiectum
ad quod omnes auidi respiciunt, audientes
illum adesse, de quo tot et toties audiuerunt,
et cupientes famosum hominem videre. *καὶ*
γέγονα ἐπιςροφὴ ὀμμάτων.

7. כלם كاليون vel كالون deficientes.
יצידי אצארי articuli mei.

10. Immediate cohaeret cum versu quin-
to. Non bona mente venistis, sed ad diri-
piendum — At enimuero תשובן כלם ואלם
cum ignominia بلوم reuertimini. נא באו
venite quaeso —

11. Dies mei praeterierunt; lora mea
(consilia mea, *νεῦρα φρενῶν ἐμῆ*) rupta sunt,
conuulsa sunt لتنكوا أزمنتي (tunc tacite repete de communi rupti sunt, vel accipe sequentia pro dictis per appositionem) מרשי
לבבי funes cordis mei. vasa et nerui a quibus cor dependet.

12. Noctem in diem ponit ישים (non
ישימו) nempe cor meum לבבי (et in lucem,
noctem

noctem et caliginem sibi pro luce et die reputat: propinquae mihi sunt prae vultu meo tenebrae, in propinquo et caro magis a me habentur tenebrae quam ipse vultus meus.

13. Si me conforto et consolor, أن أتغوي est sepulcrum domus mea. id est consolor me spe, sepulcrum meam mansionem fore, et tenebras molle stratum, quo me fulciam.

15. תקותי At ista mea spes (sepulcrum) vbi est? proprie تَغَوّتِي id quo me conforto. — et — מי ישורנה quis videbit eam? proprie, quis protrahet eam et producet ex occulto. من ينشرها Posset quoque a سر repeti, من يسامرها quis clanculum cum ea conuersabit, quis consilia clandestina et secreta cum illa conferet. Sed hoc est remotius.

17. Hic versus praeponendus est versui 16. et sic legendus. כי שאול ארדני אם יחד עלי בתדي جوّل أردنّه Arabice fere sic. עפר נחת يهد على عفر النوخة أن Molle puluinar, quod femoribus meis substerno, est fouea, in quam descendam, tum, quum deturbabitur super me puluis quietis. De כר puluinar, vid. ad Cap. IX. 8. et XVIII. 13. Poteram huc quoque aduocare يكاب declinabitur, item يحد

ܝܟܒܕ propelletur, item ܝܟܒܛ deprimetur.

Sed maxime emphaticum eft ܝܟܒܕ cum impetu et fragore deturbabitur fuper me puluis,

fub quo aeternum requiefcam. ܗܟܕ vfurpatur
e. c. de vetere muro faxeo, aut pariete luteo,
aut turri, quae fimul et femel corruit. Conf.
XXI. 13.

CAP. XVIII.

2. Quoufque ponetis, fpargetis, (tu cum
tua familia) קוֹצִים fpinas. (id eft taediofos,
ingratos, pungentes, irritantes, fermones dif-
feritis) Argumenta clara voce editis; et nos
deinceps loquimur, debemus loqui, quia vos
praeripitis fermocinandi opportunitatem.

5. et non lucebit, proprie ܠܐ ܝܒܗܠ non
attollet fe cum faftu et magnificentia, τὸ ado-
lefcens, τὸ ἐπακμάζον, τὸ ἐπιτεῖνον, ignis
eius. Si a נגה נבאך deriues, idem notat fere.

6. אוֹן חשך באהלו Impius, quantum ad
eum attinet, eft caligo in eius tentorio.

7. Arcti erunt greffus און impii. Simili-
tudo ab iis viis defumta anguftis, et peri-
culofis hercle atque terribilibus, vbi ab vtraque parte horrendae voragines et praecipitia
profpiciuntur, vbi, fi vnguem deflexeris,
periifti. Vel etiam a captiuis, qui, catenis
impediti, liberos et quantos volunt greffus
nequeunt explicare. Prior idea huic loco
aptior,

aptior, vt sequens תשליבתו das ipsum praecipitem, demonstrat.

8. Potest explicari et defendi vulgata, sic
nempe. Mittitur in rete cum pedibus suis. id
est, pedes eius mittuntur in rete. Forte tamen
rectius: כי שלח ברשת ברגליו על שבכה
יתהלך Ecce, missus est, vel mittitur, in rete:
pedibus suis ambulat super reticulo.

9. יחזק valide stringet يحدك et يحدك
acer erit obeundo super ipsum צמים vel ad-
verbialiter, arcte, vel adiectiue, firmus,
arctus, mordicus inhaerens. صبيم et مصبم,
nempe funis. conf. نصيم

12. יהי רעב באנו erit famelicus in media
potentia sua.

13. יאכל בלי עורו deuorabit veterascen-
tia, obsolescentia consumta temporis diu-
turnitate, mucescentia, cutim eius. vorabit
puluinaria eius (conf. XVII. 17.) (quibus
vel viuus infedit, quod potius, vel quae mor-
tuo cadaueri substernuntur) primogenitus
mortis; is est vermis. Duo modos, quibus
solis animalia et res omnes paene consu-
muntur, proponit, quum vel sponte sua fa-
tiscunt mora; vel a vermibus corroduntur.
Pleraque cadauera pereunt a vermibus, seu
quod non satis ab insectis arcentur, quae se-
mina sua insidendo in ipsis deponunt, tum
adhuc super terra sunt; seu quod vermes in
illa gleba sint, quae, vt passim mos est, pe-
ctori mortuorum imponitur, quo citius pu-
trescant.

trefcant. Imo quidam abfque externa caufa vermes ex ipfo homine nafci, hominemque viuum viuum vermem effe, et ipfam mortem viuum vermem effe crediderunt. Ideo dicit Iob primogenitus mortis. Vermis enim eft potentiffimus deftructor. Pauciora cadauera cinerefcunt, id eft a כלי بلي fitu, fqualore refoluuntur.

14. ינתק מאהלו מבטחו: טחות תצעירדהו euelletur e tentoriis confidentiae fuae, quibus confidebat: cafus temerarii, vagi, inexfpectati, iactationes fortunae طايبحات et اليج طوﺍﻟﺰﻣﺎﻥ (conf. Cel. Schultens ad Iob. p. 1101.) facient eum ire ad regem (vel regnum) terrorum, (vel ftuporum.)

15. בלהות תשכן באהלו: מבלילו יזרה Terrores (vel ftupores πτοίαι) refidebunt in eius tentorio. qui rigat illud, qui olim illud vt omnem terram pluuia rigabat, pluuiae loco fparget fuper foffam eius fulphur, كبريت vel fi ab عفر et غفر repetas, aridum puluerem, vel lutum. quod rectius videtur.

17. f. من جو الارض מני ארץ e vafto plano, vel et, e medio, e cauaedio, terrae. שם poteft quoque وسم et وشم effe, nota, character, veftigium.

18. In יהדפהו eft ellipfis. Integra dictio fuerat هورف يהרפהו حانف يحذفﻪ vel يحذفﻪ خانف propellet eum propulfor, vel

vel reuellet eum reuulfor, vel in funda proii-
ciet eum qui id faciet, nempe Deus. Conf.
XIX. 23.

20. קרסנים funt fenes, אחרנים funt
iuuenes aut poiteri. Conf. XIX. 25.

21. אך אלה Vt (vel quomodo איך) haec,
funt fedes; vt haec funt quae dixi, ita funt
fedes. Ita comparatum eft cum fedibus —

CAP. XIX.

3. Abfque pudore, impudenter תהברו
تَهَبِرُون rixamini mecum. vt apud Salomonem
in Prou. בית הבר domus difcidii, difcordiae,
rixae. Si retinere malis תהברו repetendum
erit ab كر denfo et turbido agmine, cum
impetu ruitis in me. Non diffitendum tamen, tum potius אלי vel עלי quam לי dicendum fuiffe.

5. אם אטנם עלי תגדילו An funes contra
vel fupra me تجدلون torquebitis? an argumenta litis contra me intendetis, robufta,
fortia, vt funis bene tortus. hinc جادله torfit cum ipfo funem, vel fe monftrauit alteri
contortum, aut contorquentem funes, eft
rixatus cum eo fuit; hinc جدل durus et intolerabilis rixator. Funis eft Arabibus fymbolum omnis eius, per quod ad optatum
finem peruenire poteft. Iam fi de aduerfariis
et rixa fermo eft, tunc notat funis omnem
caufam et praetextum, quo, tanquam fune

in

in collum inie&to aduerfarius implicari et
profterni poteft; id, per quod ad ipfum per-
veniri et de ipfo defideratum obtineri poteft.
das wodurch man jemand was abhaben, was ab-
gewinnen kan, ein Vorwand, eine Befchuldigung,
dadurch man an einen andern kommen kan.

An תוכיחו euincetis, proprie conficietis,
aut in aprico, tanquam in via regia, patente
et calcata, ponetis تنجدحو contra me, in
damnum meum, opprobrium meum, vel
futilitatem, nugacitatem, delirationem meam
خرافتني

8. Et fuper via mea pofuit חשך حسكا
tribulum, fepim e tribulis et fpinis.

10. יחצני vel a حص depilat, deglabrat
me circumcirca, vel a نحض denudat me,
(offa mea) carne circumcirca. فأنكي وألך
vnde fit, vt caro mea difcefferit ab offibus
meis, vt nudus fceletus adftem. وينزع ويسع
et euellit, velut arborem, fpem meam, e
qua me, velut fune, tenebam appenfum.

11. Et reputat me fibi כצר vt hoftem.

12. יחר צריו יחשך ضريبه يحك inftigat,
acuit, παροξύνει canes fuos venaticos. Conf.
c. XVI. 9.

גרוריו יבאו جديدوه يباءوا veniunt per
vices vnus poft alterum eius recentes, acres,
ftrenui; ויסלו وينسلون et propullulant, vnus
E   poft

poſt alterum tanquam ex viua ſcaturigine af-
fluunt. *Sie kommen ſo einher gezottelt.* aduerſus me ipſorum eſt via, proprie greſſio, gra-
datio; et وينكنبون ויחנו orbem circumcirca tentorium meum faciunt, arcuant ſeſe circa — Si quis autem malit ויסלו cum דרכם
iungere, illi neceſſe erit ויסרו ويسدون legere: et dirigunt (in recta linea) ſuum iter ad-
verſus me. Ego ſuperiora malo.

13. L. הרחיקו · ידעי · הרחיקו. In ſequentibus אך
זרו varia via iniri poteſt. Nam defendi et
explicari poteſt ſic. Familiares mei tantum
auerſi ſunt a me, nihil aliud ſunt, quam hoc
vnum, auerſi a me. Poteſt etiam de אכזרו
cogitari, ſunt crudeles, vel ſunt peregrini
a me. Prius tamen, אכזרו ſunt crudeles non
patitur ממני. Mihi, ſi optio detur, placeret
refingere אָנְזַרוּ اَنْزَوروا auerſi ſunt a me, vel

אָנְזַרוּ انزاروا عني

14. חדלו קרובי ומידעי : שכחוני גרי ביתי
15. ואמהותי לזר תחשבני : נכרי — —
16. Seruum meum voco, ſed non reſpondet, (ſi nempe ab عون , عون deducas) vel
non comparet, ſi ab عن · כמופי אתחנן לו
كموفي انتحنن له vt ſincerus, tota mente ad-
dictus ipſi, amicus eius gratiam et opem arguta et miſericordiam mouente voce imploro.

Tac.te

Tacite repetendum: neque respondet. aut supplendum כמו פי vt sit lusus in verbis. كما في vt vmbra id est. Sed prius rectius.

17. Meus spiritus est peregrinus vxori meae: et liberis ventris mei حنيني vox arguta, et ad misericordiam mouendam composita, quam edo. Est nempe pro חנותי, ex illorum substantiuorum numero, quae in singul. in ות desinunt, vt מלאות, צלמות, cap.

XX. 22. Possit etiam a חנה deriuari حنوتي inflexio mea, ϛοϱγή mea, عطف sed prius praefero.

Hic locus et superior c. XVII. 5. efficiunt, aut non omnes liberos non omnem familiam Iobo in illo communi suarum fortunarum naufragio periisse, aut haec metaphorice et hyperbolice dicta esse.

18. Si surgo, et ad illos accedo, וירברוני فيدبروني vertunt mihi dorsum. Posset vulgata interpretatio, loquuntur vel male dicunt de me, ferri. Sed non patitur אקומה quod si significare vellet, adsto, deberet saltem esse אקומה עליהם.

19. וזה ونو et ille quem amaui. Thaiitarum erat, et Arabiae felicis incolarum نو pro الذي efferre. Afferam insignem locum ex al-Meidanio. Is n. 349. hoc adfert prouerbium. اتني نو عليهم اتني et hunc subiicit

E 2   com-

commentarium: هذا مثل من كلام طي وذو ذني لغتهم يكون بمعني يقولون نحن ذو فعلنا كذا اي نحن الذين فعلنا كذا وهو ذو فعل كذا وهي ذو فعلت كذا قال شاعرهم فان الماء ما اتي وجدي وبيري ذو حفرت وطويت.

Operae pretium omnino foret, ſi quis ex Arabicorum Grammaticorum monumentis hiſtoriam dialectorum huius linguae colligeret et conderet; quo ſane non poſſet magnam Hebraiſmo lucem non afferre. In luculentiore huius opuſculi deductione ſimilia his loca et exempla plura comportabo.

20. Cogitaui aliquando, num ſic legendum ſit: בעור בעורי rimae; ſulci ab interno aeſtu producti, αὔλακες πυῤῥοραγεῖς, et καυτοῤῥαγεῖς ſunt in cute mea ובשרי דבקה עצמי et carni meae adhaeret os meum, tam nempe ſtricte, vt in vnum corpus inſeparabile et cuius vnam partem ab altera diſtinguere nequeas, videantur coaluiſſe. Nam alias naturaliter os et caro cohaerent. בשר hic loci caro eſt procul dubio. Cuticula ſeu epidermis non eſt. بشر Arabum eſt craſſa cutis, proprie ſic dicta. ואתמלטה שני excidit dens meus. Vulgata lectio hunc ſenſum fundit. Cum cute mea et cum carne mea cohaeret os meum. Sic Arabes تلاحق dicunt, et ſimpliciter لحق coaluit, *er iſt zuſammen gebacken,*

backen, pro emacuit, collapfus fuit. Vulgatam lectionem qui retinebit ei בעור ante שני
delendum erit. nam turbat. In coniectura
mea בעור בעורי eft elegans alliteratio, quam
Iobus perfaepe affectat.

22. Quare perfequimini me כמו אל vt
ceruum كما ايل.

23. Quis dabit, qui fcribant. proprie:
quis dabit, vt fcribant, quis efficiet, vt fcribant fcilicet illi, quorum id opus eft, הכתבים
fcribae. conf. XVIII. 18. et XXXI. 35. feqq.
Vult dicere: o vtinam adeffent mihi, qui
verba fcriberent, quibus caufam meam apud
Deum, fi liceret, perorarem, aut potius votum
illud quod v. 25. 26. et 27. enunciat. In fequentibus enim optat fibi aut mortem, aut
Dei, ad condictum, ad audiendam et co-
gnofcendam fuam caufam, ἐπιφάνειαν. Conf.
XXIII. 3.

25. Hoc et fequentibus verfibus repetendum tacite a communi מי יתן quis dabit et
ego videbo? vel, vt ego videam quis efficiet?
Capitalis et multum agitatus hic locus eft;
de quo Theologi difputent quantum velint.
Integrum illis et intactum de illo iudicium
relinquo. Quod interpretis eft, id agam.
Dicam nempe, neque inueniffe me, neque
inueniri poffe hoc in loco, liquida certe re-
furrectionis mortuorum indicia et argumenta.
Nam fi ex Arabifmo conuertas hunc verfum,
emerget hic fenfus. Quis efficiet, vt vi-

deam

deam meam foueam جالي et vt posterus
(post me venturus quis, aetate posterior, iu-
venis, conf. XVIII. 20.) על עפרי יקום super
puluere meo, super tumulo meo, stet. id
est vtinam mortuus sim.

26. et 27. continet alteram partem voto-
rum Iobi, quae vt a scribis aeternitati dedicaren-
tur, cupiuerat, nempe: aut vt appareat Deus
ad audiendam et cognoscendam meam litem.
Scilicet constituendi sic sunt: ואחר עורי
נקף ,וזאחו מבשרי ,אחזה אלוה ,אשר אני
אחזה לי ,ועיני ראו ,ולא זר: Haec omnia
vnum v. 26. conficiunt. Et quis efficiet, vt,
postquam ceu fuste contusa est نَقَف per hunc
morbum cutis mea, et carnosae meae partes diffluxerunt a se inuicem et ab ossibus
abscesserunt, vel extra conspectum abiuerunt
زاحوا, videam Deum; contempler ego, con-
spiciam mihi, meis ipsis oculis lustrem, non
alius! De verbo זאת vid. ad Prou. XXX. 27.

27. Hunc versum sola constituunt, aut
potius ad sequentem versum pertinent verba
כלו כליותי בחקי consumti sunt renes mei in
hypochondriis meis بحقوي ex eo, quod di-
citis סה נרף לו non remittamus ipsi, ἐκ εἴξω-
μεκ αὐτῷ. vel quare concedamus illi vel tantillum? وشرس الدبار وشرش דבר נמץ אבי
نمص أَبِّي et asperitas strepera contentionis

euul-

euulfit viride meum germen. Id eft veftra in difputando σκαιότης me angit et exinanit. נרף eft a רפת laxus, remiffus fuit. Quodfi quis omnino aegre ferat ר prorfus extritum abfque vllo relicto veftigio, poterit ille נרוף fcribere, et vel ab eodem רפה vel potius ab Arabico مرأف deducere, ما نروف له ne fimus ipfi רופים vel ראופים benigni, mites, beneuoli, clementes.

29. Timete vobis ab ore gladii: nam חמה ifthaec (ifte vefter mecum agendi modus, iftud veftrum dicere: Nihil ipfi concedamus, fed fimus ipfi implacabiles) ifthaec funt crimina gladii, gladium merentia. Propterea ponite duritiem et vehementiam, τὴν ὀ σχέτητα. الشدنة لمعناه تدعون الشدة vel et שרון conferri quoque poteft cum זרון fuperbia, ferocia, item cum شطان aduerfatio, peruicacia.

CAP. XX.

2. An ita مشاغبي שעפי ferocientes et tumultuantes erga me refpondebunt mihi? et tanquam וכעכר יחושוני denfum agmen camelorum impetuofa et terribili voce, Chaufch, Chaufch clamando, et manus complodendo εἰς θρίγκον compellentes, ita compellent me?

وكعكر يحوشني Conf. XXXI. 5. fi malis בי retinere, legendum erit fic: וְבִבְעְכר יחושו בי

et

et tanquam cum agmine camelorum, ita mecum se monstrabunt impetuosos et feroces eiusmodi compulsores. وكما بعكر يحـتنوشوا بي

Si quis etiam malit עכור vt scilicet vestigium
literulae ne pereat, et quantum fieri potest
conseruetur, item si חושו حاشوا in praete-
rito, quam יחושו in futuro malit, quo hempe
addatur, quantum fieri potest minimum, per
me quidem id licebit.   Etiam וכעכור et vt
agmen — potuit dictum fuisse pro וכבכור
et vt cum agmine — Exempla talia prostant,
vid. ad Cap. XXIV. 5. XXXI. 33. XL. 24. NB. et
XLI. 16. Posset certe huc adferri illud c. V. 14.
וכבלילה pro וכלילה ימששו בצהרים. Sed illud tamen aliter explicari patitur, vel vt לילה
sit aduerbialiter positum, noctu, de nocte. conf.
XXIV. 19. XXVII. 20. XXXIV. 6. vel vt sit
pro חשך caliginem.   Posset quoque וכעכור
positum fuisse pro וכבכור. nam interdum כ
similitudinis omittitur, vt in illo XXIX. 23.
כלמלקוש pro ופיהם פערו למלקוש. Mihi tamen, quod primo loco proposui, magis arri-
det eo, quod expeditius est; et in vniuersum
id paret, pro עכור, seu עכר seu עכור, et pro
חושי legendum esse seu חושו seu יחושו.

    3. Elenchum me increpantium, aut con-
fundentium, audiam? et aura me docentium
mihi accidet? τὸ me facere rectum, planum,
aequabilem, المكلمين الّي مكلّمتي id est
eorum qui mecum loquuntur (ex Arabico
vsu,

vfu, fed alium maluerunt Hebraei) audiam?
et aura مبينني id eft المبينين لي eorum
qui me faciunt difcretum מבין vel difcernen-
tem bonum a malo, perfpicue me docentium, يعنني accidet mihi, allabetur ad me?
Tales formae fingulare foemininum praefe-
rentes, fed fenfu pluralia mafculina funt in
Arabifmo frequentiffima.

4. An hoc nofti (exiftens, ftatum, fixum,
fancitum) ab עד عوذ antiquiffimo immemo-
rabile tempore. — nempe.

5. quod iubilatio — שים poteft etiam a
سام effe, infinitiuus 1. coni. سوم ex libere
vagari et palare homines — inde i. e. ex
quo palarunt homines. מקרוב fit a breui,
praefens gaudium nondum durauit diu —
eft oppofitum alteri membro: neque durabit
pariter diu.

7. בגללו perinde eft fiue ad finem praecedentis verfus referas, fiue locum fuum
tueri finas. Eft Ar. بجلاله in fplendore et
magnificentia fua. Quod idem olim depre-
henderat quoque Cel. Schultens, fed abfque
caufa deinceps repudiauit.

9. Et non amplius תשורנו מקומו videbit
eum locus fuus. Sic vertitur, at non procedit. Aduerfatur enim diuerfitas generum.
Quod fi tolerari poffet, ex Arabifmo liceret
ver-

vertere لا يساكنه مقامه occulta et familiaria colloquia cum ipfo non mifcebit locus
eius. metaphora audax, fed orientalibus frequens, neque nobis ignota. Verum opus
non eft eo confugere. Duplex ratio expli-
candi fupereft. Seu, non videbit nempe oculus, eum loco fuo, pro בְּמְקוֹמוֹ in loco fuo.

Et ita quoque Arabes علي pro لا تره مقامه
مقامه. idem obferuatur in לילה pro בלילה

cap. XXVII. 20. feu non videbit (oculus,
vel, tu non videbis) eum, nempe locum
eius, pro non videbit locum eius. Conf. VIII.
19. et XXXVIII. 17. fed prius rectius et fim-
plicius eft.

10. Liberi eius يرصوا ירצו humi iace-
bunt, tanquam immobiles, viles et manus
eius תשבכנה تنشبنه implicitae, intricatae, fic
infixae erunt, vt extricari nequeant, in eius
iniquitate. Per manus intelliguntur liberi;
hinc eft phrafis יד ליד manus in manum;
id eft a filio ad nepotem, a nepote ad pronepotem, et ita porro. Nam liberi et pofteri
funt hominis brachium et manus, quorum
ope deftinata perficere, et hoftes arcere valet.

11. Offa eius implebunt חלומות, عظامه
يملأ الحلم (aut faltem עלומות, poteft
enim ע hac in voce cum ח alternare, vt v. 19.
עזב

עֻזב pro חזב (vbi vid.) vermes Halam dicti, quales fub corio nafci folent, quum nimis diu conuolutum iacet, in calore. *Maden.* et ifti vermes cum ipfo fuper puluere cubabunt; id eft iacentem, proftratum vorabunt.

14. tunc buccella eius conuertetur in ipfius inteftinis in fel afpidum.

15. בקרבו חיל בלע fi fit in eius ventre opulentia, quam deuorauerit, euomet illam.

17. non videbit in diuergiis fui fluuii נהרו (aut נהריו fluuiorum fuorum) ftagna mellis — non videbit fluuiorum fuorum late difcedentes ramos in ftagna, ad aquatoria, mellis et butyri abire.

18. Arabicus totus purus putus eft, ad vnicam literam paene. مُشِيب يَجَع ولا يبلع، كَحِيل تَمُورْتَهُ ولا يَعْلَسا fenex factus efuriet et nihil deglutiet, nihil habebit, quod deglutiat. annus fterilis, cineritius, niger, erit eius exitus, cataftrophe, id in quod euadent ipfius fortunae, et nihil guftabit.

19. quia comminuit حَرَب עֻזב coetum pauperum. vel fi nolis cum حرب conferre, fed tantum cum عزب erit, gregem qui procul ab hominum confortio paftum emiffus eft. Conf. عسيب examen apum. quia domum, pr. tentorium, جَرَل lacerauit, ligneos eius palos

palos fecuri in fchidia diffindendo; et non reaedificauit.

20. Non erit quietus לא ידע venter eius in ipfo fuo liquido, defaecato et turbarum experte ftatu. בשלו pro בְּשַׁלְוֹו vt infra XLI. 16. שתו pro שָׁתוּ et XXIX. 18. קני pro קְנָיִי et talia alibi multa. aut بسلو בשלו בטנו بطنه in quiete ventris fui non erit quietus. in fuis deliciis vllam γλαφυρὰν, λιπαρὰν, mollem et pinguem et oleo quafi delibutam non habebit. pr. non erit in glabro, in ملط.

21. Non erit effugium manducatori eius. nihil erit de ipfius opibus quod euadere deuoratorem eius queat; deuorator eius non finet fibi vel vnum aliquid tantillum euadere. עלכו לא יחיל טובו eius manducator non finet bona eius vel in vnum حول annum aut temporis periodum fupereffe عالكه لا يحين طوباه.

22. In plenitudine fui peritonaei erit ipfi anguftum. Omnino recte facere puto illos, qui cum ספק hic loci Ar. صغاق contulerunt. omne genus aerumnae obueniet ipfi. מלאות eft fingularis, non pluralis, vt צלמות, vt עברות XXI. 30.

23. L. يهمل من بطنه يحيل מלא בטנו euerret, exturbabit, (nempe Deus, conf. XXI. 17.) implementum ventris eius, veluti fari-

farinam e facco. Vidiſtine vnquam mu-
lieres farinam e facco depromentes? Quid
agunt illae? Supponunt facco magnam pati-
nam e viminibus contextam, tantillum incli-
nant faccum, extrorſum replicant eius oras,
et manu ſucceſſiue a ſummo deorſum acta farinam quaſi continuo riuo effundunt et euer-
runt. Ita agit Deus cum inteſtinis impii.
Tanquam farinam illa ex eius facco ſucceſſiue
et per vices intromiſſa et rurſus extracta
manu euerret. Eſt hoc verbum היל هال
oppoſitum verbi חתת حثي quod notat manum ex imo ſurſum ducta coaceruare. Sed
hoc notat, manum e ſummo deorſum ducta
diſſipare.

Porro. Immittit in ipſum (nempe Deus)
aeſtum irae ſuae; faciet ſuper ipſum pluere
vehementem λάβρον imbrem irae ſuae tam
horribili cum fragore cadentem, tanto cum
impetu et ῥύμῃ contundentem, atque fuſtes
fullonum. כל وابل حمنا כל חוסו hic eſt
pro וכל vel יבל

24. Fugiet ab armatura ferri; arcus ae-
neus تخلغة faciet eum tergum vertere.

25. שלף שלפו ויצא extrahet falcem
ſuam, et exibit illa per medium eius, et
enitebit ex eius felle, vel cyſtide fellea.
יהלך עליו obſcureſcet ſuper ipſo.

26. אסים כל חשך — magiſter, primice-
rius أمام omnium tenebrarum reſeruatus erit
eius theſauris abſconditis.. תאכל נוהו אש
ignis

ignis deuorabit eius manſionem. Etiamſi non ſit vel animam exſpirans, לא נפח ירע לא נאפח ירע etiamſi ne ſibilum quidem au_ diat, ne folii quidem ventiue ſuſurrum, tamen pauebit. Erit שריר באהלו fugitiuus et extorris in ipſa ſua gentilitate et in ipſo ſuo tentorio.

27. יגלי בול ביתו Prouentus domus eius abducetur in captiuitatem يُجلَي nempe equi, oues, cameli, vernae — בול id quod a وابل وبل imbre creuit, vel a بل quod ab humiditate vel pluuia creuit. בנתיו נגרות بناته مجرومات filiae eius trahentur vel ſuper terra e capillis, vel funibus in captiuitatem, et fient גרות peregrinae et clientes, quae antea dominae erant.

CAP. XXI.

2. ותהו et cohibete وتنهوا iſtas تنقّبات exprobrationes, iniuriationes, inuidioſas obiectationes. vel ſi cum נהם نهم comparare malis, increpationes iſtas impetuoſas, veluti leonis rugitus, aut tanquam deuorare me velitis. تنهّبات. Non negarim tamen ſenſum conſolationum hic admitti poſſe, quatenus ſic appellentur frigidae excuſationes, κρησφύγετα, quibus hebeti palpus obtruditur.

4. לאדם

4. הַאֲנֹכִי וּלְאָדָם An indicabo أُمْ أُنَبِّي
ḥomini meam querelam? et an וְאִם מַדּוּעַ
prae malo (id eſt מַדּוּעַ לְכַבִּי prae malo cordis mei, prae triſtitia) non curtus erit ſpiritus meus? Egone effundam querelam meam
apud homines? et fierine poteſt vt ſpiritus
mihi ſit ſat longus et ſufficiens ad eloquen-
dum in tanto meo malo?

5. Reſpicite ad me et obſtupeſcite mecum, propter id quod ſtatim dicam de impiorum fortuna, —

6. Nam ego profecto quoties recordor,
cohorreſco: impios nempe viuere et in-
valeſcere.

7. חַיִל pertinet ad initium ſequentis v. 8.

8. חַיִל זַרְעָם robur, ſplendor, magnificentia, ſeminis, ſobolis ipſorum ſtat coram
ipſis. Populus ipſorum, et poſteritas ipſorum eſt in oculis eorum. Sed, ne quid diſſi-
mulem, etiamſi agnoſcam poſſe ſic non incommode verti, incidi tamen aliquando in
ſuſpicionem, legendum hic eſſe עַמּוֹם צֶאֱצָאֵיהֶם
عميم صياصيهم confertum ſobolis ipſorum.

9. Aut שָׁלוּ legendum سَلَوْا سَلَوْا vel
tranquillae et liquidae ſunt; vel שָׁלוֹם acci-
piendum ſcriptum pro שׁוֹלוֹם ساليون in
particip.

10. Bos eius clitellarius it viam ſuam
وَلَا يَنْفِلُ وَلَا يَنْعَل et non habet opus calcea-
tione,

tione, etiamſi in aſperrimis ſaxis ambulet;
tam eſt validus. Conf. Caab fil. Zoheiri in car-
mine quod Reu. Lette edidit v. 27. et Wans-
leb. in Itiner. Aegypt. p. 296. Outre le prix,
qu'il (itinerator) doit arrêter, il leur (Arabibus hodegetis) doit encore accorder — quel-
ques meidins, pour acheter des ſandales,
parce que les chemins ſont remplis de cailloux tranchans. et p. 299. — par des vaſtes
campagnes ſabloneuſes, dont le ſable n'etoit
pas mouvant, mais ferme, et melé de petits
cailloux, qui tranchoient comme de raſoirs.
Keysler in Itinere T. I. p. 347. narrat apud
Diſtoiam in Italia, boum pedes anteriores
ſoleis ferreis calceari, procul dubio propter
ſolum ſcabrum et ſaxoſum. Eius vacca facile
parit, non difficulter, proprie non laborat
in partu لا تشكل. Ne quis miretur ſaltum
a numero plurali ad ſingularem, ex בתיהם
in שורו et viciſſim ab hoc ad pluralem ישלחו
v. 11. ſciendum hoc non infrequens Iobo eſſe.

13. יחתו ſi nolis a נחת deriuare, conferendum Arabico يهتنون deturbantur. Conf.
XVII. 17.

16. et ſequentes 17. 18. 19. 20. 21. et 22.
inferendi ſunt inter v. 30. et 31. Interea illos
hic ordine ſuo vulgari pertractabo.

הן לא אכיר מטובם Ecce aegrimoniam
animo non concipiam لا أنكن vitam moe-
ſtam et ingratam non ducam, non vorabo
me

me prae inuidia, propter bonum, prosperi-
tatem eorum. De verbo נכר egit Cel. Schultens p. 887. ad Iobum.

17. במהיר נר רשעים derepente extinguet
lucem impiorum (nempe Deus, conf. XX. 23.)
et ducet super eos exitium eorum. dolores
ipsis distribuet —

18. جنبته גנבתו quam abstulit veniens
ex الجنوب גנוב meridie tempestas.

19. אלה יצפן maledictionem ἀποθησαυ-
ρίζει filiis eius: ipsi malo rependit iniquitatem
suam.

20. וירע יראו עינו, et cognoscet, videbunt oculi eius fraudem suam, fraudulentiam
suam, qua voluit Deum circumuenire, et
eam quidem elusam كيلا

21. Ecce, quam celeriter corripit Deus
domum impii post ipsum! quam decurtat numerum mensium eius! Verbotenus sic foret.
Ecce, quam, quantum, est eius (Dei) com-
prehendere domum eius post ipsum, et eius
depauperare numerum mensium eius. חצץ

est حفص et قبض. חצץ est vel خص vel
حص depilare, deglabrare, vel خس depauperare. حي اني قبض الله ببيت الراشق
والإخصاصه عنة اهلتنه vel potest sic capi, vt
post חדשיו tacite repetatur מה et numerum
mensium eius, quam depauperat eum!

23. Hic moritur in ipfa plenitudine et perfectione fua, in folido et vegeto fuae plenitudinis; tam quoad annos, fatum fenile appellant, quam quoad fortunam. Ratiocinium hoc eft: Impii dicunt: quare coleremus Deum. (v. 15.) quum non fit prouidentia, fed vni omnia ex voto cedant, alteri adverfa contingant omnia, praeter rationem, et ambo moriantur. De שלאנן haereo quid dicam. Parum abeft, quin dicam fcribendum effe سلاوان שְׁלַאֲנֻן. Vulgatum שאנן eft a radice وسن يשן dormitauit. سنان pro سنان dormitator.

24. Plena funt eius epaulia lacte; et medullam offium fuorum يُسَقَّى ישקה potatur, praebetur ipfi medulla liquida offium de mactatis fuis pecoribus.

25. ولا أبل بطيبة ولا אכל כטובת neque rigatus, humectatus, irroratus fuit vllo bono.

28. נדיב potentis, eminentis inter fuos et opulenti; vel domus potens. non eft oppofitum רשעים fed eodem tendit, eft fymbolizans, vt faepe כבירים pro impotentibus tyrannis fumitur.

A voce איה vfque ad v. 34. exclufiue eft oratio mimetica, qua Iobus aduerfariorum confilia et obiectiones edifferit.

29. דרך

29. הלא שאלת מעוברי דרך Annon in-
terrogafti vnquam (vel interrogabis) fcifci-
tatus es, a curforibus viae, a viatoribus, a
carauanis, quid factum de potentibus et
improbis? et hi viatores illorum veftigia,
monumenta nonne non — agnouerunt?

תנכרו انكروا vel annon ea deprehen-
derunt obfcurata, demutata ab antiquo ftatu,
ignorabilia facta, ita vt aut plane non agno-
fcantur et praetermittantur abfque animad-
verfione, aut faltim cum addubitatione ad-
notentur.

30. Ecce, ad diem exitii compellitur וחשך
يحبش vt fera in rete, malus. Et quia hoc
nomen generale collectiuum eft, tranffilit ftatim ad numerum pluralem a fingulari.

Tunc v. 16 —. 22. incluf. cohaerent omnia
fic: Scio, ait Iobus, quae mihi opponetis
cruda et incondita ratiocinia. Dicetis nempe:
Interroga qui terras peruagantur, num fciant,
vbi potentes et impii manferint: an eorum
monumenta viderint. porro dicetis, malum
compelli ad diem calamitofum, vt fera in
rete. dicetis, vos impiis non inuidere, de
ipforum fortuna participare nolle; nam lucem eorum certo certius exftinguendam effe.
— dicetis denique, etiamfi paradoxa faciat
Deus, neminem tamen hominem coram ipfo
prorfus iuftum effe; eum omnes omnino
mortales fepulcro deftinaffe. Haec omnia,

F 2 quae

quae vos dicturos scio, subiungit Hiob v. 34.
funt confolationes vanae, κρησφύγετα, can-
tilenae, quae animum meum non placant,
aeftum meum non componunt.

31. Quis coram ipfo faciet viam fuam
rectam, regiam, confpicuam, lucentem? ينبده
(quis ipfi vitam fuam vt puram prorfus et ni-
tidam approbet) وهو أغشها وهوا עשה quum
Deus ipfam dolofam et peruerfam pronunciet.

32. מי ישלם לו quis faluus abeat ipfi?
quis euadat ipfum? quum ipfe acriter vrget
ad tumulos propellendo cum graui et craffo
fufte; quum ille fuper aceruum fepulcralem
cadere facit مثقه محقو يسقط ישקיר eius firmum praefidium, certam fiduciam, vel متكاه
fulcrum eius, أيدي مرجب ליד רגבי נחל
النغل quemadmodum cadunt a vento pro-
ftratae trabes palmarum, quae palmas pro-
ventu dactylorum praegrauatas fulciunt, et
contra ventorum impetum tuentur. His de-
iectis palma perit. Ita impius deiecto fulcro
fuo. Vox רגבים fi glebas notat, redit ad مغب
fi tale fulcrum palmarum notat, redit ad مرجب
Hoc in plerifque radicibus vfu venit, fed ne-
glectum macerauit ingenia in comminifcen-
dis fignificatuum harmoniis, et peperit tot
tortuofas originationes.

33. in-

33. incipit a verbo וְאַחֲרָיו Quis effugiat ipfum quum — et quum poft fe trahat —

34. quomodo confolabimini (aut increpabitis) me fruftra, quum refponfiones (obiectiones) veftrae fint نسي ومغالة נשא ומעל ftupore et fraudulentia perniciofa.

CAP. XXII.

2. כִּי num.

3. أم خفص العيش للشديد أن الحفظ تصدق an opulentia, mollities vitae, accrefcet potenti (Deo) fi iuftus fis.

4. ينجح لك id eft ينجحك יוֹכִיחֲךָ expediet, cognofcet caufam tuam.

6. תַחְבֹּל vincis, aut vinxifti.

11. ماواك غسق מְאוֹר חֹשֶׁךְ Habitatio tua, ἐπιστροφή tua, erit caligo, prae qua nil videas.

12. הֲלֹא poteft ex vfu Arabum abundare, quibus tantum inferuit ad excitandam attentionem. Hola. Deus eft جبهة السماء vel in fronte aut vertice caelorum, fi جبهة in Accuf. legas, vel frons, vertex caelorum, fi جبهة in Nominat. וְרָאָה וְאֵשׁ כּוֹכָבִים כִּי רָמּוּ وراءه نام الكواكب coram ipfo eft (proprie tegmen et θρίγκος aut vallum eft, ipfi praeductum, fuperandum prius quam ad ipfum peruenieri queat) ignis ftellarum, o quam ex-

celfa-

celfarum! כי hic eſt admirationis, o quam excel-
fae illae funt. شرفوا vel ما شمخوا كن aut.

13. Ideoque dixiſti: quid norit Deus rerum noſtrarum tum procul a nobis remotus?
An vltra أم بعد an in loco qui eſt vltra ſpiſ-
fam caliginem iudicet?

15. An viam — ſeruabis. poteſt quoque
verti, alacriter curris, quam calcarunt —
דרכו سرجوا vel طرقوا.

16. Aut ſcribendum eſt קטמו aut ſaltim
קמטו idem, atque illud, ſignificabit, nempe,
praefecti, decerpti, demorſi funt; et quorum
fundamentum flumen יוצק يصك perculit,
arietauit; vel a نرق ينترق fecit cum rapiditate ex loco ſuo ἐξολίσθειν.

17. Aut לנו ſcribendum, aut verba, ומה
למו שרי יעשה ad initium verfus ſequentis
referenda, ſic ſcil. Et quid tandem illis faciat
Deus, quibus tandem modis illos excipiat,
qui eorum domos bonis implet, et illi tamen
nihilominus ipfum repudiant. Improbum
conſilium! apage nequam conſilium. Sed illud ו ante עצת turbat. Aut aliquid excidit;
aut referendum eſt illud Wau ad טובו, aut
praeter morem remanſit ex radice ועצת وعظ
pro עצת عظ.

20. Si

20. Si קימנו قومنا populus noster, proprie confistentia, σύϛασις, nostra.

21. Conquiesce, paciscere quaeso cum ipso, ad pacem et tranquillitatem reconciliare. כהם فاحم aut يَعْم crassam, spissam, prae bonorum copia opacam, et oculis impenetrabilem, neutiquam raram neque pellucidam, annonam tuam faciet.

23. Si rursus ad omnipotentem te convertas תפנה, et procul arceas fraudulentiam ab tentorio tuo:

24. Tum ponet נצר עפר על ושית فاجعل نَضَرَا عَفَرَك غلوك sitibundum lutulenti et ochracei pulueris in laetum, viuidum, splendidum virorem; et in rupe riuos faciet vbertim scaturire. Sit vbicunque velit illud Ophir; hic loci non est. אופיר est Arab. اوفر Cupidi videntur fuisse, qui de fluuiis aureis cogitarunt.

25. Et erit omnipotens נצירך نضيرك aurum tuum. (In omnibus locis vbi בצר pro auro legitur, scribendum est נצר) et erit omnipotens tibi תרעפות כסף argentum in guttis, quod guttatim, vt gummata et resinae ex arboribus, ita ipsum ex terra exstillauit, exfudauit, totum iam purum, et paratum, neque indigens fusione. Est a رعف guttatim stillauit.

29. כי השפיל מתאמר גוה Ecce humiliat

منامرا imperiosum superbum, et deiectum oculis, (qui prae angustia et humilitate oculos deiicit) eum in amplitudine collocat, si a وسع, vel eum in alto collocat, si a نشع quod idem atque نعش.

30. Videtur hic versus sic legendus esse: ימלט איש נקי ומלט בבר כפיך eripit virum purum; et ita quoque tu euades per puritatem manuum tuarum. Imperatiuus pro futuro. Et similiter, et proinde tu quoque euades.

CAP. XXIII.

2. מרש שיחי · גם היום · حَمْ هُيُلَامِي

مَرِيس تُشَاجِي stupor meus, confusio mentis meae, πτοία ἐμὴ exundat vsque et vsque, tanquam perpetua scaturigine affluente. vt firmiter tortus funis contortiplicata est querela mea, ita vt explicari et retorqueri nequeat.

3. מי יתן ידעתיו, אמצאהו Quis efficiet, vt videam illum, veniam vsque ad illum, procedam ad tribunal eius. Conf. XIX. 26. Ab hoc versu vsque ad v. 8. exclusiue procedit illa querela, et ille gemitus, de quo v. 2. dixerat. Haec verba sunt querelae et gemitus ipsa formula.

6. An multitudine, magnitudine (vel et, an lite) roboris, praeualentiae, mecum litigabitur? לא ne quaeso. (ne quaeso id faciat)

لكن هو يَسمَح أر هوا يشمح بي (faciat

سامحا سومح facilem, بي sed monstret se
commodum, benignum mecum, si mecum
ipsi res est. Aut legendum erit אך הוא ישמני

لكن هو يَنسِمني sed concedat mihi tempus
respirandi, faciat mihi facultatem nouis spiritibus veteres exhaustos reficiendi.

7. Id si fecerit, שם ibi, vel tunc temporis
ثم rectum cum ipso expediemus, euincemus
et faciam exire, excidere, euadere, iudicium
meum, causam meam, in victoriam, vel in
purum putum et rectum constans toti terrarum orbi conspicuum.

8. Sed ille copiam sui non facit. Ecce —

9. בַּעֲשׂתָי pro בָּשׁתְּא versus
finistram ἐψηλάφησα αὐτὸν, ἠφασσάμην, tanquam coecus in tenebris, aut vt pueri nostra-
tes solent, obligatis oculis circumcursitan-
tem apprehendere et continere volebam, vel
volo. *Ich hasche ihn, oder ich greiffe nach ihn.*

10. כי ירע דרך עמרי o quam malam
viam it mecum! o quam peruersis moribus,
quam iniquis conditionibus mecum agit.
בחנני probat me tanquam dokimastes. Exeo
vt aurum, tam purus.

11. In eius κεχαραγμένω, sculpto, in-
ciso tramite, in vestigiis eius باثره احذو رجلي
pono (propie calceo,) pedem meum. Secun-

F 5 dum

dum modulum vestigiorum ab eius pede
impressorum seco vel caedo soleas pro plan-
tis pedis mei. Nos fere diceremus: *Ueber
seinen Leisten schlage ich meine Schuhe.* Viam
eius conseruaui, vel cucurri promtus et alacer.

12. ולא אט ממצות שפתיו non declinaui a praecepto labiorum eius. si quis
tamen vulgatum מצות per vnum Mim retinere velit, illi מצות ita explicandum
erit, vt ת radicale reputet. من صوت a
voce. non declinaui a voce labiorum eius.

ولا أمس من حوقي ولا אמיש מחקי et non
παρέρρεψα ex mea orbitā, mihi circumscri-
pta. Conf. חג חוג חק et حاق حيج et عوج.
בחקי צפנתי אמרי פיו in sinu meo recondidi
verba oris eius.

13. وهو جاحد وهوא כאחר At ille nihilominus tamen negat (me pium fuisse) et
quis contradicet ipsi? Cupiditas ipsius auet,
scilicet me pro nequam declarare, ויעש
فيغش ideoque me pro nequam, pro vetera-
tore, declarat. Hic est Laconismus orientalium. Dicunt e. c. Imperator iubebat, ideoque
occidebant ipsum. أمر الامير به فقتنلوه id
est imperator iubebat, illum vt occiderent;
ideoque occidebant ipsum. Imperabat Deus,
volebat Deus et fiebat lux: id est imperabat,
vole-

volebat Deus, vt lux fieret, ideoque fiebat
lux. Apprime huc facit illud Cap. XXXI. 1.
ברית כרתי לעיני ומה אתבונן על בתולה
Ferii foedus cum oculis meis, ideoque non
ftupeo fuper virgine. id eft ferii foedus cum
oculis meis, ne ftuperent fuper virgine; et
inde eft quod non ftupeo fuper virgine.
Etiam illud c. XXXV. 14. Etiam, fi dicas, non
malum facies eum, id eft etiamfi dicas, Deus
malus eft, non tamen eo efficies, vt reuera
malus fit. Conf. XXXVIII. 34. Hinc etiam
explicandum puto vexatum illum locum Gen.
IV. 8. Et dicebat Cain ad fratrem fuum; et
fiebat, vt, cum effent in agro, furgeret Cain.
Nihil deeft, fed eft Laconifmus. Plena dictio
fuerat. Et dicebat Cain ad fratrem: Exeamus
in agrum. Quum ergo effent in agro, fiebat,
vt — Conf. iftud Abilfedae in V. Muhamm.
ed. Gagn. p. 117. lin. 15. واتي رسول الله
بعض هوازن قد دخلوا عليه فرد عليهم نصيبة
Veniebant ad ipfum quidam Hawazenitae, et
coram admittebantur, ideoque reddebat ipfis
partem praedae fuam. Neceffario tacite fup-
plendum: et rogabant ipfum, velit fibi iactu-
ram fuam reddere. quod ille faciebat.

Sic etiam hic loci, cupit anima eius, et
nequam me pronunciat; id eft cupit me —
declarare, ideoque — declarat.

14. O quam prodit ius meum, ius mihi
debitum! et o quam multa funt penes illum
talia? Poteft quoque fic, per ironiam et in-
terrogationem inficiantem reddi. Ecce feruet

mihi

mihi meum ius integrum, quum talia multa
penes illum fint? Illene mihi — feruet, qui
fic agere folet?

15. אתבוין انبأين *Ich trete einige Schrit-*
te zuruck, vt attonitus et ftupens, explicabo
latius ad Cap. XXVI. 13.

17. O! quod non texui نظمت tanquam
calyptram tenebras fuper vultum meum, aut,
o! quod non habeo fufpenfum tanquam נזם,
נזם נזם et نظام latum frontale, μετωπι-
διον, e vultu meo tenebras! O quod tenebrae
mihi non funt loco frontalis ornamenti, de
fronte mea, fuper oculos meos dependentis!
Et o quod non habeo fufpenfam aut detex-
tam de vultu meo calyptram caliginis! Aut
fi offendat quod כסח non fit in ftatu con-
ftructo, ideoque verbum reputes, tum מ in
מפני nequit notare ex vel a, fed eft formale
fubftantiui, locum vel tempus vel modum rei
notans. מפנה مغني locus quo vultus fpecta-
toris conuerti poteft. Et tunc foret: et o quod
non tegit caligo refpectum meum, eam partem mei, quae fub confpectum cadit.

CAP. XXIV.

1. Quare — ידעו לאחזי et (id eft quae)
noffent oppreffores acres, inftitores, impor-
tuni, auari, angufti animi homines اللا حرون
חלי חצים.

2. ימירו גבולת . ישיגו עדר qui mouent
terminos. qui difpergunt greges feu rapiendo
et

et abigendo, feu terrorem incutiendo, qui יגזלו וירעו ſcindunt in ſchidia, (aut contruncant); et confringunt,

3. poteſt quoque et vinciunt bouem, religatum fune trahunt.

4. Videtur יחד defendum eſſe, tanquam veſtigia et reliquiae bonae lectionis, quae a perito librario repoſita fuit יחבאו, ſed imperitus vtrumque confudit. Aut ſi teneatur, poteſt gemino modo explicari 1) יחד poteſt idem eſſe atque يَحَدّ via deſignata, ſuis حدود terminis et oris definita, aut 2) poteſt eſſe idem quod יחיד via vnica, أوحد, praeter quam alia nulla patet. יחבאו humiliant, proprie faciunt eos eo modo qui حبأ dicitur ſubſidere. Is conſidendi modus Baduw'nis et egenis Arabibus familiaris eſt. Scilicet, ad ſummum contractis iliacis et pſoris muſculis, humi deſident, ſic tamen, vt natibus terram non attingant; ventrem femoribus arce apprimant. Nos *kauren* appellamus. qua in poſitura quo ſe contineant, cruribus brachia circumligant. Si יחבאו reddas, aut occultant ſeſe pauperes, aut tyranni occultant, diſparere faciunt egenos, redibit ad جبأ. Notandum et hoc, inter praecedentem tertium et hunc quartum verſum inferendum eſſe nonum, quem ordine deinceps exponemus.

5. Ecce onagri in deſerto exeunt, פראים pro כפראים ecce, vt onagri in deſerto palantes, exeunt

eunt illi pauperes. Omnia sequentia ad pauperes, non ad onagros, redeunt. Onagri hominum
sodalitium auersantes, et in solitudine viuen-
tes, in magna inedia, in perpetuo hominum
timore, sunt symbolum pauperum, qui defectu victus coguntur per terras vagari. Exeunt igitur illi pauperes ad opus ipsorum,
diuitum nempe, quorum mercedem merent
ad angariam ipsorum, משחרים לטרף ערב
חלות לחם לנערים mane quaerentes ἄγραν
vesperae, quam vespere comedant, frusta
panis pro suis iuuenibus. Non possum tamen dissimulare, me credere, ab Autoris
Θεοπνεύϛȣ manu loco vocis הן profectum esse

רין الغراء بيّن ad modum, morem, instar

onagrorum exeunt.

6. In campo demetunt pabulum (vel foe-
num) eius, nempe רשע ȣ impotentis diui-
tis. Suffixum ן redit ad רשע quod in altero
colo demum habetur. Et hoc quoque styli
orientalis est, vt in altero membro periodi
demum ponant subiectum, cuius suffixum in
primo membro iam praemittitur. Exempla
dabo in ampliore ad haec Commentario, si
Domino placet.

8. ومن علىهم id est ومن بلي ومكلي et
propter defectum מחסה محاصة refugii, σκέ-

πης, amplexantur rupem. الحنبقوا أصر
9. יתום

يجرلوا مسك اليتيم يزلوا مستر يتوم .9

attenuant, atterunt fricando, funem (id eſt
ſpem, praeſidium, τὰς ἀφορμὰς les reſources)
pupilli, ea, quibus pupillus confidit, quae,
rebus vacillantibus et ſe in lapſum prono pen-
dente apprehendit, per quod aſcendere ad
ardua ſua deſideria, iiſque potiri poteſt. قوة
مسب , مشاء , سبب , حبل , وصل , عروة
et talia funem notantia, notant Arabibus rei
media, ἀφορμὰς, anſas, cauſas intermedias,
deſiderium et rem deſideratam coadiuuantes.
Iam ſupra dixi hunc verſum inter tertium et
quartum inferendum eſſe.

11. Inter vaccas ipſorum, gregibus paſ-
cendis impoſiti, aut et, inter ſepes (in ambitu ſepium) vel inter macerias vinearum
ad impotentes diuites pertinentium, tolerant
meridianum aeſtum ſolis.

12. Prae onagro, magis quam onager,
ينفقوا ينأقوا rudiunt mortui, ſeu moribundi,
qui ſub operis a diuitibus impoſiti duritate fa-
tiſcunt et exſpirant, et anima abominabilium,
id eſt cadauerum, vel confoſſorum ab impotentibus, תשוע تشوع ἀνακαχλάζει, ἀναβλύζει,
per vices et radiatim, vt ſanguis ex arteria
ſciſſa, cum ſpuma et murmure ἐκτοξεύει.

والله لا يشم والوح لا يشيم تفلت الهمة משם תפלת המה ואלוה לא ישים

تبهلة الهامي et Deus non reſpicit ſuppli-
cat.o

cationem plorantis. vel لا يَشُمّ non odora-

tur, vel لا ينسم quod idem eft; vel

non finit libere euagari ad fe fupplicationem.

13. Sunt illi impotentes بمارِدي النوم

id eft بمارِدي النوم rebellantes refractarii
luci.

14. Ad lucem furgit latro ifte impotens
et occidit — et de nocte יהיב גנב terret
יהיך fur. Si يهيب retinere malis, deriuan-

dum erit ab هَكَّ percuffit gladio, aut ab هاك

fuffodit, aut a يَنْهَكَ poenis et tormentis vl-

tra omnem modum afficit; aut يَحِيقَ cir-
cumambulat.

17. Nam reputant يَحَدُوا יַחְדוּ fibi auroram pro caligine, tam auerfantur et hor-
rent lucem, atque alii tenebras. כי ינִיך

حتّي ينِير fi lucem et diem facit, *quand il
fait beau tems*, fi ferenat, id reputant pro
terroribus caliginis.

18. كلاحوا קלחוא plumbei, liuidi et tetri adfpectu funt magis, quam adfpectus
aquae. Vt paucum euadat, vel, vt male-
dictum fit ipforum patrimonium! לא יפלח
דרך רמים vt via τῶν ὑπερηφάνων non
fit felix.

19. Vt

19. Vt ſiccitas, vt גם غَمّ aer prae calida et vaporoſa craſſitie ſuffocans, חם vt venenatus ardor יגזלום eos tam aridos, tenues et tranſparentes faciat atque eſt גזל حزل ſchidium! *daſs ſie — ſo austruckene, wie eine Schindel.* ימי שלג in diebus niuis ἐξολισθωσιν ἐς ἅδϣ! Pereant aeſtate iuxta et hieme. ימי שלב dies, niuis, pro כימי שלג in diebus niuis, per dies niuis, vt לילה per noctem. ישכח אורחם calles ipſorum, plaga terrae, quam calcarunt, in obliuionem eat.

20. מתקו רמה fulcrum eius ſit putredo. non commemoretur amplius.

21. Frangatur, vt arbor, (vel lignum) improbitas. nequitia ſit ſterilis foemina, quae nunquam mater fit, (id eſt impii non habeant vel habebunt ſobolem.) et ſit vidua.

22. לא ייטיב ומשך Gratam vitam non aget (impius, tyrannus,) quandoquidem trahens, detrahens validos per potentiam ſuam ſurget, a קום aut excandeſcet, يَنغَم, aut, et trahens — يَغَبّ يקומו erret ipſum. non erit ſecurus בחיין per vitam ſuam, id eſt tota vita non erit ſecurus.

23. יחולו לבטח וישענו habitabunt (id eſt etiamſi habitent, vel eo ipſo tempore quo habitent يَحَلُّوا) in ſecuritate et ſuffulciant ſe, ſuper opibus ſuis, quaſi brachio,

G   ſuper

super te folida, aut וישעו erunt in amplitudine: (refpondent haec רמו סעט טְ v. 24.) Sed Dei tamen oculi funt fuper viis eorum, acriter eorum facinoribus inuigilant.

24. Euehentur tantillum (id eft etiamfi tantillum elati fuerint, vel eo ipfo tempore quo —) tunc nulli funt. המכו diffluunt. ככל יקפצן vt gramen deftringuntur, et vt arifta vredine tacta, quafi ambufti et cinericii caput deiiciunt, vel deiiciant. Nam poffunt haec omnia optatiuus effe.

25. לאל לְלֻל aut לֻֻלֻ ad errorem et infaniam ponet, id eft pro tali reputabit.

CAP. XXV.

2. Dominus, quicum terror eft, et faciens pacem — (quantum ad hunc attinet)

3. Eiufne turmis (vel acribus et ftrenuis) numerus eft? et fuper quem non ftat recta via eius? אורחו, quis ab eius potentia tam femotus eft, vt Deus eum petens affequi nequeat?

5. הן געך ירח ecce, increpet lunam, vt fpurcam, et illa non obibit (tanquam pudore fuffufa) fuum nouilunium. لَا يَهِلّ. Conf. XXIX. 3. eft a radice هَلّ הלל.

CAP. XXVI.

2. ما عذورت, ما عزورت, ما عرورت مح עזרת

O quam te durum et afperum magiftrum morum

rum et caftigatorem monftras, in nullitate
virium, vanam fine viribus iram iactas, et
amplum fecifti brachio, cui nullum robur.
ללא עז. اوسع نراعا facit amplum brachio
fuo, in amplitudine collocat brachium fuum
quis tum, quum negotium difficile peractu-
rus manicam tunicae et indufii retrouoluit,
vt nudum fit brachium, neque aut agentis
agilitas, aut actionis velocitas impediatur.
Den Arm auffftreiffeln.

3. Egregium confiliarium, fapientia caf-
fum! Papae, foliditatis, quam hac in lite pro-
tulifti! לרב igitur erit pro לריב. Conf. XXIX.
16. XXXI. 13. Sed fi antecedentia confide-
remus ללא כח, ללא עז, et ללא חכמה, in-
vitamur, vt hic loci לרך legamus, foliditate-
tem, quam in mollitie monftrafti.

4. Cum quo انجدت الهرت rectificafti,
recte conftituifti, condixifti haec argumenta?
Avec qui avez vous concerté cette querelle?
Par la bouche de qui parlez vous?

5. הרפאים יחול الرفات ينخل cribrat,
examinat, probat, quiefcentes, filentes, mor-
tuos. לו מתחת שמים ipfi eft inferioritas caelorum, id quod infra caelos eft, et eorum,
ipforum caelorum, incolae. conf. XLI. 2.
מתחת eft nomen fubftantiuum, vt מבטח, vt
fupra XXIII. 17. מפני.

7. ftrauit occultum צפון. forte centrum
terrae intelligit.

8. עב eſt proprie turrita, globoſa, κυρώδης nubes; ענן tranſuerſa, plana, quae يعن occurrit oculis ſpectatorum in عنان horizonte.

9. מאחז eſt idem quod מוחץ concutiens, porriciens: vt qui vtrem lactis prehenſis vtrinque oris horſum prorſum concutiunt, quo butyrum eliciant; aut qui tapetem expanſum ſurſum deorſum ſuccutiunt et in latera trahendo excutiunt, quo puluerem exturbent, aut qui prehenſis panni quatuor oris vulpem in altum ῥιπτάζωσιν; aut vt lotrices, quae lintea, quo ſordes eluant, in aqua horſum prorſum tractant et vexant. Hoc itaque modo concutiens Deus פני כסה פרשו oras tapetis ſtrati vel cubiculi ſui עלי עננו ſuper tranſuerſis ſuis nubibus, vel ſuper horizonte ſuo.

10. חק ab حوق ambitum in orbem circumduxit ſuper oras, aquas apud μεθόριον (ibi, vbi eſt μεθόριον) lucis et tenebrarum.

12. Robore ſuo conuibrat mare: oſcillare facit vt chordam inſtrumenti muſici percuſſam: et ſua intelligentia מחצו מחץ מחצב conquaſſat, porricit, illud conquaſſatione terribili. רהבב eſt talis forma vt شوبوب.

13. רוחו Spiritus eius coelos differenat, atras nubes tanquam ſcopae quiſquilias, euerrendo. Eius manus חללה خلّت luxat, diſtorquet, conuellit, rumpit, aes vectis, id eſt vectem aeris, aut aeneum.

14. En

14. En hae funt extremitates viarum eius:
at quam illa funt terribilia, quae hactenus
diximus et audiuimus. וּמַה שֵּׁמֶץ דָבָר נִשְׁמַע

וما اشمائر شي نسمعه at quam terribilis res
eft, quam audimus! flatum nubis eius, נִשְׁם
עֲבוֹ , וְרַעַם גְּבוּרֹתָיו , מִי יִתְבּוֹנָן et fremitum
tonantem magnificentiae eius, quis effugiat,
vel toleret? Vtrumque fenfum fert ea vox.
תְבוֹנֵן تبين eft proprie ab obiecto nimis
propinquo aut oculos vehementer nimis fe-
riente paffus aliquot recedere, quemadmodum territi faciunt, aut ftupentes, aut admirantes, aut rem volentes commodo fuo, absque dolore et laefione vifus, e iufto vifus
puncto, in omni ambitu per otium luftrare,
et eius confpectu fe fatiare.

CAP. XXVII.

2. Ecce, Deus أنزع حسير curuum fecit ius
meum, prauam mihi fecit iuftitiam.

3. Nexus verfuum et conftructio oratio-
onis haec eft. Abfit a me (v. 5.) quamdiu
viuo (v. 3.) vt me iuftum venditem penes vos
(v. 3.) non obftante quod malus fim. Quamdiu viuo, (v. 3.) abfit a me, vt κακὸς ὢν (v. 4.)
me iuftificem (v. 5.)

3. Ecce, quamdiu adhuc in me eft anima
mea —

4. Si loquantur labia mea perniciofam
fraudulentiam, et lingua mea exaeftuet quid,

quod in praecipitium dare quemquam poffit;
εἰ ἀνέβραζε γλῶσσα ἐμε ὀλίσθημα.

5. Sit mihi abominatio, abominabilitas,
fi me iuftum iactem penes vos. Donec ex-
fpirem, non amouebo meam integritatem
a me.

8. Quae enim eft fpes hypocritae, vt lucretur, quare, vnde, quo fundamento fperat
hypocrita, fore, vt lucretur quidquam, tum,

quum Deus יִשְׁל ينشل extrahet eius animam
inuitam egredi, cum violentia, tanquam fi
quis fruftum carnis creagra ex olla feruen-
te extrahat. aut fi, (liceat mihi Alcoranica

fimilitudine vti,) Deus يسل animam eius vt
ferrum candidum, veru candens, per pannum
madidum trahet cum multo ftridore et denfo fumo.

يسلّها الله سلّ سغود صحمي من بين
خرق مبلول.

10. An audiet Deus clamorem eius in
anguftiis haerentis? Non. Nam 'audit tantum eos, qui Deum amant. Si fuper, in, cum,
Deo fe delectaffet, audiret ipfum Deus omni
tempore.

11. Docebo vos بين يدي الله ביד אל co-
ram Deo, أَسَامِ vel أُسَامِ id eft أُسَامِ אֲשֶׁר vel אֲשֶׁר
creta confilia communicabo cum omnipo-
tente, quem non abnegaui; quod vos omnes
vidi-

vidiſtis, vel non celo; non celabo, vel nil celabo, vt videtis. Quare ergo φλυαρίας φλυαρεῖτε?

14. Si multiplicentur filii eius, id erit לוֹם וְחָרָב לס וכראב טַפּεινότης καὶ ἐρημία, humilitas, obſcuritas, contemptibilitas. Poſſit quoque tentari לם למו וחרב, ſed prius rectius eſt, et idem efficit. Poſſit etiam למו חרב importunitati لَنَكِ percuſſioni gladii. Sed vnice retineo ſuperius.

15. Eius fugitiui (qui e communi familiae excidio forte fortuna euaſerunt) בצמות يصموت in ſilentio, abſque pompa funebri, abſque ſpectatoribus et teſtibus, ſepelientur. *ohne Geſang, ohne Gecklanck.* vel במם in turpitudine. vel כבהמות vt beſtiae. Mihi placet, quod primo loco propoſui; et eius viduae non plorabuntur. لَا تَبَكِّينَ لَا تَبَكِّنَه Dicit: domus eius exſcindetur; filii ferro cadent; ſi qui euadent, morientur tandem extorres, et illis ignoti penes quos morientur; ipſius viduae et filiae in captiuitatem rapientur, et poſt mortem abſque naenia tumulabuntur, vt mancipia, quibus honores funerei non tribuuntur.

18. Aedificarit, cedet eius domus (proprie tentorium pelliceum جِنَّه, للت לעש tineae:

tineae: ولسكة ولسכה et vomeri, (pro vo-
mere) fecerit עשה בצר palatium, id eft, ibi
loci, vbi palatium condiderat, ducet paullo
poft arator vomerem.

19. Cubitum eat diues, et non doleat
ياسف, يتناسف, abfque vllius doloris fenfu,
ohne dafs ihm ein Finger weh thuth, fed altero
mane, quando deberet oculos rurfus e fomno aperire nufquam eft.

20. noctu auferet eum tempeftas ex au-
ftro veniens. Sed rectius eft בלהות לילה
iungere. Apprehendent ipfum, vt vndae,
torrentes, terrores noctis. Nox eft fymbolum omnis calamitatis. Auferet ipfum procella auftralis. Conf. XXI. 18.

21. ينشغ‌ه ישערהו longe lateque, quaquauerfum, difpiciet ipfum.

22. Et iniiciet fe in ipfum laxis habenis,
neque parcet; (vel fefe ab ipfo non attollet,
alio iturus מירו ברוח יברח (ولا يتنحمل
ميره يبرح البارح penum eius auolare, aufu-
gere, perire faciet ventus calidus. Ventum
calidum potius quam alium nominat, quia
putredinem, vermes, corruptionem, victua-
libus infert, boreas contra arcet.

23. Huic verfui addenda ex cap. XXVIII.
v. 4. verba עם נר cum fequentibus in hunc modum: Complodet fuper ipfum manus et fibi-
labit ipfum ex eius loco (ex loco, quem ipfe,
oppref-

òppreſſor olim obtinuerat) עם גר הנשכחים, מני רגל דלו, מאנוש נעו. populus feruus, qui olim eius جام نروم clientes, vaſalli, mercenarii, ſerui, füerant, oppreſſi illi, ab omnibus derelicti qui vilius, quam pes habebantur, et ex hominum conſortio extorres, excluſi erant. Prouerbialis locutio. اذل من رجل vilior, quam pes. Pes 'enim, praecipue in regionibus calidis, vbi nudipedes ambulant, coenum calcare neceſſe habet; et in genere pedi minus quam aliis membris parcitur, ſaepius offenditur et vulneratur.

CAP. XXVIII.

Toto hoc capite monſtrare vult, tantum ſapientem eſſe, qui Deum reueretur, omnibus rebus locum ſuum eſſe, etiamſi abſconditum. Sapientiae locum viſibilem non eſſe, ſed in cordibus Deum reuerentium reſidere.

2. et lapis fundit aes ينزق النحاس Conf. XXIX. 6.

3. Eſt ibi, id eſt alicubi, terminus tenebris. قصي ثم العسق vel poteſt vulgaris interpretatio, finem poſuit, retineri et ad Deum referri, ad quem ſequentia redeunt. — ابان אבן diſtincte nouit, perſpicit, diſcriminat oculis' ſuis caliginem et tenebras. Non poſſum tamen diffiteri, mihi probabile videri, ſi praecedentia conſidero: perueſtigat omne extremum, omne

G 5

μεϑό-

μεθόριον; legendum esse אבן אור וצלמות qui distinguit, vel distinxit, separauit, lucem et tenebras.

4. — פרץ נחלם מארץ. ממנה יצא לחם. ותחתיה rumpit, ἀναῤῥήγνυσι, fluuios ex terra. ex eadem producit panem; et sub ea voluitur, rotatur aeterno turbine, כם ואש densus vapor كم vel غم et ignis. Verba עם גר cum sequentibus malum pedem huc intulisse supra iam monui ad finem superioris capitis.

6. מקום ספיר ועופרת אבניה Locus sapphiri et plumbi sunt eius (terrae) lapides. Possit quoque pro ועופרת legi ועפרית et sulphuris. Quis dixerit vtrum rectius?

7. זהב לו נתיב לא ידעו עיט Aurum, quantum ad id attinet, est ipsi suus trames, quem non nouit غايط ἐρεβοδίφης, in profundum descensor, metallifossor.

8. בני שחץ vastae belluae. proprie filii magni corporis, ingentes animantium moles. et non cucurrit عدي super ipsum שחל اشكل ruber, fuluus leo.

11. E fonticulo compellit in vnum alueum, grandes et latos et confertos efficit, fluuios. من بكي حبش انهارا et opacitatem, atros et opacos et terrestres silices, pyritas, facit emicare يضي ignem.

ערכת 13.

13. עֶרְכָּה ftabulum, vel atrium, vel potius adaquatorium eius, item ftadium, in
genere, locus omnis, qui feruet, anguftatur,
fuffocatur a copia frequentantium, fefe inuicem tundentium, horfum prorfum tundentium et fecum luctantium. معرك Poffet quoque legi עכרה عكرها originem, principium,
fundum eius הַקְרָה. Sed non opus eft quidquam hic nouare.

16. Non video neceffitatem אוֹפִיר pro
nomine proprio hic accipiendi. poteft commode أوفر effe, abundans, copiofum.

17. et eius ἀλλαγή (id quod pro ea datur)
eft בְּלִי זָז aliud quid quam aurum, non aurum.
غير فضة proprie aurum in micis et ramentis.
Sed Arabes فضة argento alligarunt. בלי hic
eft idem quod Arabum غير non hoc, fed
aliud quid. proprie عدم defectus, abfentia,
non exiftentia, auri. In his gemmarum et
lapidum nominibus exponendis et ex Arabifmo illuftrandis, non laborabo fruftra pariter,
atque inutiliter. Prouinciam hanc rapiant
qui velint. Vtiliora confector.

25. לַעֲשׂתוֹ tum, quum faceret (apud facere ipfum) — et aequaret تقن aquas de-
cempeda.

27. Forte וְסוֹפְרַת وسغرها retecta caly-
ptra eam luftrauit.

CAP.

CAP. XXIX.

2. O vtinam conftitutus effem — in diebus, quibus Deus me faciebat (vel finebat
effe) praeftabat مشمرا agilem, alacrem, ftrenuum, animofum יִשְׁמְרֵנִי.

3. quum nitere finebat fuam lucernam,
et ad eius lucem אלך (pro אאלך.اللَّق)
fplendidam faciebam, illuftrabam, caliginem.

4. talem, qualis eram in diebus حرفي
acuminis mei, ἀκμῆς ἐμῆς. quum Deus adhuc
farciret mea vice meum tentorium; quum
Deus tentorii mei rimas, fi quas ageret, ob-
turaret, بسدّ الله عليّ خلل حلنتي.

5. Qtum adhuc שׁדי شدّي, شدّتني mea
vis, meum robur, vigor meus, penes me effet.

6. — et petra effundebat circa me —
Conf. XXVIII. 2.

7. quum exirem, vacuabatur ad me, (vel
mei caufa) ciuitas. شغرت القرية عليّ con-
currebant omnes ad me, et fic euacuabantur
domus incolis. Conf. XXXI. 21. Quod aliquando coniiciebam שרע, feu سرع propera-
bat ad me, feu شرع, tanquam ad lacum ad
aquatorium hauriendi, nempe fapientiam,
caufa, confluebat, id ideo non procedit, quia
tum potius אלי dicendum fuerat, quam עלי.

8. עטרי

8. קמו עמדי ſtabant circum me.

10. L. בחבא.

11. כי o quam! eſt obſoletum, in hoc ſenſu certe, Arabicum كي hinc كم pro كيمن, et pro كيف, et كيبة ,كيبا (inde quoque كيما pro כי מה quomodo hic?) O quot aures quae me audientes aliis praeferebant, תאשרני, تؤثرني malebant me, quam alios, audire, et quot oculi, qui me videntes, ad me vnum tanquam ad metam praefixam et condictam conueniebant. תועירני تواعدني vel, ſi ab عاد deducas, تعيدني iterum iterumque adſpectabant, non ſatiati meo adſpectu.

12. Quot eripui pauperes a rapace leone, من أشوع proprie ab horricomo, quod epitheton eſt leonis. Conf. XXX. 28. XXXIV. 19. et pupillum, cui (quot pupillos, quibus) non erat adiutor. Ergo ו ante לא delendum, aut, ſi retineatur, interpretandum erit, et alios, quibus non erat — له عصر لا ومن.

13. iterum iterumque reſonabat.

16. F. רב רך לא ידעתי et cauſam tenuis, quem non noram.

17. מלת עות אשליך ,اسلك, وازلق leg. faciebam, tanquam e glabro, excidere.

18. Ferri poteſt קני nidus meus. mihi tamen videtur קני hic ſcriptum eſſe pro קניי poſſeſſio mea. Conf. XX. 20.

19. Ra-

19. Radix mea פְתוּחַ et فاتح افتح, laxe fufa, longe lateque pendebat verfus aquas: ἦν χαλαρὰ πρὸς τὰ ὕδατα. Omnia redeunt ad v. 2. In diebus quibus — Nam toto hoc capite aliud nihil agit Iob, quam id vt priftinam fuam felicitatem exponat.

20. Gloria mea erat עַמָּדִי חֶרֶשׁ حرس عمدي fatellitium, cuftodia corporis, circum me; et arcus meus, qui in manu mea erat, تحالف, تخلف تحاليف praeftabat fe mihi حليفا foederatum et vafallum facramenti religione mihi obftriɕtum. Arabes in publicum prodeuntes aut haftam aut arcum gerunt, quemadmodum nos gladio accinɕti prodimus, et perorantes aut haftam aut arcum in manu tenent.

21. me audiebant — et filebant לְמוֹעֵצָתִי vna voce لموعظتي ad meam paraenefin.

22. Poft me, id eft poftquam elocutus fuiffem, non iterabant verba mea, vt faciunt aut dedignantes aliquid, aut irridentes. Talia apud Ariftophanem et alios Comicos innumera proftant.

24. Riderem ad eos, non eo fiebant fecuri et audaces, eo, vt infultarent mihi; non deponebant verecundiam, et lucem vultus mei, auɕtoritatem et maieftatem meam, non finebant cadere.

25. Scru-

25. Scrutabar ipforum viam, mores, vfque ad fundum eundo, receffus et plicas

omnes excutiendo. انحصر منقوجهم

CAP. XXX.

1. לְיָמִים poteft verti, vt vulgo folet, ratione, refpectu, dierum, aetatis, et fauet
huic fimilium phrafium copia. Mihi tamen

fignificantius videtur לְיָמִים legere, لَيِيمُون

vel لِيام viles, ignobiles, turpes, fordidi,
infames.

2. Etiam quorfum effet mihi robur manuum ipforum? Etiam robur non habent,
et funt mihi prorfus inutiles.

3. — עלימו אבד כלח כחסר fuper ipfis
perennat luror, πελιδνότης, cum frigore et
fame duriffima عليهم ابد كلاح بحصر

نلمود جلمون in وجوع جلمون feruile eft ל,

idem eft atque جمون. — Porro leg. etc.
אם שואת populus vaftitatis vaftiffimae.

5. מן גו من الجو e cauaedio, epaulio,

medio nempe, من جو الحي tribus ex-
pulfi, يريغون יריעו fubrepunt (de vulpecu-
lis ea vox maxime vfurpatur) fuper eos (tri-
bum nempe) vt fur, בערוץ נחלים שכן qui
habitat in charadris vallium, quas torrentes
peruadunt, in الشلاح conf. ad Tharaph.
Moall.

Moall. p. 93. משכן חרי vt habitans in fora-
minibus — Patet haec diuellenda non fuisse.
Sed contenti essemus et felices nos repute-
remus, si saltim versus confudissent et lace-
rassent, tam imperite, tam absque iudicio,
quam fecerunt librarii; at maiora fuerunt ausi.

7. Inter absynthia — يسافحون يسفحون
scortantur; aut يسفهون stultos agunt, seu
sermone seu factis.

11. Ecce funem meum פתחו laxum fecerunt, effecerunt, vt autoritas mea et imperium meum robur amiserint, neruis et tono
carerent. יעננ occurrunt, obuersantur mihi infrenes ורסן מפניהם שלחו nisi malis מפני
sic exponere, coram me, in conspectu meo,
quod dubito, num procedat.

על ימין פרח יקימו, ועל שמאל רשת 12.
לרגלי שלחו ad dextram laqueum mihi tanquam praedae capiendae erexerunt, et ad sini-
stram rete pro pede meo eiecerunt. Conf.
XVIII. 8. פרח est idem, quod פח.

13. להותי ad deturbandum me, pro
יעילו لهناني للهحوتي poteft vel esse Arab.
aut ينالون sese efferunt, aut potius contrahunt, conscribunt, cogunt, suos
عيال domesticos, gentiles, familiares, clientes. Vt illis nullus adiutor sit! لا عصر لهم,
vt لا أبالك.

14. תחת hic non est particula sub notans,
sed تهتّ ruina, instar ruinae, quemadmodum

dum sese deuoluit et deturbat procella,
תתגלגלו וישתגלגלו cum fragore et crepitatione irruunt. אَنَقُّوا عَلَيَّ חריפו עלי prope-
rarunt confecutiue alius post alium quasi alter alterius dorso inequitans, ad me, iam
dum saucium et aegrum, conficiendum.

15. בלהות תרף כרוח terrores, terribilia
infortunia, dissipant meam nobilitatem, quemadmodum ventus, folia nempe aut paleas, aut
arenam, dissipare solet; aut, vt ventum, isti
terrores dissipant meam priorem splendidam
fortunam, vt quis auram, fumum, leui agita-
tione manuum dissipat; aut, si תרדף reti-
neas, terrores persequuntur, coram se agunt,
fortunam meam tam ἀκαταληπτικῶς δρα-
πετεύσαν, vt ventus, qui, si semel praeteriit, retrahi nequit; cui succinit alterum co-
lon, et amplitudo mea transiit vt nubes.

17. נקר pertunditur, fodicatur.

18. ברב כחשי תחפש לבוש بعظم بخسي
تَحَفَّسُ لِبَاسِي per magnitudinem maciei
meae تَحَجَّل i. q. تَحَفَّس fluctuat circa
me cum strepitu, qualem saccus vacuus edit.
جال وتَقَعْقَع حولي es schloddert und ballert um
mich herum, vestimentum meum, carne, quae
iam subsedit, non amplius turgidum et exple-
tum, effertum.

Sunt qui כחש perhibent maciem notare,
et mirabuntur propterea, quod כחשי non

H scripse-

fcripferim paulo propius ad literam. Sed vbicunque כחש in fenfu maciei legitur, ibi בחש
بخس reponendum eft, vt Pfalm. CIX. 24.
כחש בשרי משמן emaciata eft caro mea fic
vt vnguedinem amplius non habeat.

Alae, manicae, tunicae meae me cingu-
lant, poffunt mihi nunc loco cinguli infer-
vire. Abnormis macies et collapfus abdominis.

19. הרני 'هَدَّنِي deturbauit me cum fragore, vt veterem ruinofum murum a fulmine tactum. et ceffi in prouerbium deformi-
tatis et contemtus, faftidii et abominationis,
quemadmodum his affectibus defignandis
vulgo feruire folet puluis et cinis. Si vulgaris
interpretatio, fimilis fum, praeferatur, legendum erit בעפר; fed illo quidem opus non eft.

20. ותתבונן בי mecum, apud me, fi tibi
mecum res eft, tanquam territus, aut iratus,
aut abominans, aliquot quafi paffus retrocedis.

21. תשטמני تصدمني conquaffas me,
vt ollam fictilem.

22. Portas me אל רוח الي منح (Conf.
مضخ et مضخ) ad locum, (vel et ad inftru-
mentum,) quo dura et caua comminuun-
tur, quomodo fit cum officulis dactylorum,
תרכיכני comminuis me in tenue et fluidum
liquamen, وتَمُجَّنِي حسوة ותמגגני חשיה et
exfpuis me ex ore tuo, velut חשיה forbitio-
nem, ὡς ῥόφημα.

23. Poteft

23. Poteft hic verfus variis modis explicari: Noram fore aliquando, vt ad mortem,
ad conditionem, quae mihi nondum nato
erat, me reducas. תְּשׁוּבֵנִי . تُشيّبني . vel, fi

'a سابْ repetatur, تُشيبني fore, vt ad mortem, tanquam ad pafcuum me dimittas. vel,
تنشّبني fore, vt facias mortem aliquando in
me vngulas fuas infigere. et hoc pofteriore
fenfu, non cohaererent fequentia cum prioribus, fed per fe ftarent: et nòui, domum
vnam qua conueniant, mortalibus effe condictam. Sed, fi fequentia et intentionem
fermonis refpicimus, probabile fiat, legendum effe: Ecce כִּי יָדַעְתִּי לִפְנֵי מוּת תְּשִׁיבֵנִי
decernebam apud me fic: Antequam moriar,
facies me fenefcere, canefcere. Domus vna
qua conueniant condicta eft mortalibus.

24. אַךְ לֹא . Sed non. Verum fecus contigit, quam opinabar. בְּעֻזִּי שָׁלַח יַד אֵם כְּפִיר

بعزّي أسْلكَك يَدَ أُمّ الاغفر In robur meum,
vegetam meam aetatem florentesque res, immifit manum matris leunculi, id eft manum
leaenae, difcerpfit illas. כַּף יָדוֹ לְרִין שׁוֹעַ
(repetatur שׁלח tacite a communi) أسلك

بعزي كفّ يَده بين الاشوع Immifit in robur
meum volam manus fuae, ad inftar horrico-
mi, leonis nempe. Conf. XXIX. 12.

25. Annon plorem propter diem durum? annon contabescat aegra mea anima לאברי כיון propter perennare (vel propter perire) meum in coeno?

27. Viscera mea bulliunt, ولا نموا, ولا ادمو، وتلاطموا, وتلادموا, inter sese, vt fluctus maris, colliduntur, inuicem sese reperciunt, vt brachia الملتدمين plangentium.

28. Pullatus (aut tristis) eo, בלא חמה بلا حمي absque satellitio, proprie absque tutela, ἄνευ ἔρκους, absque arcu, conf. XXIX. 20. Sto in coetu, tanquam vnus de vulgo, qui olim sedebam caeteris me circumstantibus. Conf. XXIX. 7. 8. אשוע quiritans, vel potius أشوع أشعث horricomus, squalidus capillitio, non vnctus, αὐχμηρὸς καὶ αὖος, ταραξιθριξ, φριξόθριξ.

30. Ossamentum meum חר حر exarsit. همّني حرب הםני חרב colliquefecit, tabefecit, consumsit, me siccitas. Conf. XVI. 6.

CAP. XXXI.

Iustificat se Iobus toto hoc capite et 1) quidem interrogat, quid praemii Deus proposuerit malis. respondet, malum. 2) infert, quare ergo affligor ego, qui semper bonus fui? Sed misere traiectum et luxatum hoc caput fuit, quo casu, quis dicat? Quo ordine vulgo circumferatur, palam est; exemplaria monstrant. Meum est proponere, quo-

quomodo rectius digeri, et in locum suum
reponi membra distracta debeant. En sche-
ma quomodo versus constituendi videantur.

qui sunt
in libris
debent esse
nunc tandem.

XIV. XVIII. II. III. IV. V. I. VI.
1.   2. 3. 4. 5. 6. 7. 8.
VII. VIII. IX. X. XII. XIII. XV.
9. 10. 11. 12. 13. 14. 15.
XVI. XVII. XI. XIX.
16. 17. 18. 19.

qui in libris vulgatis est decimus quartus, is
debet caput auspicari; qui vulgo decimus
octauus est, hunc sequatur, et sic deinceps,
vt praescripsi. Sed interpretando tamen se-
quar vulgatum ordinem.

1. Foedus ferii cum oculis meis, ideoque non contemplor, cum admiratione et
distincte rimans omnia lineamenta, virginem.
Quid sit תבונן supra dixi ad finem cap. XXVI.
על significans est. aliquot passus non recedo
propter virginem; non fio stupens super illa.
Etiam attigi supra ad c. XXIII. v. 14. Laco-
nismum orientalem, cuius hic. locus excel-
lens documentum praestat. Vide sis ibi dicta.
Tandem et. hoc noto pro ברית foedus semper et vbique כרית legendum esse. כרית כרתי
خَرِيتُ خَرَتْ خَرِيطًا خَرْطَتْ χάρακα ἐχά-
ραξα, sulcum sulcaui, vltra quem transcen-
dere, proferre pomoeria, non licet.

2. Sors Dei ex alto. Sors quam Deus
hominibus ex alto demisit et decreuit.

H 3   נכר. 3.

30. منكم et نكير نכר id quod patienti paradoxum, peregrinum, infuetum, inexfpectatum; alienum et abhorrens, indignum, intolerabile, videtur, omne ingratum.

5. Videt num ambulauerim — תָּחֻשׁ ab حوش تَحَشُّ conf. XX. 2. alacer, impetuofus fuit, ruit, ὥρμησε· vel ab حَشَّ, تَحَشُّ, auida, cupidine incenfa fuit, θερμὸς ἦν. aut تَهَشُّ fuit agilis, alacer, lubens, κᾶφος καὶ ὀξὺς ἦν.

7. סְנֵי הֲדֹרֶךְ من نَي الدِّيرَج ἐκ τᾶ κατʼ ἴξιν τῆς ὁδᾶ. نبة, نَوي, نَي יְנִי eft quod Graeci appellant ἴξις, εὐθυωρία, recta linea, recta contentio, quae ad rem cupitam ducit. Conf. XV. 30. In fine leg. מאוס abominabile.

10. Elegans eft יכרעון ad eam, tanquam beftiae ad aquam, delibandam pronum roftrum protendant poft venturi يَكرَعون. Putem tamen honeftius quid hic indicari; vt et in illis, molat vxor mea alteri, nempe vt ancilla μυλητρὶς, et alii, vel poft venturi, يَقرَعون fortem fuper ea iaciant. Fiat αἰχμάλωτος, contendant de ea raptores, cui debeat in portionem fuam concedere, adeo, vt opus fit contentionem forte aut aleae iactu dirimere. *Es mögen Fremdlinge um fie loofen.*

11. Sit

11. Sit iftud זמה contumacia أزمة Simile eft ab equis, qui frenum mordent, et
infeffori moderamen extorquent.

Sit iftud עון refragatio (fi ab عس, id eft
عرض fe ex tranfuerfo oppofuit deriuetur;)
vel غون deceptio, (Dei fcilicet, vt כיד كيد,
et talia) פלילים fic hic recte legitur;
quod exftat v 28. פלילי prauum eft, librariorum ftudio per compendia fcribendi impu-
tandum. Sunt autem פלילים الغالون per-
rumpentes, omnem fcilicet legem, et fepem,
omnem honeftatem et reuerentiam Dei. Tale
eft רשע الراشق qui, vt fagitta fumma contentione excuffa, omnia peruadit; מרע pariter,
البارق , الغاسق , الخاسق item עשע פשע
et talia a perrumpendo et peruadendo ad
profligatam nequitiam, ὕβριν, ἀνομίαν, πονη-
ρίαν traducta.

12. Vt illud ignis fit, qui ad deuaftatio-
nem vfque comburat. וככל et, vt gramen,
prouentum meum radicitus deleat. Nam
שרש cum accufatiuo, non cum ב conftruitur.

13. עמרי circum me.

14. Et quid faciam, fi יִנْغَم יקום irafcatur
Deus.

15. Nifi אחר accipiatur pro יחד omnes
pariter, dicendum eft id hic fimile notare.
Vterus certe foeminarum omnium eodem
modo ftructus, ex eadem fubftantia, eft.

H 4   18. Ecco

18. Ecce a pueritia mea inde fiuit (Deus) me adolefcere, vt pater, et ex vtero matris meae אֲנַחֶנָּה أَنَاخُنِبَّه fecit me procumbere in terram, vt camelus ad aquatorium, vel in manfione poft abfolutum iter. Illud ה quod in fine eft, eft Arabum السكن ه He reticentiae, *das verbiſſen wird*, quod quafi inter dentes emoritur, et in gutture haefitat, quod mobile non eft, feu vocalem non habet. Convenit cum Hebraeorum ה emphatico.

19. מכלי ex defectu veftis, من عدم اللباس.

21. Si חניפותי حَنَفْتُ vel أَحْنَفْتُ contraxi, concuruaui prae, vel fuper, pupillo manum meam, fi eam non explicui ad dandum pupillo, fed quae intus tenebam, firmiter conftrictis digitis coercebam, vt pupillus inde nihil exfculpere, nihil extorquere, poffet لين قبضت يدي ولا بسطتنها fi fui crifpus volarum, جعد الكفين γαμψώνυχ ἀγκυλοχήλης: Vt tunc videam כי אראה בשער עזרתי in horribili diffipatione et vaftitate meam potentiam, abundantiam, turbam, factionem meam, auxiliatores meos, عصرتي, vel عذري, vel غريرتي, vel עזר et הדר paene idem funt.

Conf. XXIX. 7. כִּי بشغر بغر بشعر in hoc capite, in his imprecationibus, notat vt. Si hoc feci vel illud — vt hoc mihi contingat, volo et opto, vt hoc et hoc — mihi contingat.

23. — כִּי יְפָחֵד פָּחַד אֵלַי אִיר אֵל וּמִשְׂאֵתוֹ.

vt confringat robori meo femora, onus μηρο-κλόνον, femora confringens, onus Dei coſtas curuans, πλευρόκαμπον. et vt eius ὑπομονὴν, vel potius منشاتة ἀνοχὴν, ἀναβάσαξιν, ἀνά-κρεσιν, ſurſum — a me — amolitionem non valeam! פָּחַד hoc eſt a فخد. Sed ſi notat terrorem, reſpondet τῷ בְּעֵת et بغت dere-pente obruere. Si quis tamen malit, nihil mutare, quod ſumme neceſſarium in hoc loco non eſt, en aliam rationem: Vt in fe-more percutiat fortitudinem meam, robur meum, onus Dei; et vt non valeam eius ὑπο-μονὴν, vel ἀνάκρεσιν! Simile deductum ab homine vel animali, quod, fracto femore, ſtare nequit, ſed neceſſario collabaſcit. Si quis מִשְׂאֵתוֹ malit cum vulgatis reddere prae vel a maieſtate eius, illi reddendum erit לֹא אוּכַל non inueniam وكيلا ἐπίτροπον, cui me permittam, protectorem. proprie لا أوكَل non recipiar in كلة et وكلة ἐπιτροπείαν.

27. הוֹלֵךְ poteſt pro آلك, موتلك ac-cipi, lunam decus renidentem.

H 5   28. L.

28. L. פלילים. Expofui fuprà ad v. 11. Etiam hoc reputetur mihi pro crimine deperdite flagitioforum.

29. כי כחשתי לאל ממעל אם אשמח vt abnegarim Deum (vt reputer pro abnegatore Dei,) fi gauifus fuero exitio mei inimici, et infupportabilem me exhibui propterea quod etc.

30. ولا يَنتُ للخطاة حنكي ولا نوتي et fi conniui, proprie, fiui me prae mollitie abripi, facilem me praebui palato meo vfque ad peccandum, fui lenis erga palatum meum μέχρι τῇ ὀλισθαινειν, μέχρι τῇ petere animam eius imprecatione.

31. אם לא fi non, fi verum non fit quod dico, dico autem me laetatum hoftis mei calamitate non fuiffe: tunc dicant gentiles mei: vtinam ipfius (Iobi) famam lacerando nunquam fatiemur! Conf. XIX. 22. vtinam nos infatiabilis fames carnis eius, rodendae bonae ipfius famae, teneat!

32. אם כחוץ ילין גר, דלתי לארח לא אפתח fi foras exclufus noctem exegit cliens, non admiffus in tentorium et protectionem meam, fi vtramque tentorii mei portam catarractam non fiui pendulam et laxam pro viatore. Semper cogitandum de Iobo vt Arabe fcenita. בית eft بيت tentorium pelliceum. דלת eft porta catarracta, quae oblique deorfum pendet, vt planum inclinatum; et harum duas fibi e directo oppofitas habent, vnam anticam, per quam intratur, alteram pofticam. פתח fiuit aper-

apertam effe, proprie, fiuit laxam effe: nam
Arabes cubitum ituri adftringunt tentorium
fuum loris, vt qui intrare velit, gladio debeat
lora fcindere. اشرجوا خبيهم Hoc negat Iobus fe feciffe.

33. Si obtexi כאדם (pro כבאדם vid. ad
Cap. XX. 2.) velut tentorio coriaceo, (fu-
perimpofito nempe, aut velut in tentorio
fcorteo) meam petulantiam, ftudens fraudulentiam meam in occulto loco condere.

חבי جبء Illud י non eft fuffixum, fed radicale, Hamzah Arabum.

34. Vt tunc occurram tumultui multitu-
dinis, incidam in rabiofam plebem contra
me concurrentem, quod quam ingratum,
periculofum quoque fit, norunt qui Hollan-
diam et Londinum, et in genere magnas
quafque vrbes frequentarunt. Honeftus vir
metuit angiportus plebeiae fecis perambulare,
nedum vt eam in fe irritet. Vt conuitiatio
ancillarum, (Graeci dicebant τῶν ἀρτοπωλί-
δων et τῶν λαχανοπωλίδων, hodie dicimus *des harangeres*,) me confundat! Vt
quietus vno loco obhaerefcam, et non
prodeam foras prae metu! משפחות eft ab
ancillis; conuitiatio ab ancillis eft conuitiatio ancillarum, vt paulo ante erat v. 29.
פיר משנאי exitium de hofte meo, pro exitium hoftis mei. شتم من الامهات eft idem
quod شتم الامهات ﺯ λοιδορία ἀπὸ (vel ὑπὸ)
τῶν

τῶν δἔλων idem quod λοιδορία τῶν δἔλων. Conf. hiſtoria eorum quae Muhammedi ad al Thajef contigerunt, p. 30. edit. Gagn. ſed ea quidem inepte reddita fuerunt.

מי יתן לי שמע מלי בן פני שדי יענני : 35.
Quis det mihi auditorem verborum meorum coram oculis Dei apparentis mihi. O vtinam conſpiciendum ſe daret Deus ad cognoſcendam cauſam meam, et adeſſet auditor orationis meae, et ſcriba, ſcribens אישר רובי

أَيْثَر مَرِيبَنْتِي vel أَيْثَر حَجَتِي τὸ maxime emphaticum meae litis. quo tanquam ſigillo meam diſputationem obſignabo, quae poſtrema, vehementiſſima et χαρακτικωτάτη obteſtatio et exſecratio continetur v. 38. 39. et 40.

36. et 37. dicit quam vehementer optet talem auditorem et ſcribam, (Conf. XIX. 23.) quanti eum facturus ſit, ſi poſſet nanciſci. Portarem eum ſuper humeris meis, ait — omnia ſecreta cordis mei ipſi ingererem, כמו נגיד אקרבנו tam prope ipſum a me haberem, atque دحبدا nobilem, celerem, fortem, animoſum equum, qualem Arabes مُغَرّبا appropinquatum appellant; quales heri ſemper volunt in vicinia ſua eſſe, ſaepius inclamant ſeruis, vt exſtat in al Hamaſah, قُرّبا قُرّبا مِنّي فحلي المغرّب quem non permittunt ad vllum opus adhiberi, neque cum caetero grege in

in pafcuum mitti, neque a tentorio et oculis fuis abire, quo nempe fibi femper praefto fit, quo oculos pafcant. Al Wahidius ad al Motannabb.

الخيل المغربة المدناة من البيوت اما لغرط الحاجة اليها واما للضن بها ولا نرسل للرعي ait. Exempla huius vfus, et alterius نجيب effe nobilem equum, comportabo in vberiore ad Iobum commentario.

38. Si fuper me clamat terra mea, ויבידת תלמיה יבכיון et amabiles (amoeni, gratiofi) eius fulci, (proprie veneres et charites fulcorum) eius plorant.

CAP. XXXII.

7. Mihi verofimile fit fcribendum effe רבי שנים אמרתי רבי ימים et Non ignoro quidem dies, et annos poffe dici figurate, pro viuentibus dies, et quidem multos, et pro viuentibus annos multos. Sed רב שנים et ידברו non confiftunt. Quod fi ergo meam coniecturam non approbes, delendum erit רב ex hoc verfu. Iam optet quifque quod velit. רבי in coniectura mea non erunt multi dierum, quod etiam non malum. fi quis ita caperet, fed malim tamen pro اصحاب, ارباب, domini, poffeffores, οἱ τῶν ἡμερῶν, οἱ τῶν ἐτῶν. ارباب السنين et ارباب الايام.

8. Verum in homine eft רוה, Spiritus, id eft הבל vanitas, mera φλυαρία.

11. Ecce fuftinui verba veftra עֵד אֹזִין
תְכוּנֹתֵיכֶם donec audiebam (vel potius a
فطن ponderabam) diftinctos et perfpicuos ve-
ftros fermones, donec ad fundum vfque ve-
ftrorum argumentorum perueniebatis.   De
אֹזִין conf. Prouerb. XVII. 4.

12. Et ecce non erat מוֹכִיחַ מְאֻגְאָךְ recti-
ficans Eiobum, וְעֹונֶה לְאִמְרֵי יֹוסְכֶם (forte
fic leg.) et refpondens, (vel occurrens) verbis
diei veftri, ita loquuntur orientales, id eft
verbis, quae hoc die, quae nunc modo, au-
diuiftis ex ore Iobi.

14. וְלֹא אֶעֱרֹךְ אֵלֶה מִלִּין Ego vero haec
argumenta in aciem non producam.

16. Exfpectabam כִּי, كَيْ, حَتَّى, donec
non reciprocabant fermonem, donec ftabant,
et non opponebant fe, obftrigillabant,
amplius.

17. חֵלְקִי ἐν μέρει. Belgae dicunt, *op myn
baart.*

18. Ecce מִלֵּתִי مَلَلْتُ iactito, voluto, argumenta. Alliteratio in מַל et מַלִּים quae
proprie funt κλύδωνες, labiorum nempe.

20. וְאֶעֱנֶה et ordiar.

21. non אֶשָּׂא filebo, neque per tropos
et vela verborum loquar.

CAP. XXXIII.

2. דִבְרַח fefe reciprocat, horfum prorfum, voluit.

מְלִלוּ .3

3. שר לכי אמרי דעת : שפתי ברור מללו
deprome, cor meum, tanquam mel e tuo
fauo, dicta sapientiae. Vos, mea labia, sin-
cerum eiectate. βλύζετε, κλύζετε, κλυδω-
νίζετε.

6. Ecce sum כפיך كنوك par, aequalis,
tibi. כ hic radicale est. Deo (id est a Deo)
carptus e luto ego quoque fui.

8. אך pro איך quomodo? Conf. Cap.
XXXV. 13. — et vocem מליך verborum
tuorum —

9. חף حاف nudipes quasi, id est nitidus,
candidus.

11. תנואות sunt praetextus ob quos quis
aut se ab altero elonginquat, recedit, يناي
يتناي, aut alterum a se arcet, eum auersatur,
προφάσεις τῆς φυγῆς, τῆς ἀπεχθείας, τῷ
μίσες.

12. Respondebo tibi, opponam tibi, quod
ירבו يربو altior sit Deus homine. altior, quam
vt homo eum assequi valeat.

13. Quare aduersus eum disputas, quod
כל דרכיו לא יענה omnes suas vias non facit
apparere, quod coecas suas vias et mirabiles
rerum humanarum conductiones noluit in
apricum ponere. In sequentibus ait: causa
tibi non est querendi. Nam Deus vno alteroue modo satis se monstrat attentis, et cogit
ipsos humilitatem et ἀσθένειαν suam agnoscere,
ipsius vero maiestatem venerari. Nempe

1) per

1) per neceffitatem dormiendi, qua eos mor-
tuis fimiles facit, et cuiuis iniuriae patentes.
2) per morbos diuturnos et dolorificos.

14. Ecce per vnum loquitur Deus, et per
alterum non praebet fe myfteriofum, λοξίαν,
αἰνικτὴν, γριφολόγον, يُسَارِنَهُ لا a سر my-
fterium.

15. Per fomnium, vifionem noƈturnam;
per cadere foporem grauem fuper homines,
per fomnos fuper ftrato.

16. Tunc purgat aurem hominum, et per
fecretam cum ipfis conuerfationem וּבְמֹסָרָם
وَبِسَارَتِهِمْ exfternat eos. conf. Laƈtant. de
Opificio Dei, fub finem capit. 18.

17. quo arceat hominem مِن غَشَّهَ מעשׂהו
a fua fraudulentia, fuperbiam a bono viro
يَكْسَحْ וכסה euerrat.

18. quo arceat (tanquam interpofito ve-
preto) animam eius ἀπὸ τῦ κατ᾽ ἴξιν τῦ βό-
θευ, τῦ βερέθευ, a reƈta via ad foueam du-
cente, et vitam eius a τῷ perire in aeternum,
a τῷ praeterire abfque vllo vnquam fperando
reditu) כשלח ad inftar teli, quod vbi femel
auras fecuerit, viae veftigiis non reliƈtis nufquam apparet.

19. Etiam (hic eft alter modus, quo Deus
hominem humiliat) caftigatur homo per
dolorem quem fentit iacens fuper leƈtulo
fuo

fuo aeger, et quando אתן עצמיו רוב תב

robb, gelatina, offium eius (me- عظامه أثين
dulla) olefcit, rancefcit, foetet. proprie fit
foetere, i. e. eo adigitur, vt foeteat.

20. et quando facit ipfum היחו miferia
fua (conf. Cel. Schultens ad Iob. VI. 2. p. 165.)
auerfari bucellam fuam, et quando anima
(cupiditas, ὄρεξις, appetitus) eius a cibo
(a confpectu cibi) تاوه تَאֲוָה clamat אויח ,אוי

وية أيها , οἴμοι, vae mihi.

21. quando ־־ offa eius attenuata, rare-
facta, tranfparentia facta funt شقى et לא
ראו non nitent, quafi לא تراوا non lucent,
non micant amplius, vnctuofa et electrica
pinguedine; vel لا رويوا non amplius funt fa-
turata, plena, torofa, cutim effercientia.

22. L. למחתים vel a חתת ad loca terroris, horroris, vel a נחת ad loca defcenfus, ἐς
τὰ κάτω.

23. Si עליו ישע עליها يَسع curret, labo-
rabit, ftudiofe et cum trepidatione intercedet
pro ipfo (vel clamabit pro ipfo) internuncius vnus de mille (quifcunque tandem ille
fit) vt velit Deus commonftrare homini faci-
litatem, placabilitatem, ignofcendi celerita-
tem, fuam. يَسر

I

24. et si internuncius, deprecator ille, flebili voce et ad commiferationem excitandam compofita fupplicetur ipfi, nempe Deo, dicatque: mitte ipfum a defcenfu in foueam (conferua ipfi vitam) veni ego expiator:

25. וטפש tunc impinguatur (recuperat pinguedinem) caro eius. Illud ו eft idem quod Arabum ف in apodofi periodorum. אם fi — ו tunc. Ridicula vox רטפש meruit tamen vt graue verbum audiret, grauis profecto crux interpretibus.

26. ويرضيه וירצהו placabit ipfum, benevolum fibi reddet.

30. L. לאור בארץ החיים ad lucem quae eft in terra viuentium.

CAP. XXXIV.

4. Iuftitiam fcrutemur, ad eius fundum vfque ὑποδύμενοι, نبتغ et cognofcamus inter nos quam bona res fit, iudicium nempe vel iuftitia.

5. Ecce, ait Eiub — Deus curuum facit, flectit, deprauat iudicium, vel ius meum.

6. על Excelfus iudicium meum fecit mendax אכזב أكذب in quo dici poteft, mendacium hoc eft, et item hoc, vel, mentiris. אמשצו eripuit mihi حصني portionem de iure mihi debitam in defectu בלי (pro בבלי) in non - exiftentia, peruicacis contumaciae; quamuis probus vir fim.

7. Quis

7. Quis bonus vir, aeque atque Hiob nugetur, tam faciliter et auide atque aqua bibitur. Conf. XV. 16.

8. qui inftituit fe iungere (proprie calcavit viam ad fodalitium) cum impiis, et ire —

9. eo, quod dicit, (tum dicit) — בְּרִצְתוֹ בריاضنة in fuo defcendere in ftadium, vel, in fuo certare curfu cum Deo.

11. כפעל fecundum opus.

12. Sed profecto Deus.

13. quis inquifitor exquifiuit eius caufa, vel potius in eius praeiudicium et damnum et opprobrium, conf. XXXVI. 23. ארצתו terram eius? cogniturus quomodo Deus fe gefferit in illa regenda. *Welche Commiffion ift jemahls niedergefetzt worden, fein Getrag in Verwaltung der ihm anvertrauten Erde zu unterfuchen?* מי שם שם من شام, quis luftrauit, *wer hat mit einenmahl überfehen?* —

14. Si Deus ישים (vel a شنم vel a نسم) quafi odoratu ad fe retrahat et extrahat ex hominibus, ἀνόσφρηται, לכו fuam fapientiam, animam intelligentem, quam hominibus impertiuit, fi רוחו fuam animam, animam nempe fenfitiuam, quam fibrilla quaeque fimilaris in homine viuo habet, et quae cum morte ceffat, ונשמתו et fuum halitum, animam quafi pulmonariam, craffum aerem, quem per os et nares per vices infpiramus et exfpiramus; fi ea rurfus ad fe recolligat:

15. Hia-

15. Hiabit omnis caro, id eſt morietur. Nam homines a morte ſtatim hiant, vt familiares opus habeant ipſis os componere, os et oculos claudere. Contrahit nempe homo ſe in morte ad centrum ſuum, quod eſt ibi loci, vbi capita diaphragmatis vertebris lumbaribus affixa ſunt. Hinc pedes ſurſum contrahuntur, muſculi cervicis deorſum: quo ſit neceſſario, vt anteriores, faciei nempe muſculi, vim ſe contrahendi amittant.

Poſt hunc verſum ponendus qui ordine vigeſimus eſt; et poſt 16. eum, qui 18uus eſt.

17. An etiam oſor iudicii יחבושן ܝܟܒܣܐ retinebit, impediet, fruſtrabitur illud? vel ܝܟܒܢܫܐ miſcebit et confundet illud, et efficiet opinione ſua, vt prauum et turbulentum reuera ſit? An iuſtum כביר كَبُوم, كَبَايِر a)

בום בור) vt perditum, nequam, perdentem alios et ipſum periturum, damnabis? Iuſtum non minus, quam iniuſtum.

19. אשר redit ad צריק v. 17. quem modo dicebam decimo octauo poſtponendum eſſe. An pro nequam declarabis iuſtum, illum, qui non extollit frontem principum vltra coetum reliquum, vel, vt vulgo vertunt, qui non accipit vultum principum. Proprie eſt alicuius vultum in illuſtriore loco collocare et in editiore, quam ſunt reliqua circumſtantia, quaſi mento ſubleuatum ſurſum rapere. et qui non agnoſcit ferocem, (proprie

prie horricomum, leoni fimilem, conf. XXIX.
12. et XXX. 28.) prae humili, contempto.

20. עמו יעברו Coeci fiunt. (ignorabiles, obfcuri, non confpicui, vbinam antea fuerint, vt coeca veftigia, quae confpici nequeunt.) Praeteribunt et ceffabunt אביר לאביר in

omnem aeternitatem אֲבַדֿ לֹֿעַֿבַֿד .

23. Ab hoc verfu inde vehementer turbatum eft. Vere hic eft κλωϛὴρ τεταραγμένος. Ego tamen ὧδε λαβὼν ὑπενεγκὼν τοῖσιν ἀτράκτοις, (vt Ariftophanes ait) τὸ μὲν ἐνταυϑὶ, τὸ δὲ ἐκεῖσε, τὰ δέσμα βρόχων τέτων διαλύσω. Sed vt clarius ad oculos accidat et percipiatur, opus eft totum locum adfcribere eo ordine et nexu, quo conftitui debet. En igitur illum.

כי לא על איש, ישים עוד, ועל גוי, ועל אדם
יחיד, להלך אל אלב משפט, להביא עליו
צעקת דל וצעקת עניים, מסלך אדם חנף,
ממקשי עם ישמע, והוא ישקוט, ומי ירשעו?
יסתר פנים, ומי ישורנו? לכן ירע כבירים לא
חקר. ויעמד דאחרים תחתם, תחת רשעים,
ספקם במקום רפאים. יבירם עבריהם, והפך
לילה וידכאו. אשר על כן סרו מאחריו, וכל
דרכיו לא השכילו. כי אל אלה אמר. נשאתי
ולא אחבל. בלעי אחזת. אתה הרני

Haec fic interpretor. „Ecce, excelfus non „eft homo, qui ponit (praefinit) conftitutum „iudicii diem, tam integro populo, quam ho- „mini fingulari, quo eatur ad coetum iudicii,

„quo

„quo afferatur ad ipfum clamor tenuis, cla-
„mor pauperum, ob regem hominum hypo-
„critam, ob fubmerfores populi.„ (Talis homo
non eſt Deus, non praefinit certa tempora
fuis iudiciis, *er ſchreibt keine Landtage auſs.*)
„Audit (Deus clamorem pauperum) et filet.
„at quis tamen illum propterea nequam ap-
„pellet? Occultat faciem (prae clamore pau-
„perum) at quis tamen illum propterea ma-
„lum dicat? Opportuno fuo tempore confrin-
„get impotentes, abſque vt parcat, et fubſti-
„tuet humiles ipforum loco, loco fcilicet iſto-
„rum nequam, quos excuffit in ſtationem
„ſilentum. Faciet illos ignorabiles vel feruis
„ſuis. Verterit nox, et contriti erunt, idque
„propterea, quod deflexerunt ab ipfo, et nul-
„lam viarum eius intellexerunt. Ecce, ad
„Deum dic: Paſſus fui aliquid humani. dolo
„malo non egi. Pudore confundor ob nuga-
„citatem meam. Doce tu me. Si fecerim ini-
„quitatem, rurfus non faciam. Eſtne qui ab
„ira tua faluus euadat, tum, quum tu ipfum
„aſpernaris? Difputa quantum velis. ego non
„faciam. (ego tacebo.) Ediffere quidquid noſti.
— In his quaedam funt rudiuſcule reddita,
fed ea diligentius deinceps exponemus. Nunc
ad ordinem vulgatum redimus.

23. עוֹר eſt idem quod עֵר et מְעוֹר con-
dictus dies, ſtatus dies, quo conueniatur, vel
in templum, vel in forum, quod poſterius
hic obtinet. Ar. عبد, معدو, مان. In genere terminus, et periodus, eſt. Porro ſcripſi
מַשְׁפֵּט

להלך אל אלב משפט ad eundum ad coetum, confertam turbam الب et هلب iudicii.

24. لا حكرا لا حقر absque vt parcat, absque parsimonia. vel si ab هكر malis, absque dormitatione, somnolentia, sed strenue. Porro ויעמד ראחרים scripsi, ويعبد الدخرين id est ويغيم المدخورين paruos, humiles erigit, stabilit, loco ipsorum. دخر et دخر fuit humilis.

25. לכן ad iustum et rectum, quum oportebit, opportuno tempore. וכירם עבריהם ينكرهم عبادهم faciet vt serui ipsorum ipsos non agnoscant pro heris suis, imo pro hominibus sibi notis non reputent.

26. רפאים sunt quieti, silentes, id est mortui. Iam supra dixi.

27. اسجلوا השכילו proprie, nullam viarum eius liberaliter tractarunt, vt homines bene nati, erectioris indolis, qui vitium non metu poenae fugiunt, qui virtutem non spe praemii exercent.

29. يشارنه ישורנו vel يشارنه quis declarabit ipsum شرير malum.

יחר est idem quod יחיד homo singularis, particularis.

30. Consilio dixit מלך ארם, quia plerumque מלך et apud Arabes الملكي et الملبكي abs

abfolute pofitum, Deum per excellentiam
notat. Dicit ergo diftinctionis gratia rex hominum. מכשי עם demerfores, fubmerfores populi, a مغس fubmerfit.

31. כי ecce, حيّ . אל אלֹהַ אֹמֹר ad Deum
dic. נשאתי نسيتُ fui obliuiofus, dormitaui,
mei ipfius oblitus fui, obrepfit mihi nolenti
et non animaduertenti vitium, παρόραμα.
ולא אחבל fed non nexui decipulam. non
confilio te decipiendi peccaui.

32. بِلَغْوِي أُخَرِي بלעוי אחזה ob meam
Φλυαρίαν confufus fum pudore. Conf. VI. 3.

33. המזעמך ישלמנה an ab ira tua faluus
euadat, noftro quidem loquendi more ellipti-
cum hic eft quis, aliquis, orientalium autem
loquendi more fubintelligitur השלם faluus
euadens. An faluus — euadat faluus — euadens (quifquis ille tandem fit, fi forte quis fit)
fic illi loquuntur et fcribunt, quando plene
enunciant. Talia permulta paffim proftant.
vid. VI. 6. VIII. 18. XXXV. 12. תבחר im-
merge te vfque ad fundum vtcunque vafti velut maris تَبَحَّر. Hoc de fermone, fcriptione,
rixa, inquifitione in rei veritatem etc. quando
quis fibi indulget, laxis habenis, plena licen-
tia, vagatur et excurrit, nullifque fe coerceri
patitur limitibus.

Hoc

Hoc in verſu finit confeſſio et ſupplicatio,
quàm amicus Iobi Iobum hortatur, vt offerat.
34. חכם מַשְׁמַע לִי vir ſapiens facit me audire, dat mihi audiendum, id eſt dicit mihi,
idem quod praecedens יאמר לי.

36. אני יבטן איוב qui? quomodo أَنِّي
يَبْطُنْ quorſum ὑπερμαζήσει efferet ſe, tume-
bit, ventrem inflabit, ventre turgebit, Hiob
in perpetuum. *Will ſich denn Hiob immerfort
ſo brüſten?* עלי תשבת באנשי און علي نَشَبْتُ
بانيسي ſuper adhaeſione ad ſodales nequitiae, propterea quod ſodalibus nequitiae adhaeret. نَشَبْتُ proprie notat, vnguibus infixis adhaeſit alicui rei.

37. Ecce addit ad lubricam et inuoluntariam
ſuam lapſationem expudoratam deſtinati con-
ſilii a Deo defectionem. בין בידינו יספק
يدينا يصفق coram nobis plaudit manibus
tanquam re egregie geſta, וירבא מריו לאל
ويرباء مبراته الي الله et extollit rixam,
contentionem, ſuam vſque ad Deum.

CAP. XXXV.

2. צדקתי מאל magis iuſtus ſum quàm
Deus. Iuſtus ſum et patior immerens, et tamen Deus me punit, et δίκαιον ὄντα pro iniquo
declarat. Si hoc nolis, poſſit tentari צדקא
מאל

I 5

صدقتي مَال مِن الله מאל מאל iuftitia mea declinauit a Deo, non venit ad Deum, et Deus non ad eam.

8. لتثلك לאיש כמוך viro tibi fimili, id eft ex orientalium loquendi more, tibimet ipfi, eft tua peruicacia, voluntaria improbitas,: et filio hominis צרקתך ضريكتنك miferia tua. Totus verfus hoc dicit. Improbus es homo, ideoque merito mifer es. vel, fi improbus es, merito mifer es. Tota phrafis fuerat. ולבן אדם כמוך צרקתך et filio hominis tui fimili, id eft tibi, filio hominis. Sed Deus iuftus. Ergo non decet dicere, etc. (v. 10.) non decet Deum inepta iuftitiae fuae oftentatione prouocare.

9. Hic verfus poft v. 12. ponendus eft, et עושקים legendum. propter multitudinem opprimentium, ad pauidos clamores cogentium, tales nempe quales edunt homines ad rei terribilis confpectum, in fumma trepidatione et defperatione, vt fi quis hoftem videat ftricto cum gladio in fe irruentem. Sic pauperes ad talium tyrannorum confpectum tanquam ftrictorum gladiorum, pauidi exclamant.

10. Et non אמר dicere, vel neque dic: ايها اين ohe! Deus, meus creator dat المعطي الزامرات بليلها זמרות בלילה ftruthionibus pabulum fuum, qui ftupidam beftiam,

ftiam, qualis eft ftruthiocamelus, ipfius ftuporis fymbolum, adeo curat, vt pabulum
fuum fubminiftret: nos autem homines, quos
prae omnibus animantibus fapientia dotauit,
(v. 11.) adeo negligit, vt finat tenues ab impotentibus opprimi v. 12.

11. סלפנו deriuant ab אלף. Sed id non
procedit. Tractaui variis modis. Poffit a
לפה repeti, لغي, affecutus fuit. In IV. coni.

مُلْغِينَا faciens nos affequi, dans nobis facultatem aliquam rem comprehendendi intellectu;
poffit quoque pro מלכנו pofitum reputari,
dans nobis cor, id eft intellectum. Poffit
etiam a לפה لغّ denfus fuit, repeti, vt مُلَغِّنَا
fit idem quod Graecum πυκινώσας ἡμᾶς, denfos nos faciens, quale quid in חכם quoque
obferuatur. Non nego tamen, vtcunque
fpeciofa haec fint, mihi videri legendum hic

effe مُتَلَطِّفِنَا מלטפנו faciens nos acutos et
fubtiles.

12. גם שם ἄτα, et nihilominus tamen
clamant, nempe העצקים clamantes. vid. ad
c. XXXIV. 33. Et nihilominus tamen clamant clamantes, eo non refpondente, vel
comparente, vel et ἐκ ἐπαρκῦντος αὐτῷ,
ولا يغني illo ne hilum quidem commodi
praeftante; fcil. clamant, ob elationem malo-
rum;

rum; ob (v. 9.) multitudinem oppreſſorum
pauidos clamores edere cogentium; quiritan-
tur ob brachium dominorum.

13. אַךְ אֵין pro אֵיךְ quomodo (conf. XXXIII. 8.)
malum non audiret Deus; וְשׁוֹד שַׁדַּי et deua-
ſtationem omnipotens non videret, propriè
non excitaret, لا يشرفه aut ſi a سر deriuare
malis, لا يسامنه non penetret in eius vmbili-
cos quaſi, et receſſus abditiſſimos, myſterio-
ſiſſimos, μύχ85 μυτικωτάτ85.

14. Etiamſi dicas, Deum non videre, non
excitare de cubiculo ſuo malum, (non penetrare illius receſſus) non tamen ideo تشارنه
vel تشرنه ſeu تشرنه malum eum efficies:
vel potius: Etiamſi dicas, Deum malum eſſe,
non tamen eo efficies, vt reuera malus ſit.
Integra dictio fuerat: אַף כִּי תאמַר: שׁוֹר
وان تغل الله شرير لا تشرنه الوث لا تشورن
Dixi de hoc Laconiſmo ad c. XXIII. 13. Eſt
iuſtitia penes ipſum.

15. Etiam nunc, ecce, non deſiit, non
ceſſauit exiſtere, non deſideratur ira eius, et
non finit quietum, ſecurum, כְּפַשׁ oppreſſorem, מָאִיר (pro מְאִיר) ab exitio. non finit
eum ſecurum exitii, immunem exitii, exem-
tum exitio eſſe, ولا يدع الكابس من اوب
16. Ac

16. Ac Hiob, quantum ad illum attinet,

يَغْضِي εὐρύνει os eius vanitatem; proprie ingreditur, exſpatiatur, euagatur, eius os in vanitatem et nugas, tanquam in latum, ſpatioſum et vaſtum campum.

CAP. XXXVI.

3. بعواتني רעי meas praetenſiones, ratiocinationes, argumentationes extollam ad remotiſſimum, *je pouſſerai mes arguments au plus haut degre de l'evidence.*

4. Ecce argumenta mea אמנם ſunt certa et fida, ſunt abſque impoſtura. integer, ſanus, تميم الدعوات דעות argumentationum tecum eſt. Habes coram te in mea perſona aduerſarium qui ſana promit argumenta.

5. Ecce Deus eſt magnus regni, كبير الولاء ,كبير الولاية aſpernatur magnum robore cordis. βδελύττεται, μυσάττεται τὸν μεγαλόθυμον.

6. Non finit viuere, (aut et, non verecundatur) improbum; et iuſtitiam miſeris dabit ويعطي العانين دنيهم.

7. Et non abigit oculos ſuos a iuſto. ولا يغرع عينيه من الصديق deſumta phraſis ab illa قرع انف البعير impacta in roſtrum cameli manu retudit, repulit, eum ab aqua, pro-

prohibuit ne biberet. In verbo וישיבם aut delendum eſt ו aut ſcribendum לכסא ישיבם וישיבם לנצח et cum regibus ſedere faciet eos in throno, et quidem ſedere faciet eos in aeternum. Sed prius malim.

8. Si ſaccos, coriaceos quidem, pauperum geſtamen, ſuccinxerint, ſi impliciti fuerint funibus miſeriae.

9. et tunc Deus ipſis indicet opera ipſorum, et tranſgreſſiones ipſorum, ſi forte ſe geſſerint inſolenter:

11. et illi tandem ea monentem audiant ויעכרו et redeant ad primam ſuam qua exceſſerunt, viam, ويعكروا الي عكبرتهم (rectam nempe, nam de piis ſermo eſt:) tunc conſument dies ſuos, vel tunc conſumentur dies ipſorum, in bono.

12. Sed ſi non audiant, praeteribunt, abſque vt veſtigium exiſtentiae ſuae relinquant, quemadmodum telum per auras it; et exſpirabunt in ignobilitate, infamia, abſque nominis celebritate, abſque vt alii quidquam de ipſis norint.

13. et curui corde ponent ſuperbiam, Deo ipſos ita exſcindente, et non euadent in amplitudinem ولا يوسعوا ſi Deus ſemel eos ligauerit.

14. morietur in iuuentute anima ipſorum, et vita ipſorum inter קדשים turbas miſcellanea, ignobiles, in faece plebis. المغروشين ,الاقراش

ante-

antequam ſe fama vllius dotis, ſeu opum et
potentiae, ſeu ingenii, memorabiles fecerint;
vel etiam: vita ipſorum eſt (id eſt, dum vi-
vunt ſunt,) in faece plebis. Qui differant
נפש et רוח vel quod idem eſt חיה ſupra dixi
ad cap. XXXIV. 14.

15. Eripit Deus miſerum in miſeria ſua, in
media ſua miſeria haerentem eripit inde. ויגל ב

وَيَحَلُّبْ لَاحَصَا أَزْنَمْ لِحَرْ اَزْنَمْ et trahit, tanquam iniecto fune, oppreſſorem ignobilem,
proprie ὠτότμητον, ſciſſum aure, poſtquam ipſi
velut mancipio aut camelo operario ſcidit aurem, eamque fecit ſuper humeros dependere.

16. Etiam te audiuiſſet ſupplicem הסיתך

أَنْصَنْكَ רחב ex ore anguſtiae clamantem.
לרגליך לא מוצק תחתיה amplum feciſſet pedi tuo, ita vt τὰ ὑποκάτω eius, ipſi, pedi
nempe, ſuppoſita, non fuiſſent anguſta.

ونحاتة ונחת et aſſulam, ſchidium ligneum,
culinae tuae. مسلحخكي, سلحخانكي ἔλεὸν σᾰ,
τράπεζαν σᾰ τὴν μαγειρικὴν impleuiſſet opi-
mitate.

وَأَنْصَنْكَ مِن فِنَاء الضَّرَّاء . وَرَحَّبَ لِرَجْلِكَ
حَتَّى لَا مَضَاقَة مِن تَحَتَنَهَا ونحاتة
مسلحخكي ملاء دسماء،

17. Ponendus poſt v. 18. hoc ordine et
nexu. כי חמה פן יסיתך בשפק, ורב כפר אל
יטך

וסך ,ומלאת דין רשע ,דין ומשפט יתם כננת

Si ἀγχιςεὺς non tentaſſet te commiſeratione,
et multitudo lytri te non flexiſſet, ad dicendum iniquam ſententiam, et impleuiſſes ius
improbi, et ius et fas pupilli recte conſtituiſſes.

חמה حمي proximus affinis, ſocer, ge-
ner, patruus, nepos, auunculus etc. בשפק
باشغان, بشغن, ſollicita, anxia, cura et trepidatione pro eius ſalute. Ex יתמכו feci
כן יתם כננת. Poſſet quoque כן illud plane de-
leri, vt praua ſcriptio ſequentis vocis כי et
מלאת a communi repeti. Sed prius malo.

19. כי ערך שרעף לא בצר: וכמאצי כח
אל תשאף הלילה לעוות עמים תחתם. Si pupillus, quando conferta turba ſui ſimilium
anguſtaſſet tuum epaulium, non fuiſſet in an-
guſto, ſed inueniſſet per tuas vindicias amplitudinem; et nulli praeualido potentia feciſſes otium vel vnius noctis, eo vt deprime-
ret populos ſub ſe. Id ſi feciſſes, Deus te
adiuuiſſet ſupplicem.

In ערך repetendum a communi יתם pupillus, quod eſt nomen vniuerſale, non vni
ſingulari pupillo conueniens, ſed omnibus in
vniuerſum. Phraſis itaque: Si preſſiſſet pupillus denſa turba tuam aulam (proprie
شرعك adaquationem tuam) idem eſt, ac : ſi
preſiſſent pupilli denſa turba — ius flagitan-
tes et vindicias ab oppreſſoribus. ולא תשאף

ولا تسوف الليلة الليلة Conf. VII. 2. et non

pro-

protelaſſes impotentes vſque ad noctem, ne
vnius quidem noctis moram interpoſuiſſes
inter querimonias pupillorum de ſuis oppreſſoribus, et caſtigationem iſtorum, tyrannorum,
per quam moram potuerant populos ſub ſe
ſubigere. ad לעוות conf. quae dicam ad c.
XXXVIII. 13. ad v. לאחוז.

21. In poſterum caue tibi a conuerſione
tui ad iniquitatem כִּי עַל זֶה בָּחַרְתָּ מֵעֹנִי

لانك علي ذلك بحرت مغني nam propter

hoc (quia te conuerteras ad iniquitatem) la-
cerata fuit et deuaſtata tua habitatio. proprie
deuaſtatus fuiſti quoad habitationem.

22. Id ſi facias, ſpes tibi eſt rurſus emer-
gendi. Nam ecce excelſus ſublimat per potentiam ſuam. Sed et idem deprimit. Quis
eſt tam, quam ille, depreſſor aut occultator.

مورعي.

23. Quis inquiſiuit eius cauſa, עליו vel
in eius praeiudicium et damnum (על, علي
id notat) viam eius? Conf. XXXIV. 13.

25. Omnes homines حذوا به ad eiūs
exemplum ſe conformant.

26. ולא חקר et non eſt fundus. fundum
non habet. Eſt abyſſus. vel חקר hic eſt pro
חקרם et non nouimus, neque numerum, neque fundum, terminum in quo deſinunt, annorum eius.

27. Ecce יגרע detrudit, impacta quafi vola, يَقْرَع vel fi a كرع facit eos, vt animalia roftrum ad aquam pronant, ita fe verfus terram pronare. πρηνίζει αὐτὸς. praecipites dat. יזקו מטר לארץ excutiunt pluuiam verfus terram. vel a نزق exfiliit cum ροιβδω aqua e rupe, fanguis ex arteria. in IV. يَنْزِقُوا faciunt ita exfilire.   vel a ونزغ; يَنْزِغُوا partitis vicibus per interualla radiatim emittunt aquam, vt camela vrinam, pitiffant, vt qui aquam ore hauftam fucceffiue per tenues radios, aut vt pincerna vinum.   Ecce fi detrudit et praecipitat Deus ftillatores aquarum, nubes aquam ftillantes, excutiunt cum rapiditate et ftrepitu, pitiffantque pluuiam verfus terram.

28. Imperet: protinus exundant diruptae, diftractae, nubes. ان امر اسر, יזלו فَيَنْزِلُون. Hinc eft زُلال aqua limpida. Poffit etiam huc aduocari نزل defcendit.

29. Etiam quando clare confpicuos hominibus monftrat, e diductis ftragulis turritarum nubium pictos ἀνθηρὸς, tapetes tentorii fui. من افرشة מפרשי עבת שאת סכתו العباب شبية خيمته. Proprie שאת eft picta, variegata fpecies, idea, rei.

30. הן נפר שעליו tunc ecce quaquauerfum excutit, fpargit ardentes fuos titiones, velut

velut graſſator ſtricto gladio in denſum agmen camelorum incidens eos territos in omnes plagas diſſipat; aut ſi quis e pera nuces proiiciat. facit vt lux ſua אורו ושושי הים כסה ferventes vndarum maris rictus وشاوش اليم velut pallium inuoluat, vel כשרשי חים aſſurgentes, veluti camelos, onerarios maris. رساوس اليم vel etiam murmuratores maris, a سرس murmur edidit fons decurrendo.

31. Ecce per haec ſubigit يدين ſubiectos ſibi facit, populos, et dat אכל luctum ſeſe efferenti.

32. ويخوع لهبا مغجا ויצוע ליהב מפגיע et effundit flammam penetralia cordis ſauciantem.

33. Demonſtrans per ea עליו על רע ומקנה אף ebullitionem ſuam propter malum, et excandeſcentiam naſi propter iniquitatem.

CAP. XXXVII.

2. והגה ווהגה eſt pro vt Arabice وهجة pro وهجة. Et ardentem ventum quem ex ore ſuo educit, extrahit, vt rutilantem et ſecantem gladium e vagina יצא ينضي Nam, egreditur, non poteſt ſtare, quia הגה foemininum,

ninum, iſtud maſculinum eſt. ח finale in חגה
non eſt radicale, ſed terminatio foeminina.
radix eſt וחג وهاج arſit.

3. ישרהו يَنْشُرُهُ explicat, vel fuſcitat,
ipſum (ventum ſcilicet ardentem.) Iſtud de
panno, hoc de fera deſumtum, quae latibulo
exigitur, aut de puluere, qui a vento excita-
tur. Sed puto rectius eſſe ישרחה يَسْرَحُهَا
libere vagatum tanquam in paſcuum emiſit.
ἐξελαύνει. redit nempe ad הגה foemininum.
Deinceps אורו legendum et a communi repetendum ישרח يَسْرَح.

4. ולא יעקב סכי et non legit (fulmen)
retro veſtigia a quocunque tandem audiente
vocem eius. כי interdum idem notat quod מי
et proprie eſt quotus. a — quotus audit ad
verbum. vid. ad XLI. 1. et Prou. XXIII. 3 L.

5. Intonat Deus per vocem eius, fulminis nempe, per vocem a fulmine excitatam,
Deus ille, faciens mirabilia, magna, nobis
ignota et incomprehenſibilia.

6. Ecce (vel ſi) dicit niui: הוא هَبْ huc
ades! (hola, gardes, holla) ארץ أَرْضٌ tunc
procumbit in terram, velut ingens maſſa
رصاص plumbi. et dicit graui oneri pluuiae
huc ades! וגשם מטר ותעזר وَإِن يَامُر جِسْم
فَتَنْغَزِر

المطر فتنغزر tunc vberrima copia se quaqua-
fum euoluit.

بين يدي كل ابن ادم ينختنم بيد كل ادم .7
τὸ coram vnoquoque homine obſtruit. id eſt
يسد سببيلهم obturat viam eorum, coercet
eos per tempeſtatem intra domos ſuas. Nemo ſane prudens per tempeſtatem exeat, niſi
neceſſitate vrgente. quo agnoſcat vnuſquis-
que hominum כל אנשים עשהו creatorem
ſuum, aut, ſi malis, غش suam fraudulentiam; id eſt Deus eo ferit conſcientiam cuiuſ-
que, *er nöthiget die Menſchen in ſich zu gehen,
und ihr tückiſches Hertz zu erkennen.* עש · غش
eſt id ipſum quod nos *Tücke* vocamus.

8. במוארב vna voce. Conf. XXXIX. 2.

9. videtur من الخدم من الحدر ab antro
leonis. Forte ſic appellarunt veteres aliquam
auſtralem conſtellationem.

מזרים quid ſit, non noui; neque ſanum
an ſecus ſit. Si prius, eſt procul dubio nomen alicuius gentis borealis; ſi poſterius,
forte leg. ומזרים وسن المرزم et e ſepten-
trione. مرزم eſt epitheton ſeptentrionis et
boreae, a gemitu et ſtrepitu quem efficit.

10. Ab halitu Dei יִתֵּן (وَتَن a) ﻳَﻨِﻦ ﺳﺘﺎﺕ ﻑﻴﺮﻣﻮﻡ firmum gelu, et lata planities aquarum, vt כְּמוֹצָק fusum vitrum vel metallum.

12. Duo notabilia in hoc versu. 1) לְפַעְלָם pro לְהַפְעִילָם. ad facere eos facere. Potest tamen etiam לְפַעְלָם explicari, vt, vel quo, faciant. Interea prostant exempla τȣ̆ Cal pro Hiphil positi, vt XXXII. 2. 2) צָרְקוּ אַרְצֶה, pro אַרְצֵהוּ, prorsus Arabice أرضا.

13. אִם לְשֵׁבֶט אִם אַרְצוֹ quando quietem et soporem سبط et سبات ipsis imperat, procumbunt immobiles. Quando imperat لتحشد, للحشد لِחסר vt turmatim confluant (quasi milites ex hibernis suis ad signa euocati) يمضاوا يֹצְאוּן eunt, quasi in acie ordinata. Si dicatur ה in יֹמְצָאֻהוּ epentheticum et euphoniae tonique causa tantum appositum esse, potest locum tueri. Nam in se quidem hic loci nihil significat.

15. An quietus manes בְּשׁוֹם أنكع (id est בְּנִשְׁוֹם) quando sufflat Deus super eos.

16. An quietus manes עַל מַפְלִישׁ עָב apud eum qui turritam nubem ad silentium et humilitatem redigit, si nempe a بلس repetas, فلس, sed si a علي مُبْلِس العباب tunc erit علي مُغْلِس العباب apud eum qui quaeritur-

turritam nubem facit a nuperrimis eius spectatoribus, sed non inueniri. المغلي

اذيت المياه المنعمات مفلوى أحوث ميم

רעימים apud eum, qui denfas et confertas moles aquarum fibi inuicem impofitarum et velut columnis effultarum, non grauiore brachio, non maiore negotio, difcutit, quam homo frigidos cineres afferculo difcutiat. قلا in fpecie notat cineres follicitare.

17. Qui بجدك בגדך velut chlamyde, te inuoluit aura calida, tum, quum cadere facit يسقاطه ارضم جنوب ارצם דרום tardigradum et onuftum imbrem auftri.

18. ترقي معه תרקי עמו afcende cum ipfo ad diductas, complanatas, nubes, firmas ficut —

19. Doce nos, quid dicamus ipfi, לאן ערך
لان عرك كبين عركي fi quando educat inftructas fuas (tenebricofas) acies من فناء ex epaulio caliginis. العسق

20. An φωτίσει ἑαυτῷ, lucidum fibi faciet Deus (tenebricofas fuas cohortes, quibus ftipatur, ablegando) propterea quod ego loquor? propterea quod verbis prodo me id
K 4   velle.

اَمْ يَسْفُرْ لَهُ حَيْثُ اَتْكَلَّمْ، اَنْ اَمَرَ رَجُلٌ velle.

اَمْ يَبْلُغْ Si quis homo imperat aliquid, num effectui dat, eo quod imperat? vel num ad desideratum finem eo peruenit? Tempestates contrahit Deus et eas saeuire iubet quamdiu vult; homines non valent eas discutere votis; ipse tenebris lucem mutat, quando ipsi placet.

21. Illis qui modo lucem non videbant, splendida adest in diruptis nubibus. Transiens ventus eas repurgat מצפון a plaga septentrionali inde, id est boreas coelum rursus differenat.

22. זהב אתה עד אלוה נורא הוד Abi tu ad Deum terribilem maiestate. اَنْهَبْ اَنْتَ الِي اللهِ.

23. Ad omnipotentem, quem non inuenimus, inuenire nequibamus; illum robore et iudicio et multa iustitia excelsum, qui nusquam apparet لَا يَعْنَهُ.

24. الكين لكن τὸ ὄν, ens illud aeternum existens, quod timent homines, ipsum autem non timet vllum sapientiae solidum.

CAP. XXXVIII.

2. Incipere debet cum verbis quae ab ordine suo aberrarunt ad v. 3. cap. XLII. nempe sic:

מי

מי זה מעלים עצה בלי דעת?

מי זה מחשיך עצה במלין בלי דעת?

Quis eſt ille craſſam et rudem et defectam ſapientia paraeneſin edens? quis eſt ille hiſpi-
dam et horridam argumentis inſipidis paraeneſin edens?

5. Quis poſuit עמריה columnas eius?
num noſti? proprie, adesdum, noſti? *komm
aen, weet gy dat?* vt Belgae aiunt.

7. باربّائي حدكواكب بְּרֻני חר כוכבי

البكر tum quum facerem رأينا id eſt رأينا مَأْسَحْا
firmum, fixum, immobilem, limitem ſtella-
rum matutinarum, quae (vel quapropter) ar-
ridebant omnibus filiis Dei. فيريعون كل
بني الله.

8. et quum obturabatur, concludebatur,
medio valuarum, catarrhactarum mare; בגיחו
(quum primum) نجيبخْه من رخام يَضاء
Φλοῖσβος, γαλήνη, γέλως, eius purius, quam
marmor nitebat.

9. quum ponerem ענן horizontem عنان
veſtem eius. quum iniicerem eius humeris,
velut pallium, horizontem. qui in medio mari
ſunt, aliud nihil quam vndas et coelum vident. et denſam caliginem ſuccingerem ipſi
خَثْلْنَه tanquam perizoma, quod in חתלתו

K 5   ingui-

inguinibus alligatum super crura dependet, *Schürze*, oder *Schurzefell*.

10. Et quum וְאֶשְׂכָּךְ עֲלָיו חַקִּי اَشْبُكَ nectebam super ipso (id est innectebam eius ceruici) funem meum, חק abiecta prima radicali (conf. XXXVII. 2.) pro וחק quam formam Arabes retinuerunt, وهق est proprie ille funis qui vel eminus iniicitur capiendae bestiae, vt bobus rabiosis, aut qualem verno tempore carnifex per vrbes nostras obambulans, canibus iniicit, vel quo iniecto et circumplexo regitur antecedens animal, et prohibetur ne aut auffugiat, aut alio eat, quam vult moderator. Magna bellua mare, sed pro magnitudine Dei; potentia eius, funis qui belluam istam moderatur.

11. Et hic יַשִׁית בְּגָוָן גַלֶּיךָ يَنْسَتُ بُغِيَانٌ غَلْيِكِ conticescet et taciturnus auscultabit vocem imperantis aestus tuae bullitionis. بُغِيَان est infraenis aestus et exorbitantia.

12. An de vita tua (*dein Lebtage*) צֵדָת venatus fuisti velut fugacem niueam gazellam, auroram; et nosti lucidum mane, aut loco suo, aut locum eius? id est nosti locum lucidi mane. Conf. VIII. 19. et XX. 9. Iuuat vel vnicum exemplum Arab. ex al Meidanio afferre, vbi

vbi recenſet prouerbium لا تبطر صاحبك نعم ne obtundas et fatiges ſocium tuum, brachium eius, addit كانه قال لا تبطر نعم صاحبك quaſi dicere voluiſſet, ne fatiges brachium ſocii tui. Non valde repugnabo huic expoſitioni. Sed agnoſco tamen illum locum non valde ſtringere et poſſe ſic exponi. Ne facias habere ſocium tuum brachium ſuum fatigatum.

13. לאחז An vidiſti, adiiſti, locum matutini candoris, eo fine vt apprehenderes inde τὰς λαβὰς — vel locum matutini candoris, vnde potuiſſes apprehendere. Conf. XXXVI. 19. ad v. לעוות. quo excuterentur, vel excuſſi fuiſſent omnes improbi.

14. Illane ſe tibi ita inuertit (terra nempe) vt lutum ſignatorium, vel cera, quae cultro a ianuis amouetur et ſuper ſeſe replicatur; quo factum fuiſſet, vt lilli abiecti fuiſſent et exuti, vt veſtis. Hic ſenſus debet eſſe verbi ויתיצבו de quo tamen quod dicam faciamue non habeo. Fateor me non capere. Cogitaui aliquando ויתנצין a نضي, ſed id paulo violentius eſt.

15. Quo facto וינע מרשעים אזורם defluxiſſet ab improbis (ab ipſorum lumbis) cingulum ipſorum. ינע a נוע.

16. F. مناكب اليم نكبي ים confragoſa, tortuoſa. Si vulgata retineatur, erunt נבכי Syrtes. conf. חקר نبك eſt fundus.

דרך 19.

19. דרך hic non est ‏سرح‎ via, sed ‏درك‎
extremitas, meta, quam quis extremam con-
sequi potest, locus remotissimus, maxime pro-
fundus; item cella subterranea. Posset verti,
locus remotissimus, qui a luce habitari et in-
coli factus est, in quem colendum et habitan-
dum lux velut colonus, missa est ‏نورا يُسْكَنُ‎
sed forte respondet Arabico ‏نورا يشكن‎ qui
impletus, offertus est luce, velut vagina gladio fulgente, suo tempore euaginando. conf.
v. 24.

20. חי אֲخَذْتَ نوال כי תקח נואל נכולו ‏حي أَخَذْتَ نوال‎
An apprehendisti ansas ‏نكاله (نكله)‎ (vel)
lupati eius? an potes eum quando vis pro
lubitu velut equum in stabulum ducere et
rursus producere, noctem et diem ex arbi-
trio facere.

21. nostin, quod tunc, in momento tuae
natiuitatis, nascereris? ומספר ימיך כי רבים et
numerum dierum tuorum, quod illi multi
futuri sint.

24. quis est abditissimus ille locus, (velut
cella penuaria,) qui per partes distribuit (vt
mater familias diaria et pensa,) κατακερματί-
ζει, per successiuas portiones impertit terrae
lucem, cuique frusto lucis, diei, frustum
caliginis, noctem, interpolando.

25. quis

25. quis diuifit — תלוג תלעה χάραδραν.

וברך et viam ftrauit.

26. ארץ לא איש שם terra in qua vir non eft. Aut fi tautologiam, quamuis orientalibus familiarem, euitare malis, Arabice fcripta لا أَيْسَ ثَمَّ notant, vbi nulla res eft. Hebraei alias לא יש שם dicunt.

27. et ad progerminandum facere מצרף من الرضغة ex ambufta, fumante et candente arena gramen.

28. Aut quis procreauit greges gazellarum roris, id eft guttas roris tam pulcras et niueas, vt fi quis eas in campis mane videat gramini incubantes, putet totum campum oppletum effe numerofis gregibus gramen depafcentibus niuearum gazellarum. Arabes omnia pulchra et amica fibi aut cum luna, aut cum rore coelefti, aut cum gazella comparant, اجلي الطل اغلي طل.

30. באכן מים, باكن المياه, بوكن المياه, in nido aquarum defident. *Sie hauffern fich zufammen.* ופני in tacite a communi repetendum eft ב ex באכן et in angulis, vel in epaulio, abyffi in fe inuicem impliciti et convoluti haerent.

31. התקשר מערנות כימה أم تــغـسـر an violenter perrumpes, et inuades procubitoria (τὰ ἔπαυλια) groffae came-

camelae? Quale fidus eo nomine fuerit ab
orientalibus appellatum vlteriori inquifitioni
demandamus. או מושכות בסיל תפתח אן
مسايكي البسيل تفتح aut tractus volumino-
fos et nodofos tetri ferpentis laxabis et
euolues?

23. התוציא מזרות בעתו num produces
المذمرات nubes pluuiam guttatim (vel radiatim) fpargentes et excutientes tempore fuo.
وغيثا علي ابناي ام تنجم وعيش على בני התנחם
et imbrem fuper filios meos, (id eft fuper mortales) num facies vehementer ftre-
pere? num facies magno cum ftrepitu et crepitatione delabi?

33. An nofti terminos coeli? an תשים
שטרך pofuifti tuam شطرك lineam agrimen-
foriam in terra, aut fi מ ex משטרו nolis de-
leri, مسيطرك משטרך regentem, ephorum,
tuum, vel et مشطرك tuum agrimenforem.

34. An altam et claram edidifti vocem,
aduerfus nubem, et confequentes exundatio-
nes aquarum te inuoluerunt? id eft an clara
voce imperafti nubi, vt te inuolueret amiculo
exundantium aquarum? et an illa ad iuffum
tuum te aquis effufis inuoluit. Conf. XXIII. 13.

35. התשלח ברקים וילכו : ותקראם ויאמרו לך
An emittis fulmina, et eunt, an a te emiffa
e carcere eunt fulmina? An te vocante redeunt protinus et dicunt tibi: En adfumus.

36. בינה

36. או מי נתן לשבר בינה aut quis dedit tempeftati naues confringenti difcretionem?

37. quis radit, verrit, repurgat, coaequat, glabrat, et nitidat nubes במכמה بكة *mit einer Waltze*, phalange cylindroue illo ligneo, colonorum inftrumento, quo fuper agros protracto coaequant reuulfam et inaequaliter diftractam ab aratro terrae fuperficiem, et infperfa femina fub glebis tumulant.

38. L. צקת صَكَتْ quae aquae tundunt puluerem in bolos inaequales, inaequaliter exftantes concretum, vt planum cufum, efficiunt ex inaequalibus eius fuperficiebus violento fuo illapfu et illifione planum aliquod fimile vitro fufo, aut potius metallo cufo. מוצק enim eft pro מצוק, et hoc pro מצקוק مصكوك. Et صك tundere eft, vt excuffa palma, aut grandi illo plano malleo, quo numi cuduntur, aut quo vtuntur foliatores auri. Hinc tali malleo comparantur guttae aquarum in glebas ficcas illifae, eafque fic contundentes, vt vnum planum aequabile, et, e longinquo fpectanti fplendidum quoque, fiant.

CAP. XXXIX.

1. חית eft inediam, vacuum ventrem, כפיר خاوية. dictus vel a غفر colore lutulento, vel a كفر in puluere et luto diftrahere, quod cum praeda fua faciunt leones.

2. למוארב

2. למואַרב vna voce. لموارية conf. XXXVII. 8.

6. يبرعن תברענה edunt generofos, ex-
cellentes, foetus תפלחנה ילדיהן liberos
edunt يغلحن profperos, fanos, incolumes.

תשלחנה הםת חכלי ὠδῖνας, μεγαλοθύμας,
ὑψηλόφρονας, احبال الهمة finunt libere
euagari.

7. الحلم يحلموا יחלמו perueniunt ad
tempus plenae adolefcentiae, in homine tempus pubertatis. Si adoleuerint ipforum liberi

ירבו يذبون repunt, ἀφέρπασιν, abeunt infciis
et non animaduertentibus parentibus, vel in
genere abfque vlla reftrictione abeunt, ἕρπασι.

8. מסרות مسدأت aut مسدأت funes, aut مسدأت
(a سك obturauit) carceres. die Gehege.

11. Circumluftrat montes, pafcuum fuum,
montes qui funt locus in quo pafcit.

13. Supponamus ריֵם effe bubalum, quod
exiftimat Cel. Schultens. Ad rem non multum
facit fi aberremus. Sufficit, animal ferum et robuftum effe. Hoc itaque fuppofito vertendus
eft hic verfus hoc modo. An facies domare bubalum in fulco funem eius; id eft أم تقسر an

efficies vt bubalum in fulco agri gradientem
domet

domet eius, ipfi alligatus, funis? An efficies,
vt bubalus in fulco eat, faciat aratro fulcos,
accipiat funem, et eo fe patiatur domari?

אם ישדד עקמים מאחריך אם יُشَـدَ

عكـبين من وراعيكئ num ligabitur bifaccio

a tergo fuo? Num in illo, ita vt in alio quo-
vis boue, itinera facies: infidebis ipfius armis
ipfe, et a tergo tuo in lumbis eius religatum
habebis tuum bifaccium? vulgatae verfiones
ex colono bubalum aratorem, et ex bubalo
colonum faciunt. Certe praemittunt colonum, et fequi faciunt bubalum, nifi cum fcu-
tica et ftimulo, faltim cum aratro αὐτομάτῳ
et αὐτοκυβερνήτῳ. Arandi mos ille forte re-
ceptus eft in illo terrarum orbe, quo equos
retro currum alligant, et quem nos Schlaraf-
fenlandiam appellamus.

15. An confides ipfi, fore vt reuertatur
ftatuto tempore e deferto femel a te dimiffus,
et colligat femen tuum לגרנך ad aream tuam,
id eft prouentum feminis a te quondam fparfi
reuehat ad aream tuam. Vel poteft quoque
ישוב et יאסף iungi, reuertetur et colliget,
pro reuertetur, vt colligat, vel vt colleftor,
vel cum collefto, vel re — colliget, id eft,
reuehet. Vtcunque ftatuas, לגרנך legendum.
Poft haec aliqua defunt: nifi plura, faltim
haec verba

16. חמביןתך תאבר an ex fapientia tua
volat, nempe ftruthiocamelus, cuius defcriptio fequitur a v. 16. inde vfque ad v. 21.

L   inclu-

inclufiue. Omnia ifta fubieꞔum funt, cui praedicatum deeft; quod tentaui ex v. 29. fupplere. Poffit quoque cum appofito nomine fubieꞔi, de quo fermo eft, fic coniici: המבינתך תאבר יענה an ex fapientia tua volat ftruthiocamelus. (Nam quod רננים ftruthionum vertunt, ea mera illufio eft.) Sed illo quidem expreffo nomine valde opus non eft. Nam Arabum ille mos eft, de re quadam longe lateque differere, et eam tamen non nominare. Interrogati, quare fic faciant, refpondent لعلم السامع بها propter fcire audientem id; propterea quod audiens et proinde quoque legens ex epithetorum et praedicatorum et defcriptionis qualitate totoque filo fermonis affequi facillime queat, qua de re fermo fit. Ipfe Iobus nofter hoc fchema fupra adhibuit cap. XXVI. 5. vbi Deum defcribit abfque vt illum nominet. Conf. XL. 10.

Caeter praeter hanc vnam lacunulam, verfus hic integer et fanus eft, et fic fonat ad verbum: Ad inftar πτερυγισμ͂ iubilantium, gefticulatrix, tum quum pluma eius πεπύκνωται καὶ ἐξῆρται fatis conferta et alta euafit.

כנף vt eft agitatio, πτερυγισμὸς, iubilantium. quomodo illi faciunt? Imitantur volare nitentes aues. Dextri femoris bicipitem contrahunt, vt calcaneus verfus nates accedat. Siniftri pedis pollici maxime innititur, contraꞔo Achillis tendine. Concurrentibus latiffimo dorfi, rhomboideis, bicipite brachiorum et

et deltoideis, adducuntur cubiti, retroagun-
tur humeri et rotantur. Hoc eſt נוף. Prorſus
ſimilis eſt volatus ſtruthiocameli, qui non
tam volat, neque tam currit, quam vtrumque
ſimul facit, librato vno pede, dum pollice
alterius terram radit, interea rotitando alas
ſuas ſe ipſum μαςίζει, et laeta imitatur πτε-
ρυγισμὸν iubilantium a conuiuio redeuntium,
et brachia iactantium. Egregie huc facit locus Pauſaniae de ſtruthionibus: πτερὰ καὶ
αὐτῷ κατὰ τὰ αὐτὰ ταῖς ἄλλαις φύεσιν,
ὑπὸ δὲ βάρες καὶ διὰ τὸ μέγεθος ἐχ οἷά τε
ἐςιν ἀνέχειν σφᾶς εἰς τὸν ἀέρα. Eſt ergo volatus eius tantum נף πτερυγισμός.

חסידה idem eſt quod حشدت denſa et
conferta euaſit. Conf. XXXVII. 13. ונצה non eſt
ſubſtantiuum, ſed verbum ونصت ſeſe extulit.

17. Ecce relinquit terrae ſua oua, et ſuper puluere תחמם تكهبيهم ſinit calefieri,
aut ſi a وخم repetas, תוחמם erit pro תחמם
توخبيهم ſinit ea a craſſis vaporibus calidi pul-
veris corrumpi.

19. הקשיה أقسينت duris modis cum doloribus elaborat liberos ſuos non ſibi, vt ſupra תשכל XXI. 10. ſic vt nullum vſum ipſa
inde habeat, vel اقشينت id eſt اطرحت abii-
cit, permittit, abandonne.

20. F. כי בחשה nam بخسها parce ipfi tribuit Deus fapientiam, aut כיחשה in Pihel

كذّبه negauit ipfi, non dedit, fefellit ipfius fpem non dando. Nam profecto nimis durum eft חשה pro תכשׁהֶהָ dictum ftatuere.

21. pro כעת videtur קצת קבעת قابعة legendum effe. capite introrfum reducto glaream fruftis maiorum lapidum miftam eiaculatur in altum. تمري proprie radiatim emittit, emulget, excutit radiatim tanquam e petraria, velut ventus pluuiam e nube, aut qui camelam mulget lac ex vbere. Conf. Oppian. Halieut. IV. 630. et ad eum Rittershuf. p. 308. quae ad Tharaph. Moall. p. 82. dixi.

22. An indues eius collo רעמה رغمة humilitatem, obftipae et rigidae eius ceruici neceffitatem admouebis fe in رغم puluerem et coenum humiliandi, id eft coges eum feruire.

23. An facies eum tremere vt locuftam, ורוח נחרו וبن نخره quum bombus rhonchi eius fit terror? (vel cuius rhonchorum bombus eft terror.)

24. יחפר פרסו בעמק fodit vngula eius profundum.

27. וגם ארץ يجم الأرض a) وجم quod idem atque (لكز manu, (id eft, in animalibus

bus anteriore pede) κολαφίζει, κολάπτει, percutit terram: et non ſtat quietus quando ſonuit tuba. امين eſt firmum, conſtans, fidum. أصون eſt camela quae certum, ſecurum paſſum facit, non vacillat, non cernuat, ſed ſemper aequabiliter incedit. Equus bellator tam lente, aequabiliter, commode, ſecure non incedit, quando audit ſonum tubae, ſed ſaepe inſeſſorem ſuum in periculum praecipitii coniicit.

28. بدي ברי incepit tuba, id eſt ſi incepit ſonare tuba. — שרים poſſit hic loci non incommode ad شريين referri, audaces, audacium, intrepidorum.

30. Aut ו ante כי delendum, aut potius וכי reddendum, et o quam! (vel et, et quis) extollit —

31. ומצורה facit initium ſequentis verſus, qui ſic conſtituendus:

ומצורה משם חפר : אכל מרחוק עיניו יביטו:

et praedam exinde egerit, terra vnguibus reſciſſa, vermes nempe. Pabulum e longinquo conſpiciunt oculi eius, leporem, aut damam, etc.

33. aut يتنغلغلون יעלעלו legendum, aut יצלעו יבלעו aut يبلعون , يلغون ילעו aut يعّلون יעלו ; يضطلعون aut prius notat ſeſe volutat ſanguine; ſecundum, lingunt ſanguinem, roſtro alte immiſſo; tertium deglutiunt;

tiunt; quartum coſtas, thoracem ſibi diſten-
dunt ingeſti ſanguinis copia; quintum tandem iterum iterumque potant; optet quod
quiſque velit. Illud vulgatum יעלעו corru-
ptum eſt abſque omni dubio. Mihi priora
duo maxime placent.

34. Et redordiebatur Iehoua —

35. An contendere cum Omnipotente?
nempe placet. סוּר שֻׂם mitte oratorem, cui
Deus reſpondeat, vel reſpondebit. vel mitte
oratorem. Deus comparebit.

Poſthaec ſequetur v. 1. 2. et 3. cap. XLI.
לא אכזר. מי יעורני? ומי הוא לפני יתיצב? מי
הקדימני ואשלם? תחת כל השמים לי הוא.
לא אחריש בדין. בריו, ודבר גבורות וחון ערכו.
Ego non ſum tyrannus. Quis prouoca-
bit me? quis ſe ſtatuet coram vultu
meo? Quis mihi dedit in anteceſſum quod
debeam rependere. (vel rependam illud)
Quicquid ſub coelo eſt, meum eſt. Non prae-
ſtabo me ſaeuum in iudicio. Incipite modo,
et contentionem fortitudinis et gloriae in-
ſtruite.

37. Ecce dico (id vnum dico.) Quid
poſſum tibi reſpondere? manum meam pono
ſuper למוֹט פי iugum oris mei.

CAP. XL.

7. et dirue רשעים מתחתם impios ex folio fuo.

8. חבוש opprime, deprime اكبس.

9. Etiam ego te docebo, quod תרשיע nequam fis. I ad dextram tuam. (pertinet ad verfum fequentem.)

10. I ad dextram tuam et vide quaefo, refpice modo ad dextram tuam, belluas, quas collocaui penes te. בהמות non eft nomen proprium vnius animalis, fed omnium beftiarum et belluarum in genere. Animal, quod hic defcribitur, nominatum non eft, pro more Arabum, de quo fupra dixi ad v. 16. cap. XXXIX. لعلم السامع بها quia confidebat fcriptor, lectores ex ipfa defcriptione quid defignet facile affecuturos effe. vide illum qui gramen edit vt bos.

11. שרירי in plurali, quamuis vnus vmbilicus fit. defignantur partes vmbilicum conftituentes, vt, Φρένες, ceruices etc. talia multa numero fere omnia gemina funt in homine.

12. deprimit, aut in humili trahit (velut fyrma) caudam fuam, tanquam cedrum, cedro fimilem.

13. Offa eius ἐπιμήκη καὶ συριγγώδη καὶ Φαλαγγώδη funt cylindri aenei, (vt cubiti, humeri, crura, femora; offa eius ἐπιπλατῆ, καὶ σηραγγώδη, apophyfes, et quae in iuncturis manuum et pedum funt, bulbofa glo-

L 4   bofa

bofa et irregularis figurae offa, funt vt martellus ferreus. vid. Caab ben Zoheir. v. 23.

14. דרכי אל videtur perfecutorum Dei vertendum effe, emiffariorum quibuscum Deus peccatores perfequitur et ad poenam retrahit. et tum כי רעש ויגש חרנו quando fremit (feu Deus, quod rectius videtur, feu animal iftud quodcunque tandem fit) et ebullit (يَجِشُّ) a (جاش) ira eius.

15. يَشْحَقُوا ישחקו trahuntur illuc lacerandae.

17. obumbrant ipfum loti fylueftres. luftrum eius, (quantum ad id attinet) cingunt illud.

18. Si faeuiat (aut اِن يغسق ἢ τεθολωται) fluuius, non لا يحفر retro it. ינית non יَنْجَحُ in altum fefe efferat.

19. בשניו מי יקחנו A dentibus eius quis apprehendet ipfum? במקשים (a وقش) parvis fchidiis ligneis quis perforabit ipfi nafum?

20. Trahesne لينَا, لوينَا לויתו collum eius, curuum latus ceruicis eius, כחבל fune? ובחכת et vnco findes linguam eius. שעע idem quod שקק شقّ. funis non poteft findere, fed vncus poteft.

23. עולם غلام εἰς δῆλον νεανικὸν, robuftum.

24. ככצפור eft pro כצפור.

25. עליו

25. يَكُرُّوا عليه يכרו עليו an inuolabunt in eum armata manu?

26. وبصلصال الداجين צלצל רנים et crepitatione tinniente horrentium armis cataphractorum implebis caput eius? facies illud ab armorum ftrepitu σκοτοδινιῶν الداجون idem atque المدجحون οἱ καταφρακτοι.

28. הגס אל מראיו יטל ,הן תוחלתו נכזבה القاش علي وجهه يطل palpitans fuper faciem eius, inultus perit, iacet proftratus, vel deuoratus. abfque vt fanguis eius vnquam expietur aut lytro, aut caeforis fanguine. Ecce لحاولته molitio, machinatio eius, mendax et fruftranea fuit.

CAP. XLI.

1. Iam dixi fupra ad cap. XXXIX. 35. quorfum hic verfus cum duobus fequentibus pertineant, et quomodo conftituendi fint.

2. cum duplicatura, vel orbiculo freni eius quis redibit? quis redibit cum eo, freno ipfum trahens implicitum, et manu tenens orbiculum freni eius, faluus et fanus.

5. L. סכיכות ftridores dentium eius.

6. גאוה est forma Arabum فعيل, جويع diductum, ſi nempe eſt os eius, tunc apparent phalanges clypeorum. Comparantur dentes cum robuſtis ferreis illis cylindris quae in clypeorum ambitu, κατ᾽ ἄμπυκα, et in medio, κατ᾽ ὄμφαλον, ad infringendos gladiorum ictus ｜eminebant. clauſum, ſed ſi clauſum ſit os eius, tunc eſt ſigillum arctum. κεχηνότος, φάλαγγες ἀσπίδων; συγκεκλεισμένε, σφραγὶς ϛενή.

10. יהלכו videtur hic ſenſum Arab. v. الك luxit, ſplenduit, habere.

12. videtur נמר נפחו אחמד نغاخة halitus eius (vel ollae vel animalis) eſt denſus, paene ſolidus, vt perſpici nequeat, vt manibus palpetur.

14. טפלי בשרו tenerae et molles partes carnis eius. Tundat ſuper eum יצוק עליו (ſcilicet הצוק ‏ pp‎ يصك عليه الصاك tundens, id eſt aliquis:) non deflectit.

15. Cor eius tundit aliquid lapidi ſimile, id eſt coſtas, et quidem tundit tam vehementer, vt malleus confricator. Conf. Cel. Schultens ad Iob. p. 553.

16. משתו aut eſt pro משותו vel משתותו a diſperſione, diſſipatione, quam من شنوتة cauſa-

caufatur ille; aut eft a من سطوة، سطي ab eius infultu et graffatione.

משבר ים יתחטאו ex tempeftate maris (id eft, vt naufragi ex tempeftate maris, conf. XL. 24. et XX. 2.) huc illuc trepidi gradiun- tur يتخاطبون.

17. משיגהו חרב חרב qui ei admouet gladium, exutus armis et fpoliatus iacet. منشغة حربة حريب vel, vt ait Caab F. Zoheir

v. 50. مطرح البنر والدهرسان Non ftabit hafta dimicationis. المساصعة والمصاع מסע et eius motitatio vel tremor, vel etiam audax eius, audax ille qui eam gerit. Id notandum quo- que duco Arabibus חרב haftam, חנית حنية arcum notare. Sed facile poffunt dialecti conciliari. Prius enim omne acutum in ge- nere notat, pofterius omne feu curuum actu, feu curuabile et flexile; id quod in haftam cadit.

22. ישים (vel pro ינשם ينسم vel a שמם ينشم) olfacit mare attrahit fpiritu retrorfum retracto in nares mare, vt homo pyxidem vnguentariam. Per nares attrahit aquam, vt homo odorem.

25. יראה terret, timere facit. — בני שחץ belluae ingentis molis.

CAP. XLII.

CAP. XLII.

2. ירעתי noui.

3. מי זה מעלים עצה בלי דעת ad suum verum locum supra iam retuli et interpretatus fui Cap. XXXVIII. 2. לכן profecto, ad purum putum, אֶדַבֵּר הִגַּרְתִּי nugatus fui, deliraui, et nihil dixi diſtinctum et perſpicuum, נִפְלָאת mirabilis es prae me, mirabilior, quam vt aſſequar, ideoque non capio.

5. Poſt verſum quintum lacuna eſt.

————————

IOAN-

IOANNIS IACOBI REISKE

NOTAE CRITICAE

A D

PROVERBIA SALOMONIS.

I. I. R.
NOTAE CRITICAE
IN PROVERBIA SALOMONIS.

CAP. I.

v. 9. Eleganter expofuit Cel. Schultens לוית חן corollam gratiofam. Poffit quoque cincinnum crinium elegantem. conf. ad Iob. III. 8.

CAP. V.

23. ישגה poteft quoque verti praefocabitur, fuffocabitur. شجي dicitur Arabibus angere, fuffocare, praecipue os, quod transverfum incidens in fauces intercludit et obturat fpiritus vias. hinc ad omnem rem angentem, quae dolorem, moeftitiam, follicitudinem efficit, transfertur.

CAP. VI.

3. pro ורהב hic legendum effe והרב et multiplica tuas cogitationes (id eft verfa eas in omnem partem, fi vna methodus non fatisfaciat, excogita alteram) iam dixi in Actis Eruditor. anni huius 1749. menfe Ianuar. p. 16. vbi etiam alia notaui, quae hic digito

tan-

tantum attingere contentus ero; vt eft illud
מלל ברגלי effe terere, radere folum calceo,
quando volumus aliquem deridere et exfibi-
lare. *jemand ausfcharren.* Etiam hoc v. 27.
verbum Hebraeum חתה Arabico حثي re-
fpondere, et recte ab interpretibus redditum
fuiffe per ἐπισωρεύειν, coaceruare.

30. et feqq. ratiocinium hoc eft: Illi, quibus furto quid fubtractum fuit, non fpernunt,
fi quas fur offerat, conditiones, fi nempe fex-
tuplo aut maiore pretio damnum penfet. At
maritus iniuriam thori paffus nullam admittit
quantamcunque fatisfactionem, fed offenforis
fanguine vindictam fibi parat. conf. v. 35.

32. יעשנה aut notat, vefpere (fub noctem) frequentabit illam, يعشيها aut, con-
cumbet cum ipfa; proprie, obruet, obteget
ipfam يغشيها.

CAP. VII.

14. שלמים praeftita, perfecta, reddita.
עלי pro me, meo nomine. vel eft idem quod
אשר עלי facrificia, quae mihi incumbebant,
quae debebam, funt exhibita et finita.

22. וכעכס notat, et vt prauus, peruerfus.
Vt homo parum emendatus odit magiftrum
ftultorum frequentare. עכס et עקש eft idem.

CAP. VIII.

26. Mihi fatis placet Clerici fententia,
חוצות hic loci idem notare atque Arabicum
حوضات pifcinas, lacus, ftagna. Poffit quoque

que accipi pro حضيضات humilia depreſſa,
valles. Verbum ראש pariter non incommode
poſſit credi hic idem notare quod Arabic.
رأش locupletauit, variegauit, herbis et arboribus tanquam plumis verſicoloribus in-
ſtruxit et pinxit puluerulenta, arida, deſerta
terrae.

CAP. IX.

7. Docens irriforem ſapientiam, ei eſt
contemptus; et arguentem improbum (eum,
qui arguit improbum) culpant ſcilicet homines in vulgari vita.

CAP. X.

4. Pauperem facit manus remiſſa; ſed manus acrium facit diuites. Conf. XII. 24. et
27. et alibi. Paſſim enim haec ſententia re-
currit. Quod ſi vero quis pertendat, non
bene Hebraeum eſſe עשה ראש facit pauperem, et ראש hic caput eſſe, quamuis ille nihil dicat, poteſt tamen ſententia alio quoque
modo reddi: nempe: caput, (initium) imbe-
cillitatis, (humilitatis,) رأس العثة eſt manus — Debebat vocis عثة עשה haec ſignifi-
catio exemplis allatis adſtrui, ſed id cum ſimi-
libus in aliud tempus vt reſeruemus neceſſe
eſt. Rationes in praefatione diximus.

9. Incedens in integritate, incedet ſecure
(abſque offenſa:) ſed ille, cuius viae tortuo-
ſae ſunt, ירדע retro ſublabetur (vt, qui in
glacie ambulant ſaepe retro in occiput ſupini

reci-

recidunt) يَرْبَع retropelletur, non poterit in coeptis fuis procedere, felix effe. nifi malis יורע interpretari, humiliabitur a ورع.

10. Illud יתן vel actiue, vel paffiue, accipi poteft. Qui carpit oculis, dat dolores, illi nempe, quem fubfannat petulante et maligno illo oculorum vfu; tela ipfi in cor immittit. Aut, carpens oculo dabitur (accipiet) dolores, vt v. 24. ותאות צדיקים יתן et defiderium iuftorum dabitur, (concedetur, permittetur ipfis.)

17. Ambulans ad vitam eft obferuans difciplinam. at deferens caftigationem, fertur praeceps in rem malam, (in calamitatem.) Conf. Arab. تيع et تيبان vel eft in errore tanquam in deferto, vnde fe non poterit euoluere, fi conferatur cum تاه vel exorbitat, fi cum طغي conferatur.

18. Veftis odii (e qua, tanquam figno quodam agnofci poffit) funt labia mendacii (vel mendacia) quemadmodum ftultum ex eo agnofcas, quod clandeftinum aliquem rumorem, quem de aliquo clam audiuit, in publicum profert.

21. Poffet ירעו notare aut placent multis يعجبوا id eft يعريعوا Conf. Iob. XXXVIII. 7. et infra C. XIX. 6. XXII. 11. aut faciunt (conciliant) fibi focios multos, fed neutrum qua-

quadrat alteri membro, fed ftulti in defectu
cordis (prudentiae) moriuntur. Quapropter
putem יִרְעוּ legendum effe, quod idem atque
יוֹרְעוּ faciunt fapientes (docent) multos. Poffet huc aduocari quod v. 32. legitur שִׂפְתֵי
צַדִּיק יֵרְעוּן רָצוֹן labia iufti docent gratiam,
(id quod hominum Deique benevolentiam
meretur et acquirit.) Sed ibi potius deriuem
a רוע נאع , يَذيعون effundunt, exfpirant,
tanquam gratum, fragrantem, odorem.

28. Non culpo vulgarem verfionem, et
exfpectatio improborum peribit. Putem tamen paulo aptiorem priori membro: fpes
iuftorum laetitia effe fi reddatur: at exfpectatio improborum euadet in horridam
folitudinem, euadet tam horribilis et deferta,
vafta, deftituta omni bono, atque eft vaftum,

incultum defertum تابد. Pari ratione vox
שְׁאוֹל וַאֲבַדּוֹן in illo v. 11. cap. XV.
נֶגֶד יְהוָה poffit reddi: orcus et vafta, horribilis, folitudo, chaos.

CAP. XI.

3. Leg. יְסֻלַּף בֹּגְדִים שֻׁדָּם et peruertet
praeuaricatores eorum deuaftatio, id eft eorum ftudium res omnes, quas agunt, peruer-
tendi et conturbandi.

7. Iam dixi in Actis Er. l. c. אוֹנִים idem
effe atque אוֹנִים iniquorum, iniquitatem,
(aut et vanitatem) operantium, participium
a verbo אוֹן.

9. Et

9. Et per prudentiam eripiunt sapientes
(scilicet רעיהם socios suos.)

13. הולך רכיל est circulator vilis, proprie qui pede in nates impacto abigitur; vt
olim Abdol Malek ad al Hagjagjum اَمْكَلَ
اَمْكَلَ تَهْوِي مِنْهَا اِلَي نَار جَهَنَّم ego te impacto in nates deturbabo in ignem gehennae.

18. Improbus facit negotium mendacii,
sed semen iustitiae (populus iustus conf.
XII. 12.) negotiatur veritatem (exercet commercium veritatis.)

21. יד ליד a filio ad nepotem, ab hoc ad
pronepotem, et ita porro. Conf. ad Iob.
XX. 10.

22. Leg. אשה יפה חסרת טעם vxor pulchra insipida.

25. יורא est procul dubio rigabitur ad sa-
tietatem a رَوِي. Tales transpositiones primae et secundae radicalis ו sunt frequentissi-
mae. Proprie foret יוּרְוָא. Talia, vitiosa profecto in se, designant linguam hanc a Grammaticis excultam non fuisse, neque satis bene
constitutam et stabilitam.

27. pro יבקש leg. ילקש quaerens bonum
colliget gratiam (beneuolentiam.)

29. Conturbans domum suam (imperitia
bonae oeconomiae dilapidans et imminuens
bona sua) adibit haereditatem venti, vanitatis, indigentiae, quum nihil in manibus habebit,

bebit, quum eius domus تصغر vacua erit, vt ventus in ea libere flare et fibilare poffit. hoc primum membrum. Iam alterum וְעֹכֵר אֱוִיל חֲכַם לֵב fed conturbans (arguens, peruertens, impediens in fuis deftinationibus) ftultum, is eft fapiens. Lufus in diuerfa applicatione verbi עכר conturbare illinc domum, hinc ftultum.

CAP. XII.

9. Satis lucidum eft quod dederunt veteres interpretes, homo inferioris ordinis qui feruum poteft alere, eft melior iactatore gloriofo, qui panem non habet. Multa funt talia in hoc libro. Sed id non agimus, vt recenfeamus et cenfeamus, quid Cl. Schultenfius, quid veteres interpretes rectum aut fecus protulerint. Diffideremus lectorum intelligentiae, fi preffo pede fingula inftitueremus perfequi. Pofita illa funt in medio. Nunquam deerunt intelligentes et aequi iudices, qui vel non admoniti iuftum cuique fuum honorem tribuent. Nos ftudebimus non nifi noftras coniecturas examini doctorum proponere.

10. Placat iuftus defiderium (indigentiam) beftiae fuae يودّع الصديق نفس بهيمته fed qui mifericordia tanguntur improborum, illi crudeles funt אכזרים. Eo tendit, vt indicet, improbos peiores et minoris faciendos effe, quam funt bruta animalia.

M 3　　　12. Amat

12. Amat improbus venari mala, damna
suo sibi inuento arcessere, semetipsum suis
manibus exscindere; sed radix iustorum (populus) perstat يَنِن a وَنِن.

16. Stultus in die (in clara luce) ponit
suam iram (יָדַע vel يُوعِ a وُعِ) sed solers
(astutus) velat acceptam contumeliam.

17. Leg. יפוח אמונה עד צדק sic recte ex-
stat cap. XV. 5. vnde hic locus est emen-
dandus.

20. Fraus est in corde suscitantium (solli-
citantium, egerentium e profundo) malum.
Sed suadentibus pacem est simplicitas (vni-
formitas, aequabilitas animi) a سمح id est
suadentes pacem sunt simplices, animus eorum est planus, vniformis, non scaber. Si
vero שמחה velis retinere in sensu gaudii,
quem vulgo obtinet, reddenda est vox מרמה,
per stimulus, seu pruritus est etc. et deri-
vanda a verbo ורם فمن. proprie tunc foret
מורמה inflammatio tumida, quae tendendo
cutim, sensum pruritus, doloris excitat, et
inquietos facit, non sinit quiescere. Hoc ipso
sensu quoque potest שמחה pro aequabilitate
accipi, pro aequabili laxitate et tono naturali,
quatenus opposita tum sit tumori, qui semper comitatur inflammationem.

23. Non

23. Non quidem mouebo loco fuo vocem יקרא neque interpretationem eius vulgarem. Cor ftultorum proclamat fatuitatem. Liceat tamen mihi fententiam meam de hoc loco exponere. Si recte habeat יקרא, poffet eo fenfu accipi quo Arabes dicunt قرا pro colligere, deriuare aquam in lacum aquatorium, et pabulum in buccam congerere. Vt ergo bucca ftulti fit quafi lacus in quem e pectore fuo deriuet omnem futilitatem fuam. Mihi tamen magis placeret, fi יקרא legatur, id eft يغذي exaeftuat fuas quifquilias, vt torrens in ripam exaeftuat fuam ἄχνην.

25. ראגה refpondet Arabico نجة aut نجاة vtrumque notat obnubilationem, caliginem. ישחנת poteft comparari vel cum وسخ facit fordidum, fpurcum, vel cum שחן شاحن exacerbat in odium, maleuolentiam, afperitatem, mifanthropiam, vel a ساخ שות deprimit, facit fubfidere in abyffo moeroris tanquam in coeno, vel a שוח شاخ facit canefcere, ante tempus fcilicet. Omnia haec quadrant. נח eft emphaticum, يشبخنة يشخنة, يسخنة.

27. Leg. לא ידרך لا يدرك non affequetur fuam praedam pigritia vel remiffio.

Porro

Porro וִיקָר הוֹן אָדָם חָרוּץ sed homo acer et
auidus colliget opulentiam (proprie faci-
litatem, id eſt illud, cuius ope facile, ſine
difficultate ad commodum ſuum viuere poteſt.)

وَيَبْغَر يَسْرا أنم vel رجل حريص.

28. Patet aliquid deeſſe. Fortaſſe וְדֶרֶך
רָשָׁע נְתִיבָת et via improbi (vel improbitatis)
eſt via ſtrata ad mortem.

CAP. XIII.

2. Vox נֶפֶשׁ نغس ſignificat Arabibus inter alia tantum quantum ſufficit ad ſitim ex-
plendam. item idem, quod منغوس id ad
quod adſpiratur, id quod quis magna contentione quaerit et anhelat. Conf. ad v. 4. Foret ergo ſententia huius membri poſterioris
illo quidem adſpectu, et potus praeuaricato-
rum eſt crudelitas, bibunt crudelitatem, op-
preſſionem, aeque faciliter, aeque cupide
crudelitatem exercent, atque aqua bibitur.
conf. Iob.

hoc autem poſteriore, crudelitas (paſſiua
nempe) eſt id ad quod adſpirant (quod ac-
quirere ſibi magno ſtudio contendunt) prae-
varicatores.

4. Conſtructio prioris membri huius ver-
ſus eſt. מִתְאַוָּה עָצֵל נַפְשׁוֹ וָאַיִן Cupit piger
id quod deperdite anhelat, ſed non eſt, non
obtingit ipſi, quia piger eſt, ideoque mediis
ad obtinendum ħnem ſuum neceſſariis non
vtir

vtitur. نغس ipsum quoque appetitum notat, vt in illo Arabum prouerbio لا تاكل حتى
تطير عصافير نفسك ne comedas, antequam
tumultuentur ítreperi paſſeres appetitus tui
מתאוה مناوة dicens: οἴμοι, o vtinam. Si
cui durior haec conſtructio, poterit ſic expedire, quod tamen, ne quem fallat, priore
non eſt expeditius: מתאוה ואין נפש ועצל
cupit, et non eſt, (id nempe quod cupit)
auidus et piger idem. Tunc נפש Nofeſch
erit participium.

6. חטאת hic eſt idem atque خطوة et improbitas peruertit greſſum.

9. ישמח hic eſt idem atque Ar. يشمخ
alte ſe eleuabit, vel ſi quis audeat buccinam
Schultenſianam inflare, alte naſum efferet.

15. אי יתן non ſtabit, aut qui ſtabit?
Conf. XII. 12.

19. נהיה eſt Arabicum نهية id eſt نهية
idem quod منهية prohibita, coercita, ſuis
terminis et repagulis incluſa.

23. רב poteſt accipi vt Arabicum رب
ſaepe eſt. رب آكل ſaepe eſt comedens no-
vale pauperum (o quam multi ſunt come-
dentes etc.)

M 5   CAP. XIV.

CAP. XIV.

1. Legendum חֻכְמַת sapiens foeminarum (sapiens inter foeminas) vt est proxime sequens ei oppositum אולת.

3. Dixi iam l. c. חטר hic esse Arabicum خطر iactatio, fluctuatio, futilitas, temeraria et coeca garrulitas. item

7. מנגר esse participium منجد o vir strenue.

8. Leg. הכין firmat, roborat, dirigit, constituit.

9. יליץ est Arab. يلظي ardet ignis (ira, contentio, rixa,) eorum. Porro vox לב ex initio sequentis versus addenda fini huius, in hunc modum: ובין ישרים רצון לב et inter faciles, (commodos moribus) est beneuolentia cordis. multa commode ferunt, benigne interpretantur, patiuntur sibi opprobrari.

10. Sapiens (quantum ad illum attinet) eius anima recta ac rigida, (proprie firmi funis ad instar solide torta) est, مرت vel أمرت et in eius simplicitatem (aequabilitatem) se non immiscet זר زور curuitas, prauitas, fraus, perfidia, nequitia tortuosa.

14. Iam alii viderunt ומסעליו legendum esse. Id quoque notandum סוג esse Arabicum زايغ declinans, deflectens a recto tramite.

23. In omni contentione feruidiore עצב
غصب eft aliqua vtilitas.: at in contentione
labiorum eft tantum detrimentum. דבר eft
proprie poftfubmiff⟨o⟩, ἀπόδοσις, τὸ ὑποβαλ-
λόμενον ad alterius praecedentem fermonem,
נדיב id quod a tergo poft prius aliquod
praecedens venit, *die Wiederrede, das Wie-
derfprechen*, contradictio. غصب eft aliquid
impetuofe, animofe agere, tanquam fi omnia
difcerpere velles.

25. Sed fpirat mendacia in dolum, (lapfum,
infidias) impellens.

30. Vita carnis eft animus quietus, (tranquillus, fedatus) مرفاء ab ira, terrore, hic
loci aemulatione liber.

33. In fine leg. תרדע ترنع repellitur,
abigitur, (quafi calce clunibus impacta) euer-
titur.

34. חסד idem hic eft atque Arabicum
حسد inuidia. Vt autem et in Latino inuidia et in Graeco φθόνος faepe notat infamiam, dedecus abhorrendum, fic et hic
loci. inuidia gentium (id quod ipfis inuidiam
et odium aliarum gentium conciliat) eft pec-
catum. Vbi alias notat vox חסד gratiam,
vel iuftitiam potius, ibi eft Arabicum قصب
et قسط et صدق.

CAP. XV.

CAP. XV.

1. עצב eſt Arab. غضب ira, aut غضب faeuities, violentia, contradictio irata, aut faeua, יעלה يغلي bullire facit iram.

4. מרפא quies, (tranquillitas, modeſtia) linguae eſt arbor vitae.

7. יזרו ſiue a نأ ſiue a نم deriues, perinde eſt. Vtrumque notat ſpargere.

9. ומרדף צדקה יאהב מוסר et affectans iuſtitiam amat doceri.

10. רע לעזב ארח מוסר malum eſt deſerere viam diſciplinae.

14. ופני כסילים ירעבו אולת et homines ſtulti quaerunt (auent, hiant) fatuitatem.

22. נפר نغر מר قر vel eſt a vel a הפר vtrumque notat fugere, et in quarta coni. fugere facere, terrere, diſturbare, quaſi gregem ferarum iniecto terrore longe lateque diſſipare. Oppoſitum hoc verbo חשב حسب, vnde מחשבות, quod notat conſtringere, vincire firmiter. Diſſipatio firmiter conſtrictorum conſiliorum eſt in defectu ſecreti (vbi ſecreta non manent.) et in vel a multitudine conſiliariorum impediuntur, arcentur, infringuntur, proculcantur. תקום تنوقم id eſt non a קום وقم ſed a יקם. Poſſis quoque accipere pro תקמם تكمم euerruntur.

24. Leg.

24. Leg. משאל למטת vt praecedens
למעלה.

CAP. XVI.

4. Omne opus Dei eft ad ideam fuam:
etiam impius eft ad diem malum. Si dies
malus, calamitas, impium opprimit, id mirum non eft. Quadrat id in ideam eius למענהו
لعانه. Idea et natura improbi fecum calamitatem neceffario importat, quemadmodum idea et natura iufti diem bonum et felicitatem importat et fecum trahit. Non fecit
Deus impium; fed facit vt, quifquis talis eft,
fit ad diem malum, fit obnoxius poenae neceffario et abfque omni dubio fecuturae.
Fateor tamen expeditiorem fore fententiam,
fi fcriptum effet וגם יום רעה לרשע.

10. קסם eft facramentum, iusiurandum
قسامة. Iusiurandum (quod eft) fuper la-
biis regis in iudicio ne tranfeat os eius, id
eft, fi quis rex iurauit, fe ius et fas adminiftra-
turum, caueat fibi, ne os fuum illud facramentum tranfeat in iure dicendo.

16. Leg. קנה חכמה טוב מחרוץ comparare fibi fapientiam melius eft auro.

20. مسجل fic leg. משכיל על דברי
علي كلماتي qui fe permittit meis verbis,
celui qui fe livre a mes confeils.

21. מתק eft Arabicum منقّى vel موثّق
quod perinde eft, et idem notat. et certus la-
bio-

biorum, (cuius orationi et instructioni certa fides adhiberi potest) addet (augebit, multam praestabit, emanare faciet in vulgus) doctrinam.

26. Constituo sic נפֶשׁ עמל עמלה לו׃ לו כי אכף עליו פיהוּ Anima operantis, (aliquid agentis, quantum ad illam attinet) est opus eius (animae) ipsi (operanti): fructus et damnum operis aequaliter in operantem redundat. Ipsi quoque est, si os eius delinquit in ipsum, aut erga ipsum. Vel si conferatur radix وقب quando se stultum praebet os eius in ipsius damnum.

30. עצה est Arabicum غاضي vel مغضي. Pro כלה porro legendum כרה vt versu 27. quod idem atque جرّ et كرّ laborat (molitur, attrahit, arcessit) malum.

CAP. XVII.

4. מרע non est a verbo רוע sed a מרע quod idem atque Arabicum مرق مרק (conf. XX. 30.) vt פרע فرق משע فسق רשע مشق et alia. Notat autem مرق exit a vera religione et fide, peruadit, perrumpit omnia repagula. Flagitiosus honestatis perruptor est qui auscultat labio vanitatis: ساحر שקר γόης, magus, impostor: abnegator Dei est, qui ξέπει ad linguam inanitatum. מזין non est

est a زان ornauit sed a وزن quod si construatur cum على על tam in prima coniug. وزن
quam in quarta أوزن على notat propendere aliquo, ῥέπειν ἐπί τι. Conf. Iob.
XXXII. 11.

8. כל אשר יפנה אל כל אשר idem atque
אליו יפנה omnem, in quem (ad quem) se
vertit, facit liberalem et alacrem, in promittendo et agendo causam tuam, facit eum exvndare. يسجل كل من يغني vel يعترض البه

9. ושנה בדבר et denuo redordiens contentionem.

17. Cohaeret hic versus cum superiore
16. sic vt ab eo diuelli nequeat. Describit
כסיל stultum, et dat rationem, quare inutile
ipsi sit, numos in sapientiae magistros erogare. Quorsum est pretium (διδακτρον) in
manu stulti — qui omni tempore amat malum, et frater (indiuiduus sodalis) calamitatis (seu actiuae, seu passiuae) natus est. qui
natus est vt aut alios affligat, aut ipse male
vapulet. Conf. XVI. 4.

25. Forte leg. حامر وحمر male vult matri suae. iacet in fermento aduersus eam.
Er hat einen Groll auf seine Mutter, er trägts
ihr nach.

CAP. XVIII.

8. Diuidenda est vox quae male coaluit
כמתלה מים vt haustus aquae. Quemadmodum

dum aquae absque offensa descendunt in inte-
riora ventris, ita etiam descendunt etc.

10. ירוץ hic est Arab. يَرْصُنْ firmus et im-
mobilis desidet (tanquam plumbum رصاص)
fundatus est.

11. במשכיתו بمشكينة in querela, in calamitate eius.

19. Frater iniuriam passus, (in quem
vsurpata fuit transgressio) est prae vrbe validus et contumax.

21. וארביה יאכלו aut וארבח יאכל et
castigans eam, nempe linguam, comedet,
aut castigantes eam comedent fructum eius.

22. מצא אשה משכלת מצא

CAP. XIX.

3. ועלי היח יזעף et super vanitate (vasta
cupiditate inanitatis) rumpit cor suum, vel
rumpitur cor eius.

6. הרע est Arabicum اراق et اراف quod
perinde. Donum facit homini (cui datur)
gratum, acceptum, pulchrum, speciosum,
omne (omnem actionem dantis.) Conf. X. 21.

22. Leg. תפארת אדם decus hominis est
recta et rigida eius iustitia قصد aut قسطه

27. Est prosopopoeia eius, qui superiore
v. 26. describitur. Talis dicat iuueni cuidam
quem seducere vult: Cessa, mi fili, audire
doctrinam, et impleri verbis sapientiae.

CAP. XX.

CAP. XX.

2. מתעברו est Arab. مُتَجِبِّرٍ qui ipfi per-
tinaciter obluctatur, (obftrigillat,) impellit
femetipfum in lapfum. Porro notandum,
conftructionem verborum hanc effe נהם מלך
ככפיר אימת fremit rex (quafi vellet omnia
deuorare) vt leo terroris, id eft, vt leo terribilis.

5. נחל ידלנה eft a נדל נגל et נחל idem notant, haurire.

6. חסד leg. non חסרו.

8. מזרה abiicitur, reiicitur. Eft vel a
נזל vel نَزَا.

11. יתנכר ipfe fibi peregrinus fit, incidit
in locum peregrinum, in quo nefcit vbi ver-
fetur. *Er kann fich nicht zu rechte finden.*
Porro legendum זר אם ואם اَغَاتَ num prauum fit,
an rectum, opus eius.

14. ואזל לו at fac ipfi id ceffare, defi-
cere, defiderari. אזל זול a اَنْزَل نَزَال ceffare,
defluere, dilabi, excidere.

16. לקח et חבל funt praeterita Kal.

17. ואחרי מלא פיהו חצץ et poftrema
impleri os eius erunt glarea قَضِيض aut حَصِيَ
at poftquam impleuerit os fuum, fentiet fe,
deuorando panem iniquitatis, duros filices
deuoraffe. opes iniuftas fibi non minus mo-
leftiarum creare, quam fi lapides voraffet.
Conf. Meidan. in Prou. حجر القِبَة.

N

21. Si verſus hic cum praecedente cohaeret, ſenſus eius erit: qui haereditatem,
quam adit, nauſeat, ideoque patri et matri
maledicit, quod ampliores opes non relique-
rint, eius finis benedictus non erit. Si vero
cenſeatur ſeorſim in ſe conſiſtere, et retineatur מבחלת, tunc poſſit haec vox aut cum
ܡܒܪܟܐ μεμακαρισμένη aut cum ܡܥܠܝܐ με-
γαλυνομένη comparari. Forte tamen altera
lectio מבהלת praeſtat. Eſt ſaepe haereditas
initio ſtupore et admiratione percellens, cuius tamen finis benedictus non eſt. Conf.
XXVIII. 22.

25. Laqueus hominis eſt defraudare ſan-
ctuarium, et reponere perſolutionem voto-
rum in craſtinum diem. ولع inter alia notat
idem quod حبس retinuit, quod debebat,
item mentitus fuit.

30. Conſtructio eſt תמריק ברע חברות פצע
eruptio (per omnia repagula) in malo (in ma-
litia) eſt vibices vulneris. מרק et מרע (de quo
v. ad Cap. XVII. 4.) reſpondet Arabico مرق
peruaſit obſtaculum cum quadam celeritate
et rapiditate, quemadmodum ſagitta ſolet
metam penetrare et ex altera parte metae exire, quando nempe nimia vi adigitur, arcu nimis tenſo. Eadem ipſa imago eſt in רשע
quod τῷ مشق reſpondet. רושע aut مشق
penetrans et cum ſumma rapiditate vibrans
iactus ſagittae, teli, oculorum.

CAP. XXI.

CAP. XXI.

2. תכן eſt corrector, conſolidator, firmator. يقن vel منقن تاقن quod venit a ut a وقي in VIII. coni. أتقي fit verbum per ſe ſubſiſtens نقي.

5. Omnes firmiter conſtrictae, deſtinatae, deliberationes et diſpoſitiones acris et auidi ſunt tantummodo ad relaxationem, id eſt vt relaxentur, eneruentur, ſi a وثر deriues מותר aut ad diſperſionem (vt diſpergantur) ſi a נתר نثر.

6. חבל leg. et ממקשי מות parare theſauros per linguam mendacem eſt tendicula proiecta funium mortis. חבל proprie eſt id in fune, quod Latini tendiculam vel orbiculum, Graeci βρόχον, ἄμμα, ἀγκύλην dicunt, nos *die Schleiffe oder Schlinge.* נדף eſt in medium proiectus.

7. יגורם vel a غام vel a جام deriuari poteſt. Si poſterius, notabit ſaeue illos accipiet, tyrannice cum illis aget; ſi prius, deprimet eos in profundum, in barathrum deturbabit.

8. איש זר legendum. In conductione vitae et viae ſuae peruerſus eſt vir prauus (tortuoſus, doloſus.)

9. Leg. חבר هبر quam vxor contentionum et domus diuiſionis, diſcidii, diſcordiae.

11. לץ et פתי eſt idem. Senſus eſt ac ſi dixiſſet לץ פתי יחכם בענשו Irriſor ſtultus fit ſapiens quando mulctatur. ובהשכיל חכם et

N 2   in

in erudiendo (vel potius اسجال humaniter
liberaliterque tractando) fapientem, accipiet,
(nempe fapiens) intelligentiam.   Vel poffit
חכם non ad השכיל fed ad יקח trahi,
et in liberaliter agendo (fi fecum liberaliter
agitur) accipit fapiens intelligentiam.   Perinde eft vtro modo verba conftruantur.

12. לביתו Humanam et liberalem facit
(humanitate et liberalitate inftruit) iuftus domum fuam.   Improbus improbos lubricat
ad malum.

28. Teftis mendax peribit ואיש שמער
לנצח ידבר at vir شمعل (المشمعل الحبان).
vt ait Ibn Doreid) في الامر الماضي فيه pro-
cedens audacter viam fuam, penetrans per
obftacula humanae omnis auctoritatis, abfque
profopolepfia teftimonium fuum dicens, nihil aeque atque veritatem curans, *iemand der
gerade durchgeht*,' talis ad aeternum habebit
poft fe venientem pofteritatem يدبر id eft habebit ابرل ftirpem, radicem, fobolem, a tergo venientem.

CAP. XXII.

8. Et baculus improbitatis, (tranfgreffio-
nis) eius, (cui innitebatur, quo fulciebatur,
quo fretus iniquiffima audebat omnia) confu-
metur, ceffabit, ruet.

11. בחן שפתיו Amatus, gratus, acceptus
eft purus corde. qui examinat, explorat, labia fua, (qui non loquitur nifi bene penfitata)
eum carum habet rex. اكرم placet regi, habet

bet rex eum talem, qui placeat. Hinc venit vox רע focius proprie رَائِق feu رَائِق placens, gratus. Conf. X. 21.

15. Stultitia alligata cordi fatui (vel imbecillis) (eft vel, quantum ad eam attinet) expellet eam baculus caftigationis (proprie aequationis, correctionis, rectificationis.)

16. עשק דל חרבות לו opprimens tenuem, (quantum ad illum attinet) ipfi eft (ipfum manet) deuaftatio, expilatio talis vt ad ficcum panem redigatur.

18. O quam fuaue fi cuftodias ea (verba fapientum) ftabilita erunt in ventre tuo, et current (وخد ويخدوا) a fuper labia tua. Ad lobum oftendi כי faepe vim exclamandi et admirandi habere.

23. Forte fic poffit reddi: et domans (proprie in capite percutiens eos ferrea claua قامع) domitores eorum, adhuc viuit, fpirat.

28 חסד eft vel a زرع vel a نسخ declinare facies, aut delebis. עולם mihi hic idem eft atque Arabicum علم γνώρισμα. μὴ κινήσεις ὅρον γνωρίσματος. Ita appellant Arabes علم vexillum in acie, a quo cognofcere quifque poffit quo fibi eundum fit. item collem aut hermam in deferto inuio et vafto exftantem, e quo viatores aeftimant vbi terrarum verfentur, quam procul ab hac vel illa vrbe abfint.

CAP. XXIII.

4. מבינתך eſt interea dum iam illud agis, interea dum in eo iam es, id occepiſti. Senſus eſt: Ne te defatiges et affligas opum (aut diteſcendi) ſtudio. Interea dum iam id agis, (ſtudes diteſcere) ceſſa חדלה. ſic legendum, et initio ſequentis v. 5. תעוף.

5. תעוף voluuntur. Fit aliquando vt oculi tui voluantur in eo (τῷ δεῖνα, ſeu homine, ſeu alia re. Fit ſaepe vt quem vel quid videas) quod deinceps nuſquam exiſtit, haud ſecus ac ſi feciſſet ſibi alas, vt aquila, coelum verſus volans.

7. Credo בנפשו in ſtridore ſuo notare. Cuius opinionis meae rationem paulo poſt exponam. Hoc ſuppoſito emergeret hic ſenſus. Nam quemadmodum eſt ianua cum ſtridore ſuo (id eſt ſtridens quando aperitur et voluitur ſuper cardine ſuo) ita et ipſe. Ede et bibe, dicet tibi, et cor eius non eſt tecum. Tertium comparationis in hoc ſitum eſt: vt porta multum quidem ſtrepitum et ſtridorem excitat, ipſa tamen ſibi eius conſcia non eſt: ita ſordide auarus, et in genere vanus quisque promiſſor, et futilis lenociniorum ſermonis atque elogiorum et paraſitiſmorum ſeplaſiarius magna quidem crepat, et incluſum hircinis follibus vrget Aeolum, conſcius tamen ſibi non eſt dictorum et promiſſorum; ſed mechanice tantum laudat et promittit, et complimenta ſua ebuccinat vt ille tubicen de Vaucanſon. Quod autem me inducit, vt credam כפש inter alia olim ſtrepitum ſignifi- caſſe,

caſſe, hoc eſt. Inuenio apud al Meidanium in Prouerbiis Arabum Cap. 1. ſeu ſub litera א hoc prouerbium قنغش شاحم يكن لم ان ſi non adſit pinguedo (in olla nempe, etiamſi caro et pinguedo in olla nulla ſit) eſt tamen נפש. Iam diſputant Arabum philologi quid illud נפש ſit. النغش الصوت قاله ابن ſic continuat al Meidanius. נפש الاعرابي eſt ſtrepitus. (hic loci, bullientis aquae) Ita certe perhibet Ibn ol Arabi. لم ان يعني Vult dicere prouerbium, يكن فعل فرياء etiamſi non adſit res, (realitas) adeſt tamen ſpecies. Sed addit, alius grammaticus perhibet قال غيرد النغش الغليل من اللبن נפש eſt tantillum lactis (Conf. نغس ſupra ad XIII. 2.)

Quod pulchrius ſymbolum ventoſi iactatoris et ſimulati vanique ad beneficia ſua inuitatoris excogitari poſſit, quam olla bulliens meram aquam, et ianua ſtridens, non video. Et ego quidem diſceptantes de illius adagii ſenſu philologos Arabes mittam; id potius indicabo, videri poſſe נפש animam, craſſam illam, quam per pulmones reciprocamus, a ſtrepitu, roncho, dictam fuiſſe. ſtrepit enim profecto et ſibilat, dum per adductas arctius cartilagines arytaenoideas tractatur. Et ſi vel maxime hac de re dubitetur, dubitare tamen non ſinit altera radix Arabica נבש نبس quae crepitare

pitare

pitare fignificat, et inter alia de illo crepitu, qui ianuae crepitum aemulatur, gutturis nempe inferioris, vfurpatur, vt in illo adagio لى شد محساه لنبس مغساه.

19. ברדכי leg. in via mea, aut in viis meis, quas tibi monftro.

22. Forte בנידך vt يَلْدَكِ aut ילידך יולדך apud Iob. XXXVII. 17.

27. Forte כי hic habet fignificatum alias fatis frequentem, quam. quam profunda eft fouea meretrix.   Aut eft, ecce; fed hoc non vrgeo.   Id potius, צרה legendum effe pro צרה puteus venationis, quales ftruunt venatores feris capiendis, vt leoni, tigridi, vrfo, lupo.   Non enim video quid magis huc faciat puteus anguftus quam amplus.   Quod fi tamen quis tueri malit צרה, capiat pro Arabico ضر, coniux alia legitimae coniugi fuperinducta et in thorum fuperadfcita.

28. אף היא כח תפת ארב וכונרים באדם תוסיף Etiam illa (praeter caeteras, quae idem faciunt) frangit تغت robur, et auget infidiatores et praeuaricatores inter homines, aut auget infidias et praeuaricationes.   Frequens phrafis Arabibus فت في عضله fregit eius humerum, id eft, debilitauit eum.

29. L. פצעי מתנים vulnera lumborum et חכללות aut certe חכללות diftorfiones, mutilationes, oculorum, vt amplius vfui effe nequeant, a كبل. Nam دكل quod adducitur,

tur, et quod Arabum philologi per اشكل
reddunt, non est sanguine suffusus oculus
fuit, liuida et sugillata habuit κυλοιδια, sed
est fuit difficilis et obscura res.

30. לחקור מסך sic leg. ad perscrutandum
fundum vtris vinarii. מסך est Arab. مسك
corium (praec. hircinum) vter vinarius.

31. כי idem esse interdum quod מי, dixi
ad Iobum XXXVII. 4. porro pro במשרים leg.
במשרים qui dat (vel si reputes idem esse

atque Arab. يثن qui laxat) oculum suum in
poculum ibit in desolationibus (in mera pau-
pertate, in domo sua nihil videbit nisi ara-
neas) aut in desolationes.   A שור.

32. וכצפען יפרש وكضبعان يغرس et vt
hyaena mas comminuet ossa. vel extremum
eius (vini) erit vt serpens, qui mordet, et vt
hyaena, qui comminuit ossa.

CAP. XXIV.

9. Perinde est siue abominatio hominibus
est sannio, siue abominatio homini, vt sit sannio: quemadmodum Cl. Schultens vertit.

10. adstringe robur tuum.

11. אם hic idem est, vt saepe alias, quod
Arab. لا non, vel ne. et ne parcas (ne sinas)
nutantes, (inclinantes, festinantes) ad mortem
perpetrandam.

12. Est prosopopoeia. Ne dicas: non no-
vimus hunc (quem tu suades, vt a morte eri-
piamus).

13. נפת نغش est ipfa radix, fpargit, manat, ftillat, exfpuit, dulcedinem fuper palatum tuum.

18. אפו hic idem eft atque פנון, auertit ab eo vultum fuum.

19. תתחר vel a وحر vel a وغر exardere jndignatioue, maleuolentia.

20. אחרית pofteritas, remanere in longum deinceps venturum tempus. Conf. XXI. 28.

21. ומלך et verbum (fermonem) tuum.

22. Videtur שניהם dentium ipforum effe.

23. Etiam eft maledictio iudicibus, agnofcere perfonam in iudicio.

24. לא טוב אמר לרשע non bonum eft dicere impio, tu es iuftus. Illum (vel talem) deuouebunt etc.

26. שפתי מישק شغنا مثاق labia confidentiae (funt vel eft) ille qui refpondet etc. Conf. XVI. 22. מתק שפתים.

27. Ne fis teftis temere contra focium tuum, fic (id eft, quo fiet) vt ftultum te exhibeas per labia tua.

CAP. XXV.

4. הגו אם הגו eft pro exaeftuarunt, pro fi, poftquam, exaeftuarunt fcoriae, ab argento, tunc exit vas conflatori a هجي.

5. הגו חונו eft pro هوجوا declarate pro re ftulta, infana, ridicula, nequitiam coram rege; et firmum erit folium eius. Nexus hic eft. Nequitia et fcoriae comparantur. Remotis fcoriis purum et pretiofum fit argentum.

remo-

remota et abacta nequitia, purum et firmum regnum.

10. L. פן יחסר סרך سر	كبيل يحسر ne au-
diens reuelet viciffim fecretum tuum (quod
de te nouit) et bona tua exiftimatio ad te deinceps non reuertatur. Vid. Act. Erudit. l. c.

17. F. leg. הק רגלך a هت restringe,
coerce, pedem tuum.

20. L. מערה ובשר בשרים tegens مغطي
(aut tegere, veftire) vefte in die frigido (vel
frigoris) eft conftringens, corroborans (vel
conftringere) réfolutum (emollitum, vel id,
quod crepuit) (vt folent chirurgi tumida la-
mellis plumbeis appofitis, aut offa fracta fchidiis circumpofitis, et vinculis) et annuncians
(vel annunciare) laetos nuncios cordi afflicto,
territo, perculfo. חמץ eft conftringere, con-
folidare, compingere fibras, vt acetum folet,
et omnes acerbi fructus. Conf. حمس et
حبض et حبص.

28. L. וחקר כבד מכבור et fcrutari, follicitare, iecur laefi, nempe in iecore, aut lae-
fum, exulceratum. Id eft iratum magis irri-
tare, bilem ipfi mouere non expedit. 8 πῦρ
σκαλεύειν μαχαίραις.

CAP. XXVI.

2. Ratiocinium hoc eft: vt auis femel e
manu et cauea emiffa ad libere vagandum et
volandum, non redit in caueam, non iterum
facit fui copiam: fic etiam non redit imprecatio,

catio, obiurgatio, calumnia femel ore emiffa, neque poteft retrahi.

צפור לנוד comparari quodammodo poteft cum illo Syracidis cap. 36, 6. ἵππος εἰς ὀχεῖαν fc. deftinatus, ita auis ad volandum nempe data. חבא תבאء تغاء non redibit. Apud al Meid. كالعصفور ان ارسلته فات وان قبضته مات Conf. XXVII. 8.

6. Excidium virorum eft crudelitas, tyrannis, faeuities مغضي الرجال الحمس diffipatio (euerfio negotiorum) eft שת השלח شت الاسلاي committere negotia in manum pigri aut ftulti.

7. Vt clandicatio (proprie flacciditas, marcor) crurum claudi, fententiofum dictum in ore ftulti, vnum idemque funt. דליו eft nomen fubftantiuum formae קציר, מחיר etc.

8. Quemadmodum eft fpargere نرم lapidem in coenum, (vel volutabrum بمرغة) ita eft dans gloriam (vel exhibens honorem) ftulto. Tertium comparationis hoc eft. Vt, qui lapidem in coenum coniicit, efficit, vt hoc in ipfius ora veftefque refultet, totumque ipfum inquinet: ita qui honorem exhibet ftulto, conuitia ab ipfo accipit praemium officiofitatis fuae, et infamiam ipfe fibi arceffit ftultum laudando.

9. Aculeus עלה غولة fubitaneae deftructionis in manu ebrii et fententiofum dictum in ore ftultorum idem valet.

10. Cer-

10. Certum eſt initio huius verſus pro
רב legendum eſſe רב vrſus occidens promiſ-
cue omnes, et ebrius idem valent. Sic putem diſtinguenda cola. Stultus et ebrius aequaliter peccant, aequaliter ſunt tranſgreſſo-
res. Conf. XXVIII. 15.

23. דלקים ſunt glabra, blanda, laeua,
polita. Conf. ﻖﻠﺑ vt verſu 28. פה חלק.

25. Quando inflectit vocem ſuam in beneuoli et miſericordis argutiem, ne ſecurus
ſis, (ne confidas) כי שבע תועבות בלב
תכסה שנאת nam ſeptem (id eſt innumeras)
abominationes in corde ipſius latentes velat
latens odium.

26. כמס און תגלה רעות בקהל celans
offuſcans (coecam et inuiſibilem faciens
ﺶﻤﻜﻣ aut mergens in abyſſo ﺲﻣﺎﻏ iniquitatem, eius nequitia reuelabitur (palam
producetur in conſpectum) in pleno conſeſſu
populi. Conf. כמס et ﺲﻤﻛ et ﺲﻤﻏ.

28. לשון שקר ישן ארניו lingua mendacii
dedecorat, dehoneſtat ﻪﺑﺎﺤﺻﺍ ﻦﺸُﻳ ſuos
dominos, poſſeſſores. et os glabrum ועשה
ﻲﺸﻐﻳ occultat praecipitium.

CAP. XXVII.

6. נעתרות eſt oppoſitum praecedenti
נאמנים vt hoc eſt fida, aſſecurata, ſic hoc
incerta, male fida, fluctuantia, vacillantia
ab

ab عَتَرَ tremuit, quod proprie folet de hasta
tremula vfurpari. Ad verbum effet miffa,
adacta in vacillationem.

8. Vt auicula e nido fuo euagata, nufquam apparet, fic homo, vt femel e loco fuo
ad plures abiit. Conf. XXVI. 2.

9. Et dulcedo (vel potius corroboratio,
confidentia) focii fui eft confilium animae
(feu hominis) id eft, alicuius confilium eft
confidentia focii eius. Planior tamen foret
fateor haec, fi effet, verborum conftitutio
וּמֶתֶק נֶפֶשׁ מֵעֲצַת רֵעֵהוּ.

15. Forte fic fcriptum olim דֶּלֶף טוֹרֵד
כְּיוֹם סַגְרִיר וְאֵשֶׁת מִדְיָנִים וְשַׁתוּת vt eft ftilli-
cidium iuge in die imbris vehementis (Apol-
lonius Rhodius etiam alicubi fimili pluuiae
fuper tegulis ftrepentis vtitur) fic eft vxor
contentionum et difcordiae.

16. צְפָנֶה legendum. qui recondit eam,
recondit ventum (vanitatem, incommodita-
tem) et butyrum, quod, fi recondat, rancef-
cat. puto nempe יִקְרָא legendum effe يَغْذِي
et יְמִינוֹ a verbo مَان penum inftruere, in penum recondere, deriuo. Nos etiam malam
vxorem butyrum rancidum appellamus, di-
centes, quando volumus coniuges nequam
pingere, *finnigter Speck und ftinkigte Butter*,
lardum, leprofum, et butyrum foetidum. سمن
apud Arabes non oleum, fed butyrum notat.

20. וָאֶבְרָה et eius defolatio, vaftitas.

24. Nam

24. Nam non in aeternum durat magna
opulentia. An ergo multo magis נזר قرم parum aliquid et minutum, exiguae opes, ad tertiam generationem, ad nepotes tuos, perveniet? nifi curam pecoris habueris.

25. Si adfcenderit in altum, complementum fuae proceritatis attigerit גלה, غلا, non جلا, gramen, (vel potius omne virgultum) et dulcis atque rofcida, vuida, fucculenta, non adufta fole, non arida, non marcida, fuerit ונדא وندي herba, nempe agri tui, et convoluta, denfe comis fuis implicita fuerint נאספו اينتشبوا (zufammengeballt. Cónf. Arab. أسب et اشب) pabula montium: tunc v. 26. erunt agni in veftitum tuum, (tunc portabunt agni vellera, quibus te veftias, vberiore copia.)

CAP. XXVIII.

1. Leg. נס ואין.

2. In impietate terrae (temporibus turbulentis et moribus corruptis) multi funt eius principes (aut eodem tempore vt in Germania quondam temporibus interregnorum, aut breui tempore vnus poft alterum, vt in Perfia circa An. Chr. 620. quum intra quatuor annos decem tyranni erant) ובא אדם fed veniat vir prudens, intelligens (fanae mentis, acute cernens, difcernens pravum a recto, et rerum peritus) כן יאריך hoc modo,

modo, (id si ita contingat, tunc) diuturnus erit. conf. v. 16.

3. جابر גבר cogens, (inuitum adigens ad satisfaciendum suae libidini) pauperem, et opprimens tenuem. Orientales, quibus pluuia rarior, pro re desideratissima reputant et celebrant pluuiam: et sane magni facienda est, si modica, si suo tempore. Verum si immodica, intempestiua, vt solum ipsum eluat, est calamitas, quae panem, annonam, exstinguit et asportat.

4. ينّغروا יתגרו indignatione exardescent a وغر.

8. Augens opes suas per foenus — לחן נרלים יקבצנו ad opulentiam vilium decoctorum accumulat illas. Id est accumulat eas ad vsum, iactantiam, luxuriam haeredum suorum qui sunt اندال נרלים homines viles, spurci, nepotes, ardeliones. *Il amasse de biens afin que de l' autriens les dissipent.*

11. يحصّرنه יחקרנו vilipendet ipsum.

12. יחפש si ab حغش deriues, erit coguntur homines احغاش parua tuguriola subire, id est ad incitas rediguntur. Simplicius tamen a حغنش deriuare, id est, infirmi, debiles, iacent homines humi prostrati et proculcati.

15. Leo vorator et vrsus dilacerator est dominator impius populi humilis, princeps defe-

defe&us intelligentia, et multus oppreſſio-
num. Nempe ad hunc verſum pertinent,
quae ad ſequentem malo conſilio detra&a fuerunt נגיד חסר תבונה ורב מעשקות.

17. שנא בצע יאריך ימים auerſans turpe
lucrum, prorogabit dies. Procul dubio deeſt
alterum membrum, apodoſis vel antitheſis.

23. אחרי procul dubio eſt alienum. Si
cui tamen hoc non ſatisfaciat, poterit explicari
אחרי חן per عاقبة الثناء τὴν ἀμοιβὴν τῆς
χάριτος conſecutiua gratiae, *il trouvera les
ſuites de la reconnoiſſance.*

25. רחב נפש vaſtus cupiditatis, vt egregie vertit Cel. Schultens. Sed יגרה eſt Arab.
يجرح. Arabibus جرح et كرج et كسب idem
notat, laborare, proprie vnguibus infixis ad
ſe corradere, inde perpetrare bonum vel malum, deriuare in ſe praemium, vel poenam.
Inde ſaepe in alCorano لهم ما كسبت ايديهم
vertitur: ipſis eſt (in ipſos redundat) quod
lucratae fuerint manus eorum. proprie ipſis
erit, quod ſibi corraſerint manus ipſorum.
Theſaurus operum ſeu bonorum ſeu malo-
rum, praemii poenaeue. Ergo hic foret
راغب نفسه يجرح (يكرج يكسب) aut
hians cupiditatis attrahit, conſciſcit ſibi, cor-
radit (tanquam جارحة auis rapax بجوارحه
ſuis vnguibus) rixam.

O   27. L.

27. L. וסעלים סעינו et obsignans (oc-
cludens) fontes suos (ne possint sitientes, in-
digi, illinc haurire) multus erit execrationum.

CAP. XXIX.

16. Quum multi sunt, (aut quum crescunt fortunis) improbi, crescit (multa est)
praeuaricatio, at iusti per ruinam illorum
يربّاون يربّاون crescunt.

18. In non-seueritate, vel in defectu se-
veritatis חזון حرّان aut حرّون seuerae disciplinae, inslescit populus.

21. qui delicate nutrit a pueritia (vel de-
licatius quam filium) seruum suum, is in fine
fiet מנון منين vel منون debilis, viribus defectus, eius auctoritas tandem obsolescet; vel
est infinitiuus, debilitas.

24. qui partitur cum fure, odit semetipsum, execrationem audiet et non יגיד
يحبيد exhibebit se جيدا vel مجيدا virum
ingenuum, probum, honestum, liberalem,
nobilem, generosum.

CAP. XXX.

2. 3. vt sim brutus inter homines, (aut,
non homo;) — vt non didicerim — finge
hoc. Quid inde? Estne qui omnia nouit?
quis ascendit in coelum?

10. Ne linguosum facias, (ne instiges ad
hero maledicendum) seruum.

12. et

12. et greſſum ſuum non lauit. מצא hic idem eſt atque Ar. مضي.

14. סלתעתיו a لنع vel لسع momordit. Prima porro vox ſequentis verſus לעלוקה huic addenda, ſic: ואביונים מאדם לעלוקה et ad mandendum لعلك pauperes humani generis.

15. itaque incipiet a verbis שתי בנות. ſed loco vocis בנות requiritur aliqua quae notet clamantia, ſaltim deſiderantia, auentia. An בנות pro כוגיות باغيات poſtulantia. Videtur ſane. Duo ſunt identidem poſtulantia (dicendo) Cedo, Cedo.

16. L. שאול לא עצר רחם Orcus, qui vaſtum ſuum κῦτος non claudit. Sed deeſt quaternario vnum membrum, quod et alibi in talibus obſeruatum.

17. Oculus qui ſubſannat patrem — ותבזל יקהת אם وتبدل pro re vili, nullius momenti, reputat obſequium matris. ערבי נחל غربان النخل corui palmarum. Corui nempe in palmis reſident, ſi cadauer non habent, et dactylos excauant. Meidan. Prou. يضرب vt coruus et lupus كالغراب والذيب الرجلين بينهما موافقة لا يختلفان لان الذيب اذا اغار علي غنم تبعه الغراب ليا كل

كل ما فضل منه قلت وبينهما مخالفة من
وجه وهو ان الغراب لا يواسي الذيب فيما
يصيد كما قال الشاعر.

يوسي الغراب الذيب فيما يصيده وما صاده
الغربان في سعف النخل.

Hoc prouerbium valet in duo fodales omnino concordes. Qua enim lupus ftrage irruit
in pecus editum, illuc eum affectatur coruus,
confumturus lupi reliquias. Haec auctor
meus. Quibus eius hanc obferuationem addo,
poffe id prouerbium quoque de non omnino
concordibus, fed quadantenus diuerfis valere. Nam coruus lupum praedae fuae par-
ticipem non facit. Vnde illud poetae.

Succurrit curuo lupus cum praeda fua;
fed quod inuncant corui, id eft in ramis palmarum, quo lupis venire non licet.

Idem alio loco, ad prouerbium أصاب ثمرة
غراب offendit dactylum corui, haec habet
يضرب لمن ظفر بالشي النفيس ,لان
الغراب يختار اجود التمر dicitur de eo qui
rem egregiam reperit. Nam coruus eligit
dactylos optimos roftro fuo. Idem repetit
ad prouerbium الغراب اعرف بالتمر coruus
optime diftinguit dactylos.

18. Dicit illa fibi mira accidere, quia obfcura fint et deprehendi nequeant. 1) volatus

tus aquilae, id eft omnis auis, per nubes.
Nam fi femel peruafit aerem, non relinquit
fui veftigium. 2) ferpens in dura petra non
imprimit veftigium, vt faciunt homines et
animalia in molli herba, gleba aut puluere.
Neque imprimit 3) nauis mari fulcum. nam
vt tranfiit, delent rurfus confluentes vndae
tramitem eius. et tandem 4) vir cum puella
virgine rem habens, tam clanculum id facit,
vt deprehendi et argui, certe protinus, nequeat. Ita, concludit, vxor quoque adultera,
fi peccat, tam clam hoc facit, vt lateat, et
impune mentiri queat. Et hoc aeque mira-
bile, et σκότιον eft, atque priora quatuor.

21. Sub tribus intremit terra, et ferendo
par non eft. — fub שבואה foemina nafcendi forte quidem ingenua, fed αἰχμαλώτῳ,
quae per calamitatem belli ducta in captiuitatem fuit et a fuo captore vel emtore in thorum adfcita fuit. Talis foemina fi תבעל hera
euadat, intolerabilis eft. Huic opponitur
שפחה ancilla, quae nunquam ingenua fuit,
fed nata in feruitute nunqnam eam deferuit.
Haec etiam intolerabilis eft, fi herae fuae
opes legato aut dono accipiat haeres. Com-
mentarius in hanc gnomen fit Euripidis
Andromache.

24. קטני incolae, domeftici, vernae
et قطين قاطني terrae.

27. L. ויצא חצץ צץ כלו Rex non eft lo-
cuftae et tamen plus facit quam potens rex

O 3   cum

cum numerofo exercitu exeuns ad deuaftan-
dam terram. Exit ad depilandum, decorti-
candum, denudandum, deglubendum, florem omnem, gemmam arborum omnem, viride omne.

30. Leo, heros in animalibus, ולא ישוב
מפני זרזיר מתנים qui non retrogrediatur
meticulofus a quocunque tandem fuccincto
lumbos.

31. Valde corruptus et mancus eft, in quo
nihil video. Vtcunque fe macerent interpretes , numerum animalium καλλισφύρων non
exfculpent. Vltimum eft rex, cuius populum firmo talo ftare fecit Deus, rex bello et
pace potens.

32. Leg. אם נכלת בל התנשא fi ftultus
es, (aut ftultum aliquid dixifti, egiftiue, vel
etiam fi humili nafcendi forte vfus es,) ne te
efferas. Et fi زمות نسمت vel نميت con-
temptibilis (de faece plebis) es (aut con-
temptibilem te fecifti, vel exhibuifti, geffifti)
manum ad os admoue.

CAP. XXXI.

3. Ne dederis (permiferis) — vias tuas, id
eft rerum tuarum, regni tui gubernationem,
למרחות מלכין impulfionibus barbari (exo-
tici) ne te finas a barbaro, quo is velit in ad-
miniftratione rerum tuarum impelli et ducti-
tari. Conf. Arabicum لحن et لكن.

8. אלם

8. אלם idem est quod אלמן. Hebraei enim in illis formis, seu adiectiuas, seu substantiuas appellare velis, vbi Arabes ان terminant, simplex ן ponunt, vt habuimus supra, quod ضبعان scribunt Arabes צפען scriptum. et يتمان orphanus idem est. Ita quoque אלם et אלמן et in foeminino אלמנה vidua. חלוח vel ab حلـف deriuari potest, vel a בני נחלוף خلف. priori modo si accipias, erunt بنو جلاف filii clientelae, clientes, posteriori erunt omnes deserti, a parentibus et affinibus et amicis, aut abeuntibus aut morientibus derelicti.

11. שליל est Arabicum سليل aut سلالة proles, soboles. Reputabatur ab Hebraeis, vt est, prolis procreatio in diuinis benedictionibus.

12. Accumulabit in ipsum bonum, et non (erit, continget) malum.

13. ותעש בחפץ כפיה est purum putum Arabicum وتعش بحفص كفيها et viuet per sedulam commotitationem manuum suarum, vel per id quod coaceruant manus eius.

18. Gustauit (nouit) quam iucunda (et lucri plena) sibi futura sit سحرها סחרה aurora sua, vel matutinescere suum. propterea non emoritur lucerna eius tota nocte. Conf. Apol-

Apollon. Rhod. II. 294. et Pocoke Specim. Hift. Arab. p. 350. f. ad iftud prouerbium عند الصباح يحمد القوم السري apud auroram laudat populus nocturnam profectionem.

25. Auctoritas et dignitas eft indumentum eius et ipfa ridet ליום אחרון fordiditiem, fpurcitiem, miferiam, pauperiem, ignobilitatem, infamiam لوم alterius. Eft'a לום لوم لام لوم.

29. Profopopoeia eft, verba, quibus maritus et filii fapientem foeminam celebrant.

_____

IOANNIS IACOBI REISKE

ORATIO

STVDIVM ARABICAE LINGVAE

COMMENDANS

DICTA

QVVM IS MVNVS

PROFESSORIS

ARABICAE LINGVAE

PVBL. EXTR.

IN ACADEMIA LIPSIENSI

D. XXI. AVGVSTI MDCCXLVIII.

AVSPICARETVR

RECTOR
ACADEMIAE MAGNIFICE,
VIRI EXPERIENTISSIMI,
DECANE SPECTABILIS,

Ampliſſimi, Excellentiſſimi, Doctiſſimi, Patroni Venerandi, Fautores Colendi, Commilitones Nobiliſſimi et Humaniſſimi.

Ex Auguſtiſſimi Regis et Clementiſſimi Domini noſtri voluntate mandatum mihi munus Arabicam linguam in hac Academia docendi, quod felix fauſtumque ſit, hac oratione auſpicor; qua cum bene multa pertractare poſſem huic loco et tempori non incongrua, malui tamen illud argumentum, quo non dignius et aptius aliud, exponere, quod, quamuis ab aliis iam excuſſum, tam tamen ſterile et inops non eſt, quin et mihi, quae poſt illos dicerem, intacta non pauca reliquerit; argumentum, quod vtcunque luculenter exponatur, et ſollicite inculcetur, vrgeri tamen ſatis nequit, ab homine praeſertim, qui, ex quo literas attigit, id vnice optauit, eoque omne ſuum ſtudium dirigere coepit, vt in Arabicis aliquando excelleret, et huius quoque doctri-

narum

narum elegantiorum regionis pomoeria pro
virili fua proferret; nunc autem, tam a pri-
uato fuo commodo, quam a publica monetur
vtilitate, vt id agat, quod artis cuiuscunque
profeffores primum agere folent, id eft, vt
fcientiam, quam docere iuffus eft, collaudet,
et a communi, quo premitur, contemtu et
ignoratione vindicet.   Studebo itaque Vobis, Auditores O. O. H. linguae Arabicae prae-
ftantiam, et egregios vfus, quos in omne literarum genus ea diffundit, breuiter et ftrictim,
quantum praefentia patiuntur, demonftrare.
Laudabo meos Arabes, non vt calidus amator
fuam Venerem, non vt putidus grammatica-
fter fuum Prifcianum: fed vt homo, apud quem
Veftrum, Auditores, id eft, veritatis ftudium
ftudio et amori Arabum non concedit. Com-
mendabo Vobis, qua potero, quae commen-
datione digna in hac gente deprehendi; quas
ipfi maculas adfperfit ignorantia, eluam; in
quibus autem minus aut exfpectationi noftrae
fatisfaciunt, aut impotentes aliquot infatua-
torum hominum thrafoniafmos adaequant, vel
a vero et a perfectione abfunt, ea candide no-
tabo. Eaque re id efficere cupio fperoque
me effecturum, vt huius linguae plures im-
pofterum tam fautores et promotores, quam
ftudiofos cultores habeam, poftquam nempe
cognitum et exploratum fuerit, quid ab Arabibus exfpectare, quid defperare, fas fit. Cul-
tam Vobis et exacte latinam orationem pro-
mittere non aufim. Ibitis mecum, fi placet,

in

in Barbariam, vel potius audietis me, tanquam praemiſſum illuc exploratorem, iam
inde reducem, quae de ſoli hominumque indole, vel oculis, vel auribus, comperii, bona
fide referentem. Mirum itaque non erit, ſi
teretes veſtras et eruditas aures inconditi et
extranei quidam ſoni, quod ſecus contingere in his talibus nequit, interdum feriant.
Quod ſi tamen benignas illas et patientes diſ-
ferenti mihi praebueritis, quod vt facere Vobis placeat, ſubmiſſe decenterque rogo, faciam, vt rerum, quas enarrabo, nouitas et
praeſtantia barbariſmi taedium abſtergeat.

Dicebam modo, Auditores, linguam Arabicam communi contemtu premi, et hactenus ſtudium eius iacuiſſe. Cuius rei multae
poſſent cauſſae allegari. Poſſet feritas et ἀμι-
ξία gentis ipſius, moresque a noſtris nimium
abhorrentes accuſari, qui animos noſtros ab
eorum ſocietate non poſſint non alienare.
Non equidem negem huic cauſſae magnas
vires ineſſe. Si quid tamen video, qui aequo
rem animo librabunt, nobis ipſis haud mino-
rem culpam tribuendam eſſe, deprehendent.
Non iam illos commemorabo, quamuis et huc
illuc quoque ſpectent, qui, quum ex officio
Academias neceſſaria ſupellectile libraria debent inſtruere, occupati ſaepe in congerendis
magno molimine libris non magni vſus, Arabicos comparare et vſui publico ſubminiſtra-
re, prorſus negligunt. Minus hi quidem peccant, quam nos ipſi, qui profitentes huius

litera-

literaturae ſtudium et peritiam publiceque do-
centes, eam tamen non tantum non promo-
uemus, ſed et, quas exſtruere promittimus,
aedes ipſi noſtris manibus demolimur. Plerumque enim vltra prima linguae elementa
nihil ſapimus, neque, niſi in recoquendis
grammaticis, in extricandis voculis, in argu-
tiis poeticis metaphyſice declarandis, aliisque
leuis momenti rebus aetatem, quae meliori-
bus vtilius impendi poterat, conterimus, neque proferimus quidquam, quod recte ſapien-
tibus, qui non corticem ſcientiarum, ſed medullam, quaerunt, ſe approbare, vſumque
linguae huius ipſa re demonſtratum ob oculos ponere queat. Quid enim praeter pauca
quaedam bonae notae, a ſaeculo inde decimo
ſexto, quo primum innoteſcere et excoli poſt
renatas literas Arabicae coeperunt, quid inquam praeclarum in his peractum fuit? Laude quidem digna eſt optimorum hominum vo-
luntas, qui conferre ſuam quoque qualem-
cunque ſymbolam ad huius literaturae incrementum cupidi, quum non haberent meliora,
dabant, quae poterant. At quid tamen pro-
fecimus tandem ab editis Pentateuchis, Pſalte-
riis, Euangeliis, imo integris Bibliis Arabicis,
compilationibus, aut idiotarum orientalium,
qui neque graece, neque hebraice, neque arabice ſatis callebant; aut Ieſuitarum, quales
Roma ſolet emittere, imperitos homines, qui
vltra Vulgatam non ſapientes, verſiones ſacri
codicis conſarcinarunt tam inficetas, tam bar-
baras,

baras, vt eas attingere vel leuiter Arabifmo
tinctum taedeat. Quid illi magnum praefti-
tere, qui Muhammedanas aliquot precatiun-
las, fuperftitiofi et fanatici monachi delira-
menta, cum amplis commentariis et refuta-
tionibus fudorem olentibus ediderunt? Quid
illi, qui omnem fuum Arabifmum pertrahen-
dis ad Chrifti facra Muhammedanis impende-
runt? Falluntur et Aethiopem lauant, faxum-
que voluunt Sifypheum, qui Muhammedanos refingere fufcipiunt. Nunquam, fi quid
licet ex natura rerum iudicium ferre, toto pectore fe Chrifto addicent, fi paucos illos ex-
ceperis, quos aut mentis ftupor, aut lucri
ftudium, aut faeua neceffitas in transuerfum
agat; nifi aut maior diuina vis, aut coeca quaedam fors intercedat, quae religiones, ex quo
fuimus homines, mutauit toties, et toties
mutabit, quamdiu mortales, id eft fimplici-
tati veritatis percipiendae inhabiles erimus.
Quid illi profuerunt admodum Arabifmo, qui
arabica quaedam a Chriftianis concepta hiftoriae vniuerfalis compendia ficca et ieiuna vul-
garunt, id eft, omiffis vberrimis fontibus lu-
tulentas nobis cifternas monftrarunt? Quid
illi, qui libros Arabicos, bonos quidem et
vtiles, tam tamen vitiofe prodiderunt, tam
verterunt abfurde, vt neque ftudiofis linguae
multum prodeffe poffint, neque caeteros Arabum odio et contemtu non armare. Sunt interpretes Arabum haud pauci, qui tam non
humane loquentes illos exhibent, vt homines

e lu-

e luna delapfos audire tibi videaris. Ego certe, fi fic loquerentur et faperent illi, vt cir-
cumferuntur bene multi, primus eorum ξενη-
λασίαν fuaderem. Sunt alii, qui poeticis Arabum lufibus illuftrandis operam impendunt.
neque id illis vitio vertimus, qui et ipfi olim
his cupediis delectabamur. At id incommo-
di habet haec poëfis, quod, quum captu difficilis et abftrufa fit et a noftrate alieniffima,
paucos amatores inuenire poffit; quod, vt
tentat aliqua dulcedine lectorum animos, ita
parum profit, neque multarum magnarum-
que rerum fcientia pectus inftruat; quod tandem, fi frenum paullo laxius indulgeas huic
ferocienti quafi Pegafo; perruptis ille fanae
modeftiae carceribus in nubes abripiat extra-
uagantem imaginationem, et nubem faepe pro
Iunone offerat amplectendam. Qui folis vfi-
bus theologicis alligant linguae Arabicae ftudium, caeteramque turbam, quae facris his
aut initiata non fuit, aut initiari noluit, ab
augufto hoc templo arcent, palam eft, quam
illi multum linguae officiant, cuius tantopere
laudes extollunt. Paucis enim, hoc eft, foli
fuae cohorti poffunt eam approbare; et illos
ipfos, fi quos forte reperiant et excitent, ftudiofos rei difficultate territos ab ipfo ftatim
limine abigunt. Non diffitemur vtiliffimum
et quantiuis pretii inftitutum effe, fi quis ab
hac tanquam ara faculam hebraeo codici ftudeat accendere. Vltro largimur, claram et
puram lucem inde vnice peti, et vnum al
Gjeu-

Gjeuharium facro codici V. T. plus quam totam Synagogam prodeffe; cuius rei fummi viri, Pocokius et Schultenfius, non fuae tantum patriae, fed totius eruditi orbis lumina, tam infignia dederunt documenta, vt appareat, iis folis hactenus feliciter hoc periculum ceffiffe. At quis tantorum hominum veftigia premat, nifi par? quis tot, quot illi, veteres grammaticos et poëtas domi habeat? quis legat? non cuiuis aeque licet, atque ipfis licuit, Corinthum adire, diuites illas et quauis aeftimatione potiores bibliothecas, Bodleianam et Leidenfem. Quoto datum eft et conceffum, ex limpidis illis vberrimisque fontibus haurire, e quibus illi hauferunt, a quibus tamen qui abeft, in hoc negotio nihil agit. Non enim fatis eft, hebraeam aliquam vocem, quod multi fatis effe opinantur, in Golii Lexico requirere, variasque eius notiones inde exfcribere, fuoque propofito, absque peritia linguae, absque iudicio, fic fatis violenter et obtorto quafi collo accommodare. Requirit hoc ftudium hominem, qui linguae huius, id eft eiusdem cum hebraea, thefauros in numerato habeat, grandibusque orientalium conceptibus prorfus imbutus et longo vfu affuefactus fit. Quod quam difficile, quam multorum fit annorum opus, quam patientis hominis et affidui, quam a fublimi ingenio, quam a locuplete codicum manufcriptorum apparatu abunde inftructi, fponte patet. Interea tamen optandum foret, vt pauci faltem,

P

multi

multi enim non erunt, in quos haec omnia
congruant, hac ratione de diuinis oraculis et
omni Chriſtiana re bene mereantur. Sed et
aliud eſt, neque contemnendum commodum,
quod ad ſanctioris diſciplinae alumnos ab Arabica literatura redit. Poſſunt enim rectius
inde, quam hactenus factum eſt, fidem intelligere Muhammedanam, quae, vtcunque nobis
abſurda et futilis videatur, orbis tamen habitabilis, mirum dictu, partem fere dimidiam
occupauit, et Euangelii lucem, ex illis beatis
ſedibus, vbi olim puriſſima ſplendebat, pro-
turbauit, vt mihi quidem videtur, haud absque numine. Perhorreſcit profecto meus animus et ſtupet, quando recogitat, quot et
quantas, quam cultas, gentes, quam breui
tempore, foeda iſta lues, tanquam torrens,
inundarit, et non tam vi, aut edita multa
ſtrage, quam faſcino quaſi quodam, aut arte,
neſcio qua, ſecreta, ſubegerit. Absque ſanguine conditam et ſtabilitam non fuiſſe legem
Muhammedanam, largior. Atqui neque vlla
alia, neque Chriſtiana fuit. Maiores certe
noſtri, vt alios taceam, ſatis ſaeuos experti
fuerunt per ſex fere luſtra galeatos Chriſti veſ
Caroli M. potius, apoſtolos. Neque poſſunt
omnino tantae rerum, tam prodigioſae mu-
tationes puris manibus confici. Verum vt
non ſatis eſt hiſtorico noſſe, quid actum fuerit, vt in cauſſas quoque et occaſiones rerum
geſtarum inquirit, quisquis meris nominum
ſonis et annorum numeris non capitur: ita
theo-

theologi, cui hiftoriae ecclefiafticae ftudium
curae cordique eft, multum refert noffe,
quis Muhammed, famofus ille, qui videri volebat, Dei ὀαρισης, et quibus artibus in con-
denda fua republica vfus et quam callide
populari ftupore abufus fuerit, qui alia nulla
re magis, quam enthufiafmo, capitur, nihil
facilius, quam incredibilia, credit, idque ideo,
quia extra fanae rationis et fenfus communis
ditionem pofita funt. Vt porro noftra omnis
eo tendit diligentia, tendere certe debet, quo
nudam eruamus et fimplicem veritatem, et
ab erroribus animum noftrum, quantum
pote, repurgemus: ita theologi eft, Muhammedem agnofcere, et aeftimare, non ex illa
eius, quam cleri quondam graeci latinique furor pinxit, imagine, nigerrimis foeda coloribus fiagrantis odii et mendacis calumniae:
fed ex illa, quae Arabum delineata penicillo
virum illum exhibet pium fuae gentis paeda-
gogum, et obfoletae religionis Abrahamicae
reftauratorem. Id certe pofitum eft extra
controuerfiam, multis eum virtutibus praedi-
tum artiumque regnandi callentem fuiffe,
principem, non fuo tantum faeculo, fed fe-
cuturis etiam omnibus admirabilem. Neque
poffum fatis mirari, qui potuerint noftri tam
acres communis erga omnes amoris praecones
tanta perfequi animorum vehementia, tot
onerare conuitiis illum, qui ferocem et in-
domitam gentem mitis ingenii blandaeque vocis fafcino ab idolorum cultu ad vnius veri

Dei

Dei cognitionem reuocauit, et optimis inflituendae vitae praeceptis ita inflruxit et excoluit, vt, fi legum, quas tulit, fapientiam fpeĉtes, celeresque per omnem terrarum orbem progreffus, et conftantiam, qua fe adhucdum tuentur, legislatorum quotquot praeter Chriftum et Mofen fuerunt, nulli concedere cenfendus fit. Si porro liberali animo dignum eft, noffe diuerfas quidem, at in praecipuis tamen capitibus confentientes, populorum de Deo diuinisque rebus opiniones, et mundum luftrare, fibi femper ab initio rerum inde fimilem, et ab iisdem quafi ventorum fpiritibus impulfum et agitatum: fi noffe dignum, quot pepererit haerefes Chriftiana religio, quibus iaĉtata fuerit et afflicta tempeftatibus Chrifti nauicula: quidni dignum etiam fit, hinc quidem Chriftianae religionis apud Arabes originem et fucceffus videre, illinc vero Muhammedanae fata, et quas illa, faepe cruentas, agitauit lites de effentia Dei, de aeterna eius prouidentia et praedeftinatione, feu fato, de θεοπνευϛία 'lCorani, de poenis et praemiis alterius vitae, de legitimo et improbo fummo pontifice, de natura prophetiae, de miraculis, aliisque grauiffimis argumentis? Quidni dignum fit auido et aequo contemplatore oculo fpeĉtaculum orientalis cleri fuperbum, amans rixarum, faeuum in fecus fentientes, fanguinum fitiens, jnconftans., et fecum difcors ingenium. Non fola Chrifti ecclefia foecundo finu numerofam prolem deterrima-

rum

rum opinionum effudit; fed ex Muhammedana quoque tanquam hydra Lernaea fectae,
quas numero vix comprehendas, partim quoque foeda et iniuria diuinae maieftati monftra, propullularunt. Non fuit abfurdum
et βλάσφημον in Europa proditum dogma,
quod non item ex orientali quodam male fa-
no cerebro emerferit. Schiitarum quidam
Alim, Deum Deique filium, et Rawanditae
fuum Abu Moslemum, et al Hallagjum
fuus chorus praedicarunt. Monftrat habet-
que multos oriens Pythagoraeos, feu trans-
migrationis animarum patronos; multos Se-
paratiftas, Bohemiftas, Quietiftas, Remon-
ftrantes, Proteftantes, Flagellantes, Silen-
tiarios, Stelitas, αὐστηροβίɤς, mendicos im-
poftores, quos fuo more Charegitas, Mota-
zelitas, Sufios, Derwifchos, Muluwaeos, appellant. Ommiadae olim et Alidae in Syria et
Arabia, Abbafidae deinceps et Fathemidae in
Babylonia et Aegypto, fingulis diebus Veneris
e fuorum templorum fuggeftibus execrationum quafi ἀκροβολισμῷ velitabantur, diris-
que fefe omnibus inuicem deuouebant, in
quibus dignum erat horrere et deteftari bel-
luinam feritatem, et monftrofe ambitiofum
humani generis odium, quod nos Papae et
Papiftis peftem omnem praecipitemque ruinam vafto rictu imprecari, et eadem viciffim
ab aduerfariis pati, cogit. Nulla alia de
cauffa iuniorem Omarum, fua de gente Cha-
lifam, Ommiadae veneno de medio tollebant,

P 3   quam

quam quod in Alidas, quos ipfi pro haereti-
cis reputabant, mollior effet, paci et concor-
diae ftuderet, et ha#enus folitam in Alidas
pronunciari formulam maledictionis aboleuif-
fet. Egregium exemplum, quod non femel
non vno in principe Europaeo aut haeretico
profeffo, aut fufpecto, aut male clericis ob-
fequiofo, coecus fanatifmi furor imitatus fuit.
Notae funt Huffitarum et Anabaptiftarum
turbae, quas venerabilis calix et facer codex
per Germaniam excitarunt. Sed et alCoranus
haud femel orientis theologos in militiam
armauit. Graecos olim crucis et imaginum
adoratores haud parum exercuerunt icono-
claftae quidam principes Byzantini. Sed neque minus vexauit Muhammedanorum theologos et ex parte perdidit illa, quam Abbafidae aliquando feruide de Alcorano, creato an
non creato agitabant, controuerfia. Tres
funt orthodoxae publicaque auctoritae fanci-
tae per Germaniam religiones, quibus principes et refpublicae, fuae quifque, adhaerent,
fuosque vel inuitos adhaerere volunt. Sed
et apud Muhammedanos orthodoxae fectae
funt quatuor, liberae et legitimae, quas tamen ambitiofa principum libido, quaqua
procubuit, fecum, alias alio, importauit,
fuisque ciuibus interdum non fine ftrage ob-
trufit. Notum eft, quam carae et quanto in
honore fint apud credulam fimplicemque
plebem, quae paffim afferuantur et monftran-
tur ab impoftoribus, putridae putidaeque
San-

Sanctorum reliquiae; quantum luctum, quantos animorum motus concitauerint cariosa diui cuiusdam offa vna ex vrbe in aliam translata, quantoque illa vel ciuilis fanguinis pretio redemta fuerint. Sed neque minore luctu mergebat olim Meccanos et Muhammedanos in genere omnes idoli fui, vilis iftius nigri lapidis, rapina, quem alKarmathitae per ludibrium et ὕβϱιν alKufam tranftulerant; legimusque illum immani pretio redemtum poft viginti duos abfentiae annos ad priftinos idololatriae aedituos vt in triumpho remigraffe. Vt aliquando principes noftri ter beatos quaterque fe reputabant, fi in olido laceroque monachi cucullo mori atque fepeliri fibi contingeret, et hodienum quoque multi multum fibi olim in die iudicii profuturum credunt, fi vel icunculam Chrifti crucifixi, vel facrum codicem vlnis amplexi tumulo fecum inferant: fic et olim curabant Bagdadi Chalifae ex cariofis et aetate diffluentibus valuarum templi Meccani fragmentis farcophagos fibi fieri; eaque in re Turcarum fummos imperatores hac aetate noftra nacti funt imitatores: alii puluerem vafculis colligebant, quem in expeditionibus fuis contra Chriftianos veftibus hauferant, indeque laterem coqui iubebant, fibi olim vita defunctis pro ceruicali fupponendum. Vt olim reges Ifraelitarum Samariae condebant templum Hierofolymitani aemulum, quo alienatam a Iudae regno fuam plebem domi et in officio conti-

nerent

nerent: ita etiam Ommiadae, bene gnari, fo-
lidioribus columnis regium folium non fulci-
ri, quam religiofis impofturis, quo Syros fuos
ab idolis Arabiae Petraeae, et ab hoftium fuorum ibi obtinentium partibus abftraherent, fa-
fcinum fuperftitionis fuae Hierofolymis dedi-
cabant.   Noftris quoque patrumque diebus
Perfici reges, opulentiae fuae auari et inuidi,
vetabant facerrimae vetuftiffimaeque religionis monumenta, inimicis obfeffa Turcis,
a fuis adiri, fuaeque vrbi Mafchhad annua vota publicae pietatis alligabant.   Vt
Athenae quondam magnas magna cum
pompa theorias et architheoros Delum,
Phoenices et Hyperborei Delphos mittebant;
fic et oriens pariter atque occidens Muhammedanus fuas quoque Meccam quotannis mit-
tit.   Vt in vfu frequente quibusdam funt ad
Sanctorum monumenta religiofae peregrinatio-
nes: fic et Muhammedani ad prophetae fui,
ad Alis, Hofaini, Imamorum, Sanctorum aliorum fepulcra feruidi confluunt.   Vt Sicyonii
quondam, tefte Herodoto, Adrafti paffiones
annuo luctu tragicisque choris celebrabant, et
Syri Adonidis, et Aegyptii Ofiridis, et Hylae
Ciani, et hodie S. Francifci quidam, alii, fancti, fi Diis placet, et fabula vera eft, fancti Hi-
rami: fic etiam Perfae fui Hofaini crudelem
mortem annuo luctu profecuti funt olim, et
profequuntur adhuc, quod, vt narrant hiftoriae, faepe luctuofas Bagdado tragoedias, aut,
vt clarius ad noftrum morem dicam, nuptias
Pari-

Parifinas, exhibuit. Admiramur noftratium theologorum aliquos, quorum docta et mellita facundia hiantibus noftris auribus feuera virtutis et fanctioris philofophiae praecepta inftillat. Sed neque defunt Arabibus al Gazalii fui, qui allectos mufae ac dictionis fuauitate fuos lectores ad fublimioris doctrinae moralis et fincerae pietatis adyta ducunt. Vt apud nos libere philofophati quidam religionis nudum latus petere aufi funt; fic etiam apud Arabes non vnus fuit Abulola, non vnus Ibn er Rawandii, qui in ridendis et lacerandis fectis omnibus fibi placuit, ftatuens, nihil vsquam, praeterquam in fola fana ratione, fani effe. Verum vetat temporis ratio diutius his immorari.

Quare mihi iam fermo ad iuris dicendi rerumque politicarum ftudiofos conuertitur, quibus quantum conferat Arabicae linguae peritia, maiore praedicarem ambitione, nifi, rebus aliis intentus, iuris et noftri et Muhammedani notitiam mihi comparare neglexiffem. Id tamen optime noui et exploratum habeo, affirmoque, hominem politicum, vt ab omni proficit hiftoria, quae ciuilis prudentiae alter quafi oculus eft, fic a cognitione rerum a Muhammedanis geftarum maximos et vberrimos fructus reportare. Quod fi enim dignum eft et vtile politico, noffe, quibus ab initiis, a quo parente quafi et aufpice creuerint aut liberae refpublicae, aut ad vnius arbitrium adminiftrata imperia, qua illa vel vi, vel arte, fuften-

P 5   tata

tatæ per aliquot faecula floruerint, quibus tandem euerfa machinis peffum iuerint; fi dignum eft noffe, quibus inftitutis et legibus et frenis quafi tot feditioforum hominum turbae, tam diuerfis imbutae moribus, tam femper ad res nouas moliendas procliues, domitae fuerint et in officio contentae: dignum profecto quoque nobilis animi ftudio eft, noffe, tot et tam frequentes et paene continuas, quae in latifundiis Muhammedanorum contigerunt, imperiorum viciffitudines; dignum eft noffe, quidnam grande quondam illud et orbi Chriftiano propemodum exitiale, certe terribile, Saracenorum imperium tantam in molem euexerit, idemque viciffim ad languorem, ad vltimum contemtum, ad incitas redegerit, et tandem exftinxerit; dignum eft noffe, quibus quafi catenis Homericis reuulfas ex ipfa vltima Scythia boreali et orientali gentes integras in 'auftrum, ad Herculis vsque columnas, ceu lapidem funda libratum, proiecerit diuinum brachium, et feras fere beftias, omnis humani cultus expertes, fapientiffimis et maxime politis nationibus rectores impofuerit. Diuinae maieftatis veneratore fi dignum eft, facro filentio profunda eius et hominum coecis mentibus inacceffa iudicia profequi, quae tanquam Cydoemus ille Ariftophaneus in vafto mortario fortes humanas tundunt et mifcent; ftructurasque imperiorum editiffimas, vt vetufta robora fulminis afflatus, euerfas profternunt: dignior hiftoria, quae

con-

confulatur, orientali non eft, neque dat alia.
huius rei exempla luculentiora, magisue terribilia. Ego certe perhorrefco, caligatque
mihi mens, quoties tardam irati numinis vindictam, poenas patribus peccatorum vel a de-
cima generatione repetentem, in Ommiadarum tragico fine contemplor, gentis, quae
latiffime regnans, potentiam, perfidia et fce-
leribus omnibus partam, numerofa prole quaquauerfum fparfa, modisque aliis omnibus,
quibus imperia tanquam aggeribus et propug-
naculis muniri folent, muniuerat, et nihilo
tamen minus ab ea ipfa gente, quam crudelem in modum tormentis paene omnibus ex-
ftinxerat, breui tempore, intra vnius et alterius anni fpatium, quum id omnium minime
exfpectaret, apparente periculo paene nullo,
derepente fuis opibus fpoliata, et velut arbor
procera frondibus et foliis fuccifis in puluerem detracta et exftirpata fuit. Egenum hominem et contemtum, qualis Muhammed
erat, fua pietate moribusque commodis tantam fibi comparaffe auctoritatem, vt a magna
orbis habitabilis parte paullo minus quam Deus
colatur, nonne ftupendum eft? illum eundem
intra paucos annos inftituiffe religionem, quae
Chriftianam ex oriente tanquam fcopis euerrit, et erexiffe imperium, quod Romanum et
Perficum, illud quidem grauiter perculit et
labefactauit, hoc autem peffum dedit: haec
inquam haud absque numine contigerunt, neque poffunt animos noftros, myfteriorum po-
liti-

liticorum curiofos indagatores, ad attentionem non erigere, amoreque noftrae fidei et
gloriae plenos interiore horroris dolorisque
fenfu non tangere. Gentem illius ipfius, qui
viuus tot gaudebat amicis, tot circum fe fpe-
Etabat adoratores, cuius confiliis et coeptis
ipfum adfpirare coelum videbatur: eius gentem, ftatim ex quo ille viuis excefferat, ab illis
ipfis eius amicis turpiffime oppreffam et pro-
culcatam, e paterno folio detractam, et tantum non internecione deletam fuiffe; eius
autem viciffim iuratos hoftes in uacuatam ab
ipfo fedem inuafiffe: in his ego quidem τὸ
θεῖον agnofco. Quatuor primorum Chalifarum electio videtur mihi Cardinalium aliquod
conclave, prauasque et intricatas artes, quibus ad fummum epifcopatum peruenitur, pan-
dere. Primum Papam imponebat Muhammedanis Irene quaedam, aut Catharina, aut
Elifabetha Arabica, Ajefcha, imperiofa et in-
quieta mulier, quae patrem fuum, et alios
deinceps fuae factionis homines falfo prophetae fufficiens, Alim, eius generum et proxi-
mum affinem a fucceffione per viginti quatuor
annos arcebat, eius odio accenfa et ambitione fua, quae Fathimam, Alis vxorem, et prophetae filiam, tanquam riualem, ferre nequibat. Primum haec Helena bellum ciuile Sa-
racenicum conflauit, eumque turbulentae fuae
et fceleftae fedulitatis fructum merito tulit, vt
carceribus adftricta domefticis a rerum publi-
carum confufione cohiberetur. In fecundo
Papa

Papa, Omaro, video sapientem et bonum
principem, iusti et aequi rigidum custodem,
veteris tenacem tenuitatis, excelsum splendi-
dae humilitatis contemtorem, pium patriae
patrem, euehendae suorum gloriae vnice in-
tentum; sed video simul quoque morbum na-
scenti cuiuis imperio quasi connatum et hae-
reditarium; video nempe sensim euanescen-
tem priscam virtutis simplicitatem, sensim in-
crescentem cum potentia, promotum cum
finibus ditionis, auctum cum auctis luxuriae
illecebris et fomentis, amorem diuitiarum et
vanitatis, qui deinceps in corruptionem vinculis omnibus solutam et exitialem scelerum
profligatissimorum monarchiam desciuit. Papam mercatorem, insulsum et nimis crasse ar-
tificiosum hypocritam, ob insanum suorum
nepotum studium suis inuisum ideoque infeli-
cem in Otschmano video, Sp. aliquem Mae-
lium, qui postquam dolosis largitionibus fa-
melicum et leue vulgus corruperat, cogita-
bat iam aeternum genti suae potestatem alli-
gare, quam artibus non optimis inuaserat.
Video ventosam et vaesanam plebis inconstan-
tiam, quae magno calore viuum scelus ag-
greditur, opprimit, exstinguit, exstinctum
autem luget, miseratur, reuocatum mallet,
virtutis honore mactat. Eius viri, quem de-
testati viuum omnes fuerant, et spiritu atque
luce communi indignum iudicauerant, quem
peculatus et fraudis haud semel conuicerant,
qui ferrum intentauerant, quem morte tandem

dem meritum mulctauerant: eius viri fanguine maculatum indufium video tanquam vexillum ciuili bello fublatum et oftentatum a cre-
dula, coeca et fanatica plebe, vindictamque
ab illis repetitam, illos parricidii accufatos,
qui caedis auctores fuaforesque non tantum
non fuerant, fed et miferum, adhuc viuum,
modis omnibus, fui quoque fpiritus cum di-
fcrimine, protexerant. In Ali exemplum video principis boni, fortis, iuftitiam amantis,
quo meliorem vix vidit orbis Muhammedanus, quem cum M. Antonino Philofopho
haud incongrue compares; fed quem aduer-
fa fortuna, torpore et debilitate hoftium exterorum excitatae intus animorum
in ciuilia bella difcordiae, acquifitum
beneficiis fui odium, acquifitus nimium ge-
nerofo commodi fui iuriumque fibi debitorum
defpectu defpectus fui, Catonianum, id eft
nimis rigidum et intempeftiuum iuftitiae ftudium, nimius bonae cauffae amor et fiducia,
et impotentia tandem factiofae foeminae, per-
iuris et fanaticis fecundata ficariis, iugularunt;
qui, armis femper fuperior, femper tamen
fuccumbebat, nullumque victoriarum repor-
tabat fructum, aduerfarii Moawiae Machia-
vellicis artibus elufus. In hoc pari compofi-
to luctantem videas cum calliditate vim, cum
nequitia probitatem, illasque femper his potiores. Videre cupis homines nequam, per-
fidos, turbulentos, et a fpiritu difcordiae, tanquam a typhone diuinitus immiffo, circum-
actos;

actos; en al Basrenses, en al Kusenses, qui
cum Ali, eiusque liberis, tanquam harpasto,
ludentes, splendidis pollicitationibus ad res
nouas moliendas sollicitatos et impulsos, in
ipsis moliminum angustiis, desertores hosti et
lanienae dedebant. Papatus Muhammedanus,
id est Chalifatus Bagdadicus iisdem vsus cum
Romano satis fuit, et, olim potens atque terribilis, euiluit deinceps, et bruta tantum fulmina sparsit. Bagdadica eadem aula Merouin-
gos praestat et Carolingos, a suis, quos dicunt,
maioribus domus ductitatos, et velut pueros
a trucis magistri ferula in ordinem redactos.
Terribile profecto et prodigiosum est, eorum
Abbasidarum, qui dimidiae quondam Asiae im-
perabant, orbis domini, qui Romanum haud
pauco excedebat; eorum, qui, ne de caeteris dicam, solos suos medicos tot onerabant
tantisque muneribus, quot et quanta Frein-
dio in historia medicinae fidem omnem supe-
rare videntur; eorum, inquam, posteros procedente tempore tam fuisse humiliatos, vt vix
sui spiritus compotes paucis per diem numis
victitare, quidam quoque stipem cum caeteris indigis ante templorum fores emendicari,
cogerentur, id profecto est terribile. In eodem
illo Papatu Bagdadico deprehendo quoque formam imperii Romano-Germanici, nexumque
Chalifarum cum suis vasallis, principibus nempe, quibus prouincias in feuda haereditaria
dabant, eundem cum nexu Imperatoris cum
Electoribus minoribusque statibus. apud illos
enim

enim erat nominis honos, apud hos omnis
potentiae auctoritas. Haec ipsa potentiae arbitrariae auctoritas quam et suis possessoribus
et humano toti generi perniciosa sit, alia nulla tam luculenter monstrat historia, quam
orientalis. Nulla tam subitos, tam frequentes, enarrat, atque haec, maximorum imperiorum simul ortus et ruinas, quasi fulmina,
quae, simulac emicuerunt, euanescunt. De-
spoticum omne imperium haec mala importat. Audax et petulans et rabiosa seruitus neque commodum fert iugum, neque nimis
graue. Tyrannidis autem coeco perciti oestro,
vt soli regnent, suisque omnem adimant alio
declinandi spem et caussam, omnes occidunt
suos amicissimos, id est, pedibus manibusque
se furiosi mutilant. Non exhibet vetus historia tot fratres et affines in se suaque regna, vel
viscera potius, mutuis bellis et victoriis Cad-
meis saeuientes, Cyros, Lagidas, Seleucidas,
Claudios, Fl. Constantinos, Lancastrios et Ebo-
racenses, quot recentior orientalis exhibet in
Bujidis, Selgiukidis, Ejubidis, Otschmanidis,
et qua non dynastia Muhammedana. Sum-
mos rerum gerendarum administros et regnorum rectores, Sejanos, Mazarinos, Ancrios,
Uhlfeldos, Griffenfeldos, de fastigio suo, tanquam procella, deiectos tot alibi non videas,
quot in oriente Barmakidas, Fadhlum fil.
Sahli, Ibn Moclah, Natthamol Molki, Giu-
banum, Vaziros bene multos domus Ottoma-
nicae. Neque caret oriens Augustis et Tra-
janis.

ianis. Tota Samanidarum gens ab aequitatis,
clementiae, tuendae pacis et bonarum artium ftudio celebratur. Eodem nomine Mah-
mud Gazneuita, Nuroddin Atabek, Saladinus
et eius frater ol Malekol Adel, inclaruerunt.
Viciffim fuos ille quoque Marios et Sullas et
Tiberios, Caligulas, Nerones, habuit, mo-
rofum aliquem Mardawigjum, et ftolidum in
Aegypto Fathemidam al Hakemum, et Perficum Schah Sefi, et vnum atque alterum Ot-
fchmanidam, et recentiffimum illud mon-
ftrum hominis, Muley Hamed Dehebby, Ma-
roccanum tyrannum: quo etiam referas flagellum illud al Iraki, vel fanguinolentam potius
tigrin, al Hagjagjum. Attilae rabiei, quae
Chriftianum orbem afflixit, opponas Tataro-
rum fub Genkizchano et Holacuo, fuis duci-
bus, inuafiones, quae Iflamifmo extrema
omnia minabantur. Haud parum quoque
Timuri graffatio Muhammedanos terruit, et
attriuit. Phalarin Arabicum videas in al Mo-
harreki, feu Combuftoris, gente, id eft, apud
reges al Hirae Lachmidas. Principes Muhammedanos ab eruditione eiusque amore
et patrocinio claros, Augufto, Friderico Se-
cundo, Alphonfo Caftilio, Iacobo Scoto, Lu-
douico et Augufto Saxoni Magnis, Friderico
Boruffo, aliisque fimiles, habuit oriens non
paucos, al Mamunum, Nuchum Samani-
dam, Adhadod Daulah Bujidam, Mahmudum
Gazneuitam, et eius abnepotem Baharamfcha-
hum, Nuroddinum Atabekum, Abulfedani
Q

Hama-

Hamatenſem, Borhanoddinum Siwaſenum,
Said Radhi Coja Kilanenſem, Schah Rochum
eiusque ambos filios Ibrahim Sultanum et
Vlug Begum, Mirza Chan Schirazenſem,
Chondemirum et eius patrem, Mirchondum,
e cuius hiſtoria excerpta egregia Petrus Teixei-
ra Hiſpanico ſermone dedit; Turanſchah,
rex Hormuzi, e cuius Schah Nameh ſuam de
iſtius inſulae regibus relationem modo lauda-
tus idem Petrus concinnauit, monumentis
plenam, quae alibi vix reperias, et recentiſ-
ſime principem de gente Genkizchani oriun-
dum, Chorezmiae dominum, Abul Gazi Baya-
dur Solthan, cuius vtiliſſimum de rebus Tata-
ricis librum Leidae aliquot abhinc luſtris gal-
lice prodiderunt. Tempus me deficeret, ſi
ſummos orientalium principum miniſtros et
familiares a ſtudio literarum et editis ingenii
monumentis celebres percenſere vellem, Barmakidas, Faratidas, Schakeridas, Ibn Zaidun,
Ibn Abbad, Ibn Moclah, Ibn Macula, Ibn
Sina, vel Auicennam vulgo, Thograium, Ibn
Sahel, Ibn Ragja, as Sulenſem, Ibn Thaher,
Ibn Sabih, al Amir al Mikalium, al Wazir
al Magrebium, as Scharif al Muſuwitam, Fatehum Chakanidam, Ibn Mochalled, Chogjah
Raſchideddinum, al Wazir al Mohallebium,
Razikum Barzamgiahurum, Ibn el Amid,
Amin ed Daulah, as Scherif al Edriſium. Ibn
al Atſchir, Ibn az Zajjati, et alios pluri.
Vidit oriens et ſtupuit a triumphorum ſe.
quentia et imperii vaſta mole claros, et Gyge,

Alexan-

Alexandro, Scipione, Pompejo, Caesare partim non inferiores, partim spectabiliores, Chaledum filium el Walidi, Cotaibam, al Mohallebum, Abu Moslemum, Taherum, Giauharal Kajedum, Malikschahum, Genkizchanum, Timurum, Vzun Haffanum, Schah Ismaelem, Muhammedem al Fatehum feu Nicanorem dictum. Licet in oriente Cicerones, Sauanarolas, Oldenbarneueldios, admirari, qui affurgenti tyrannidi fe opponere, eiusque ceu grandis, contumacis et impetuofi elephanti probofcidem impacto ferreo vnco fauciare et contundere non metuerunt. Habuit et oriens fuos Verres atque Maceres, oppreffores et carnifices prouinciarum; habuit viciffim quoque fuos Memmios, Scipiones, Mutios, Cicerones, earundem euergetas et patres; habuit fuos Spartacos, habuit proditores patriae, habuit vfurpatores Iugurthas et Cromwellos non paucos; habuit patres, qui nimis auidi et zelotypi fuae potentiae, innocentes filios mactarunt; habuit filios, qui, pertaefi paterni regiminis et morae, patres occiderunt; habuit foeminas, quibus focordes et otii amantes mariti rerum gubernationem permiferunt; habuit alias, pias et fapientes matres, quae pro filiis, adhuc ineptis monarchiae, clauum imperii rexerunt; habuit patres, qui filiis adhuc viui fummam rerum tradiderunt; habuit filios, qui oblatam pie modeftequerecufarunt; habuit Belifarios, qui peffimum praemium optimae fidei et fincerae fer-

vitutis

vitutis reportarunt. Docent Abbafidae contra iniquum, auidumque lucri vanaeque et turpis gloriae animum nihil prodeſſe Sanctiones omnes pragmaticas, vel circumfpectiſſime a prouidis publicae tranquillitati principibus conceptas, et fanctiſſimis facramentis munitas. Quam periculofum fit, femel, vtut male, inſtitutam regiminis formam temerare, docent iidem Abbafidae, quorum aliqui agnita fuae vfurpationis iniquitate legitimis haeredibus Alidis ius fuum reddere, fed magno cum fuo periculo, tentabant. Docent iidem Abbafidae et Ejubidae, quam periculofum fit, copias alterius bellicofae nationis magno numero alere et indigenis praeferre, id eft, viperam in finu fouere. Turcae, qui vel viliſſimi mancipii virtutem nobilemque indolem fummis dignitatibus excitant et ornant, exemplo fuo docent, honoris et exiftimationis ftipendia fortuitae cuidam et putaticiae naſcendi forti, caſſaeque et pigrae nobilitati alliganda non eſſe, fed eum vere nobilem cenfendum, fummarumque rerum adminiſtrationi admouendum, qui, quocunque tandem protractus e tuguriolo, alacer et ſtrenuus rebusque gerendis par et magnorum fpirituum plenus, bene de domino, de patria, de toto genere humano ftudeat mereri. Formam imperii ariſtocraticam, raram quidem in oriente defpotico, monſtrant tamen ol Karmathitæ qui ipfi, et Ifmaelitae, latrones illos refi qui medio, vt appellant, aeuo Germaniam

vexa-

vexabant, arcium domini, in quas, tanquam,
cellas et ὁρμητήρια quaedam, cum rapinis
suis se recipiebant. Iidem Ismaelitae, vel,
quod idem est, Bathenitae nomen et exemplum dederunt Banditis et Assasinis, infami
illi sicariorum generi, quod incolis pariter atque peregrinis male sidam et tremendam facit Italiam. Plura possem, deprompta ex historia orientali, digna oculo politico, proponere spectacula. Sed haec, quae proposui, satis poterunt, me quidem iudice, curiosos
morum casuumque politicorum speculatores
ad historiae politicesque, orientalis studium
pellicere.

Verum quid medici ex Arabica literatura
boni exspectabunt? Non parum, credite mihi,
Suauissimi Commilitones, non parum profuerunt Arabes diuinae arti, quam Dii philan-
thropi, labantis humani generis miserti, tanquam baculum, ruinae nostrae qualecunque
fulcrum, in manus nostras tradiderunt. Nolo quidem in nimium extollere laudibus Arabum scientiam medicam, vt neque astrono-
micam, neque alias: sed neque nimis depres-
sam velim. Seruandus est, vt rebus in omnibus, ita quoque in laudibus et vituperiis modus, quem non excedunt nisi rerum imperiti,
quos coeca libido ad temere iudicandum de
incompertis impellit. Aequus ero, vt fuit,
qui ante me hac in palaestra cum laude versa-
tus est, doctissimus Freindius, qui procul
dubio neque mihi, neque aliis reliquum secis-

set

set aliquid, neque vllam dediffet reprehensio-
ni anfam, si Arabice doctus non illos tantum,
quos in hiftoria medicinae recenfet, fed et alios
eorum libros medicos, neque folas eorum verfiones latinas, se ipfos, vt dicunt, fontes, quorum erat in vicinia, confuluiffet. Aequam
Vobis et archetypo fimilem Arabicae medicinae imaginem exigua et compendiofa in ta-
bella proponam, ex qua quantum illi et honoris et ftudii debeatis, ipfi aeftimabitis. A-
rabes artem hanc, Deorum immortale donum,
ex iisdem fontibus hauftam, e quibus nos
haurimus, experientiae vfu et bonorum veterum codicum graecorum lectione, ad nos porro propagarunt. Quo tempore haec Europa
denfa quafi nocte ignorantiae fepulta iacebat,
excolebant hanc artem, noftrisque impertie-
bant foli Arabes: quae munificentia non video
qui minus aut laudis aut gratiarum mereatur,
quam illa veterum Atticorum, qui repertas,
vt aiebant, apud fe fruges Triptolemi minifte-
rio liberaliter indigo terrarum orbi diftribue-
bant. Occupati fuerunt Arabes, non minus
atque nos fuimus, in Hippocrate, Galeno,
Rufo, Diofcoride, Paullo Aegineta et aliis in
linguam fuam conuertendis et commentario-
rum farragine inftruendis. Quos labores
quandoquidem mihi neque libuit, neque licuit examinare, non aufim illis obloqui, qui
eos tanquam inutiles et neglectu dignos damnant, fed neque viciffim, vt in dubia re,
aufim affentiri. Certum id eft, hos barbaros
                                          hanc

hanc artem a faeculo inde nono ad decimum
quartum vsque fatis feliciter, vt credibile eft,
exercuiffe. Si quis enim, in contrarium tendat, medicos ille, quaefo, codices libitina-
rios afferat, et excutiat, enuncietque et comparet numerum miferorum, quos orientalium
medicorum illinc, hinc noftratium occidit of-
ficiofa crudelitas. Certum porro id eft, hos
barbaros numerofa et grandia de rebus medi-
cis condidiffe volumina, et, quod maxime fe-
dulitatem eorum et proprium demonftrat iudicium, libros obferuationum medicinalium
peculiares, quibus illi fatis refutantur, qui
iudicii et attentionis omne peculium Arabibus
adimunt, neque fuiffe hos nifi Graecorum,
aut fimias, aut corruptores, clamant. Satis
quoque diu fuam auctoritatem in fcholis Eu-
ropaeis tuiti funt Arabes, vtcunque defor-
mati a rudi interpretum turba, quos inimica
illis fors obtruferat, donec tandem felici illo
tempore, quo noua lux elegantiorum literarum emicabat, feu nouitatis vaefanum ftudium,
feu cultioris dictionis gratia priftinae barbariei
taedium inuehebat, redditique nobis fuo fermone Hippocrates, et Galenus, adfpirante
Paracelfi furore, barbaros hos non tam Arabes, quam Latinos, ex augufto Aefculapii
templo, ceu immundos canes, fublato quafi
flagello, exigebant. Sed vt vera pulchritu-
do nulli poteft aetati non placere, et quidquid
ab eius diuina manu impreffas accepit et gerit
immortales notas, tanquam ceftus aliquis Ve-

neris

neris in amorem fui quidquid eft aetatum et animorum pellicit: ita et Arabum quamuis profcriptorum fcripta quaedam medica illis adhucdum in pretio funt, qui nullis addicti partibus bonum et vtile tantum venantur. Ego certe praeclara illa deprehendi, quae mihi benigna fors non quaerenti huius generis pauca obtulit. Elegans eft et commendari meretur Rhafis nonus liber ad al Manfurum; qui olim in fcholis noftris, vt capitalis aliquis, neque id malo confilio, praelegebatur. Andreas certe Vefalius, vir immortalis nominis, cenfendus non eft absque re librum indignum culta fua doctaque interpretatione latina decoraffe, quam fi praecedentibus non femibarbarorum, fed merorum barbarorum verfionibus compares, videas quantum literatus interpres illiterato diftet, videas, quam Arabes plane ftipites non fuerint. Eiusdem Rhafis librum de Peftilentia, in quo de Variolis primus optime tradidit, non graeci tantum graece verterunt, quam verfionem Goupylus Alexandro fuo Tralliano fubiecit, fed et nuperrime magni nominis in Anglia medicus denuo latine reddidit. Graecus alter, Conftantinum Africanum defigno, alium Arabicum librum medicum, Zad ol Mofaferi dictum, graece interpretatus eft, vnde facta latina verfio inter caetera eius opera proftat, fub infcriptione Viatici, tanquam eius effet, non Arabis. Ex his et fimilibus aliis intelligas, Arabes eadem, atque nos, et Graeci olim, preffiffe

fisse vestigia naturae, quae vt vbique terrarum
in fingenda turbandaque corporis humani fa-
brica sibi constat, ita et vbique similia paene
auxilia flagitat, et exserto quasi digito demonstrat. Intelligas Arabes iisdem, quibus nos, in-
haesisse medicatricis naturae ductibus et indi-
cationum semitis, et medicatione vsos fuisse,
quae, quamuis a nostra non nihil, non multum tamen abludit. Vnde fere coniicias, Arabes ad eandem, ad quam nos peruenimus,
medicae scientiae perfectionem peruenturos
fuisse, (modo fas sit, perfectum appellare multis partibus hians et mancum opus:) si per
superstitionem suam licuisset ipsis corporum
penetralia cultello scrutari; si vni rei medicae, aut maluissent modesti, aut per mores
temporum suorum, quae multiscium posce-
bant medicum, potuissent adstringi. Sed agi-
tabat eo tempore, nescio qua coeli inclemen-
tia, totum paene terrarum orbem ventosus
aliquis et nebulosus et idearum spectris hor-
ridus spiritus metaphysicus, tricator in minutis, in nugis sibi placens, superbus, oc-
cultorum nimis sedulus rimator, pomposam
sibi tumidamque scientiam arrogans rerum,
quas Deus et prudens natura voluerunt aeternum a nobis ignorari. At neque hodienum
in tanta literarum luce, in tanta philosophan-
di simplicitate deseruit haec ineptia mortale
ambitiosum genus. Vetustis, quas proscrip-
simus et deridemus, facultatibus, humoribus,
temperamentis, fuliginibus, vaporibus, par-

Q 5

tium

tium affinitatibus aliis alia noua fubftituimus,
alcali, acidum, acrimonias, efferuefcentias,
fermentationes, irradiationes, tonos, fpiritus influentes (merum σιδηρόξυλον) et ner-
uorum confenfus; ne illa iam dudum explo-
fa, nitrum aëreum, cardimelech, microcof-
metorem et fimilia commemorem; quae qui
crepant, aut non fentiunt, fe nouis diuerfif-
que vocabulis nil aliud quam veteres veterum
ideas recoquere, aut ipfi, quid fibi velint fua
noua, non magis atque illa vetufta, intelli-
gunt; quum praeftabat fimpliciter ignoran-
tiam confiteri. Sed eo fe fuo de faftigio de-
mittere dedignatur fublimis homo, neque con-
ducit famae. Vrgent aegri, vrgent difcipu-
li, qui rerum cauffas cognofcere auidi nudam
ignorantiae confeffionem pro infantia habent.
Huic hominum generi, quod aliquid vtcunque obfcurum audire, quam nihil, mauult,
non aliud aeque fatisfacit, quam obiecta fu-
moforum nominum voluminofa nubes, fub
qua elapfi nos ipfi difpareamus. Sed redeo
in viam e diuerticulo, quo me veritatis amor
auexerat; et hoc vnum oforibus Arabum vel
calidiffimis oppono, huic genti nos totam
chymiam, totam pharmaciam, et partem non
contemnendam materiae medicae debere, et
in acceptis referre. Hi funt qui rhei, nobi-
liffimae radicis, vfum folutiuum docuerunt,
quae, vtut ea non ediderit quafi miracula,
quae cortex Peruuianus, aeque tamen noxia
et perniciofa, viciffim non fuit. Hi funt Arabes,

bes, qui mercurii viui vfum in fcabie docuerunt, quod inuentum deinceps fagax imita-
tio magno cum emolumento generis humani
ad expugnationem luis venereae traduxit. Hi
mannam, tamarindos, myrobalanos, caffiam
fiftulam, aloen focotrinam, fenam, coftum,
macen, mufcum, afam foetidam, facchari ge-
nera, turbit, carthamum, ben, caphur, fu-
mach, ramek, alcanna, carabe, lazuli, aga-
ricum, alkekengi, laccam, cufcutam, artha-
nitam, chairi, galangam, alhanthal, balfan,
cornu cerui, ebur vftum, bezoar, margari-
tas, robb, giulap, mivas, galias mofchatas,
fief, nil, ufneam, theriacas et confectiones
varias aut inuexerunt in medicinam primi,
aut primi faltem fic nominarunt, quorum aliquibus raro, plerisque faepe, auctorum im-
memores vtimur. Nonnullos primi nobis
defignarunt morbos, quorum apud prifcos veftigium non exftat. Primi fcripferunt, aut
certe luculentius quam eorum maiores, de variolis et morbillis, de morbis infantum, de
fpina ventofa, de fudore fanguineo, vnde
probabile fit, eos fcorbutum noftratem non
ignoraffe; porro de clauo hyfterico, de vena
medinenfe aut ciuile, de abfceffu pericardii,
paralyfi oefophagi, tortura matricis, proci-
dentia linguae, aphthis, variisque oculorum
morbis, quo in poftremo genere excellue-
runt. Hoc enim excolere praecipue medi-
cosque oculorum peculiares, et a reliquis diftinctos, conftituere cogebat eos fui foli ca-

lor

lor improbus, et aër ficcus, vrens, et lippi-
tudinum, feu inflammationum, quas talis
conftitutio tenerrimo importat organo, frequentia et atrocitas. Egregius certe liber eft,
quem poffideo, Ali, filij Ifa, Tadzkerat ol
Káhhaline, feu ὑπόμνησις collyriatorum, in-
fcriptus.   Sic enim appellant Arabes, quos
nos oculiftas.   Neque caeterae chirurgiae ru-
des fuerunt.   Multa hoc ex capite Freindius
attulit et extulit in libro fuo.   Ipfe in Tac-
wimo nonnulla reperii, vt operationem chi-
rurgicam in palpebra adnatae confolidata; in
Scharnak, quod chalofin palpebrae fuperioris coniicio; in vena medinenfe. Idem habet obferuationem de innoxio vulnere fagit-
tae per ventriculum et diaphragma tranfactae,
de variis venenis, lethalibus, ecbolicis, Stei-
roticis; de arteriotomia temporum, clyfte-
ribus vterinis, aliis.   Saepe citat tam fuos,
quam aliorum, libros obferuationum et ex-
perientiarum medicinalium Abu Ofaibah, ce-
lebrium medicorum biographus Arabs, quem
fi legere, quam contemnere et vituperare
maluiffet Freindius, potuerat multa rectius,
quae falfa refert, multa, quae dubitanter pro-
pónit, certius et cognouiffe et tradidiffe. Neque incredibile eft, Arabes multa, quae in
morbis contingunt, rara vidiffe, multas inftituiffe infuetas medicationes, illis in libris,
quos mihi quidem videre nondum contigit,
comprehenfas, quum diligentes effent et iudi-
ciofi obferuatores, fuorumque quorundam
prin-

principum liberalitate fecundabantur, qui non
collegia tantum medica paffim, vt Antiochiae,
Charris, Bagdadi, ar Rajjae, Schirazae, Ha-
madzanae, Damafci, al Cahirae, Cordobae,
Toleti, Granadae, et alibi inftituebant, fed
et nofocomia magnifico fumtu fundabant, in
quibus quanta fit occafio, nouas res neque
quotidie obuias animaduertendi, quis nefcit?
Hermannus certe Boerhauius, vir merito fuo
celeberrimus, medicorum aetatis noftrae fine
controuerfia princeps, adeo laudem hanc Arabibus non adimit, vt potius in praefatione ad
aureos fuos aphorifmos fateatur fponte fua,
praeter Graecorum induftriam, et paucorum
inter recentes accurationem, Arabum quoque diligentiam fibi neceffaria condendo fuo
libello experimenta fuppeditaffe. Poffem eo
quoque titulo linguae Arabicae ftudium medicinae ftudiofo commendare, quod ars noftra
multas adhuc feruat voces Arabicas, quas
illi Arabes in Europam tranfeunti, tanquam
totidem liberalis fui hofpitii tefferas, et literas veluti commendaticias, addiderunt. Scio
quidem ad commendandum alicuius linguae
ftudium id non fufficere, quod ex ea voces
aliquot in rem noftram afciuerimus, et eru-
dita ciuitate donauerimus. Quod fi valeret,
aut vellemus valere, nouum noftrae ceruici
et graue iugum imponeremus, id eft, neceffitatem linguas omnes Indiae occidentalis addifcendi, ex qua multa quoque noua faluta-
ris artis inftrumenta accepimus. Quum ta-

men

men omnes et huius et superiorum aetatum
eruditi medici graecam linguam ea ratione
vtilem et neceffariam fcitu iudicarunt, quod
multis ex ea translatis vocabulis non anatomia fola, non chirurgia, non botanica, fed
omnis omnino medicina frequenter vtitur,
aptiffimis, quae quam primum audit graece peritus, etiamfi medicinae idiota, ftatim
tamen intelligat et peruideat; imperitus contra nonnifi tarde multoque cum taedio intel-
lectui et memoriae obtrudat: quidni et haec
ad caeteras arabicae linguae laudes accedat,
quod eius intelligens ipfo cum fono vocum
aliquot, vt funt e. c. alcohol, alcali, amalga-
mare, cohobare, fimul aptas quoque perfe-
ctasque notiones accipit, et videt, quid fibi
velint, quid fit exftinguere mercurium, quare matres appellatae fuerint cerebri membra-
nae, quare radius focile. mitto alia. Si porro nobis dignum putamus, hiftoriam medicinae excolere, quidni et dignum putemus
in vtriusque fortunae fata, quae medicina
fubiit apud Arabes, inquirere, multosque
foedos errores, qui noftra huius generis compendia obfident, id eft, prauas multorum re-
lationes de vitis rebusque geftis Arabum medicorum, expungere? quidni dignum, varia
cenfentes et inter fe difputantes de morborum cauffis et medicamentorum viribus eos
audire? Vt certe fuerunt inter nos, qui bal-
nea, qui fudorifera, qui opiata, qui corticem
Peruuianum, prorfus damnarunt: qui fcal-

pellum

pellum phlebotomicum, emetica, purgantia, clyfmata medicorum homicidiorum inftrumenta, vrbani profecto homines, appellarunt: fic et fuerunt Arabum, qui modo dictorum plurima non tam ad emendandum, quam ad diffoluendum corpus, facere, et ad putredinem difponere pronunciarunt. Vt exortum in falutem humani generis benignum illud fidus, Sidenhamus, calidum, quod maiores vrgebant, regimen e febribus acutis profcripfit: ita fuit in oriente quoque circa finem noni p. N. C. Saeculi Saed, Ibn Bafchar, Ibn Abdus, medicinae reformator, qui fuo tempore fuos inter ciues idem fecit. De venereae luis ingreffu in orbem hunc citeriorem digladiamur, quando contigerit, et notane prifcis lues illa fuerit. Hodie nemo eft, qui hoc non neget. Neque contraire folus ego aufim, in re non maximi momenti; diffiteri tamen nolo, me apud Abu Ofaibam de Afro quodam, decimi p. N. C. Saeculi homine, legiffe, in quo vifus mihi fum aliqua, neque obfcura, huius morbi, fed vt morbi particularis, non vt luis, indicia obferuaffe. Controuerfum eft, quando variolae et morbilli, et vnde, noftrum orbem inuaferint. Qui epidemias hafce multis faeculis Chrifto recentiores effe contendunt, cum iis faciunt Arabes, qui perhibent variolas in Arabia circa finem fexti a nato Chrifto faeculi demum innotuiffe, aut vt rectior chronologia docet, vergente verfus medium fuum eodem Saeculo, quum nempe

Aethio-

Aethiopes a Chriftianis Nagjranenfibus et aliis Arabiae felicis incolis, crudeliter a Iudaeo rege Dunaano afflictis, in auxilium euocati, mare traiicerent Erythraeum, et Homeridarum regnum euerterent, (qua de re Procopius et alii apud Affemannum in Bibl. Or. Vol. IV.) fed et fimul luem fecum inueherent. Plantarum quaedam proftant apud Diofcoridem nomina, quae quales fuerint, ignoratur, aut dubium eft. Poffetne huic rei clarior aliqua lux ex Diofcoride Arabico affundi? Dignum id faltim examine foret. Multi hodie fumus in prodendis minutis quibusque veteris aeui chartulis, quas interdum fatius fuerat in tenebris manfiffe. Quidni et animum ad Hippocratem atque Galenum ex Arabicis bibliothecis emendandos et integrandos conuertamus? Galeni certe anatomica profitentur Arabes integra habere, quorum nobis non fupereft nifi dimidia pars. Ferunt iidem plures poffidere, quam nos poffidemus, libros Ariftotelicae animalium hiftoriae. Quid fi videremus, quid eius rei fit? Scio quidem hanc aetatem noftram neque anatomia, neque zoologia veterum indigere, glandibus poft impetratas fruges: praeclara tamen homini critico foret prouincia, faltim in vetuftatis honorem ab orci faucibus ea retrahere. Dolet mihi valde, quod, quum ibi loci effem, vbi haec certo poteram explorare, omneque mihi dubium eximere, omiferim. Fateor quidem haec adeo neceffaria non effe; funt tamen
vtilia,

vtilia, funt iucunda. Fateor quoque fcientiam Arabum medicam cum noftra comparari non poffe, vt multis partibus inferiorem, quemadmodum et id libenter dono, neque donare nequit aequus, Arabes in nulla earum, quas excoluerunt, artium attigiffe illud excellentiae faftigium, ad quod felicior haec et diligentior, et pluribus adminiculis inftructa, et maiore fentiendi libertate auguftior aetas noftra enifa eft: putem tamen Arabes aequitate noftra non minus dignos, atque Graecos, quorum fcripta, multis modis licet doctiores, tantum tamen abeft, vt contemnant qui fapiunt, vt venerentur potius, vt legant, vt imitentur, in iuuenili mundi aetate fenilem admirantes fapientiam, laudemque fic et fimilem gratiam ineuntes, apud ventura, fi quae venient, faecula, ad quae rationem habebimus, aut certe optandum eft vt habeamus, eandem, quam nunc ad nos habent Graeci et Arabes. Publica res literarum fplendidum refert et auguftum palatium, in quo non folum neceffaria, folidae columnae, robuftae trabes, fed et alia requiruntur, quae ornent, quae oculos delectent, quae redundent, quae luxum et diuitias domini arguant. Poffumus absque Arabibus medicinam facere; et fecimus facimusque. Sed lis adhuc pendet fub iudice, fuerintne illi fuo in genere minus felices medici, quam nos in noftro fumus. Profcripti funt ex Academiis. At habent omnia fuas vices. Olim haerefis erat, noua-

re; hodie haerefis eft, veteribus adhaerefcere.
Nouitas eft furia volubilis, quae hominum
animos infanis agit ftimulis, vt temere ruant,
et vni, quod cafus obiecit, idolo addicti, caetera omnia, bona cum malis, infantem, quod
aiunt, cum lauacro, abiiciant. Veteres ex
vulgi opinione et vfu aeftimare fi velis, vide,
ne Hippocrates, diuinae artis pater et fons,
non iam, vt Platonicus Homerus, vittis la-
neis decoratus, oleoque delibutus, in beatorum
infulas ablegandus, fed virgis caefus frontem-
que vftus et humeros ex medica ciuitate fit
eiiciendus. Quotus enim eft hac aetate, qui
frequenter Coum terat, neque putet, ab eius
lectione caeteraeque humanioris doctrinae ftudio medicum contaminari, corrumpi, artique
fuae faciundae ineptum fieri. Veneror gratus
diuinum numen, quod in haec tempora
meam aetatem referuauit, quibus gemino videt oculo medicina, quae olim vno videbat,
et eum attigit perfectionis gradum, qui vt al-
tius euehatur, agedum optemus auidi, et
blandiamur nobis dubia fpe. Multa nunc vulgus nouit, eruditis olim ignorata, de ftructu-
ra corporis et cauffis morborum: multa fors
obtulit noua remedia, multa indagauit et ela-
borauit noftra folertia. Diligentes naturalis
omnis hiftoriae, anatomiae, legum mechani-
carum, fcrutatores artem noftram nouis locu-
pletarunt et veris medendi praefidiis, fplen-
didamque nobis faculam et Ariadnaeum filum
in manus dederunt, quorum ope caliginofum
                                    natu-

naturae labyrinthum firmiore gradu et securo
magis pectore licet emetiri. Sed et reuocan-
dos putem ab exsilio, vt Graecos, sic Arabes,
legendosque non futiles eorum interpretes,
sed ipsos, quos appellant, fontes, suadeo,
quum non vana spes affulgeat, fore, vt ex
his incomperta quaedam in rem nostram fa-
cientia detegamus. Quod si foret, efficietur,
nisi laeua mihi mens praesagit, vt, quo dirigi
et tendere debet noster omnis labor, instructi
nouis his adminiculis, pauciores imposterum,
quam prisci homines, occidamus.

Ordo rerum me nunc ad caeteras artes li-
berales deducit, ad mathesin, ad geographiam, historiam, et poësin, vastumque Vobis, A. O. O. H. campum monstrare iubet,
in quo Arabes, si vsquam alibi, monumenta
ingenii condiderunt illustria, et in quo versari harum rerum studiosus magna cum voluptate, magno cum fructu, potest. De philo-
sophia enim stricte sic dicta nihil memorabo,
quum notum sit, quam parum Arabes in ea
profecerint. Mathesis contra, quod perhibent intelligentes, et ipsa res clamat, multa
bene passa fuit in Arabum liberali hospitio,
non minus atque medicina, quo tempore bonae omnes artes ex Europa, quasi conuicio
facto, secesserant. Non enim illi tantum
Graecos mathematicos in suum sermonem
conuertebant, multosque conseruabant, quos
edax tempus nobis inuidit: sed etiam suis
ipsi augebant acceptas opes, quod satis testan-

R 2   tur

tur celebres, quos oriens tulit, mathematici,
Nafiroddin Thufenfis, al Birunius, Lucas Ko-
ftae filius, al Kindius, al Ferganius. Hi nos
Algebram docuerunt, artem, quam, qui cal-
lent, magnis laudibus efferunt. deberet certe, me quidem iudice, vel eo nomine alge-
braicus Arabice difcere, deberent etiam, qui
veteres mathematicos Graecos amant: Quam
illi multa ex Arabum gazis eruerent, quae, nifi inde reftituantur, aeternum periere. Vidi
ipfe et his manibus tractaui Apollonii Pergaei
Conica, Théodofii, Menelai, Autolyci, Heronis Alexandrini, Ptolemaei, forte et aliorum ineditos huius generis libros, neque, fi
natura mihi mathematicum finxiffet ingenium,
elabi paffus fuiffem pulchram occafionem,
nifi plura, faltem Heronis Barulcum, feu de
oneribus fubleuandis tres libros, exfcribendi,
quo munufculo qui rem literariam locuple-
tet, fieri non poteft, quin is eo fibi nomen
immortale comparet. Fuerunt et hic, qui
Arabum de mathefi meritis detractum iuerunt.
Quibus obloqui nos quidem non audemus,
quandoquidem mathefi nulli, ideoque neque
Arabicae, operam vnquam impendimus: at
nobis tamen benignum et fauens Arabibus Bo-
relli et Halleji iudicium omni criminatione et
iniquitate potius eft.

Poëfis Arabica me nunc ad laudes fuas ce-
lebrandas euocat, equum in campum, quod
Graecum ait prouerbium. Leuiter itaque Vobis eam, Auditores, adumbratam dabo. Commode

mode poteft in veterem et nouam diuidi.
Quae vno alteroue faeculo Muhammedem an-
teceffit, fub eodem floruit, et initium Chalifarum Bagdadicorum attigit, illa, mea ex opinione, vetus eft; pofterior omnis, noua.
Illa vetufta eft grandis, fonora, mafcula, fublimis, neruofa, fpirituum plena, ignea, hominum quippe liberorum, campeftrium, qui
dominum non agnofcebant, quorum fimplicem ingenii fubagreftis et αὐτοφυῆς ferociam
vrbana feueritas non fregerat, non erudiuet.
Auctorum illa fuorum aut amores canit, et
camelos, eoque nomine, fi ad vllum aliquod
genus referri debet ac poteft, ad bucolicum
fpectat: aut etiam bellicam fortitudinem, et
arma, et liberalem erga hofpites comitatem
auctorum celebrat. Omnia libertatem, amabilem fimplicitatem, generofum animum, verae gloriae flagrantem ignibus, irarumque
pertinacem, fpirant, monftrantque clare, pri-
mos hos Arabes, fi veras leges artis poëticae,
epicique carminis et tragoediae nouiffent,
certo certius non futuram fuiffe fub fole gentem, quae illos conceptuum fublimitate et
eloquii maieftate fuperaret. Quis autem tam
caftigatae difciplinae, tam cafti, defaecati, fe-
veri, regumque aulis affueti opus ingenii ab
aridis vaftisque defertis, ab indomita, inquie-
ta et literarum imperita gente, a caprarum
et camelorum mulctoribus, exfpectet? Noua
poëfis Arabica excellit quidem in encomiaftico
genere, fed luculento docet eadem exemplo,

fimul

simulac fraenum ore receperis, careafque
sentiendi et eloquendi libertate, hominifque
difficilis et impotentis stomachum grauemque
verearis vindictam, aut gratiam veneris et ex-
spectes; protinus imperiofae eloquentiae ve-
getum omne robur emori. Repit enim humi
resoluta neruis, et friget, et subſternit corpus potentibus, vario centone intolerabilium
et indignarum adulationum atque insano-
rum thrasoniasmorum amicta, curiam olet,
ſacrilegam saepe manum immittit in diuinae
maieſtatis sanctuarium, et rapinas agit, le-
vesque virtutum et tenues vmbras, quod facit
sol occiduus, immanem in molem adauget.
Optima dos, qua se noua haec poëſis maxime
commendat, haec eſt, quod egregia morum
praecepta petitamque ex adytis philosophiae
sapientiam non illiberali manu interspergat.
In genere tenendum, poëtas Arabes in rebus
vulgaribus et parui momenti, vt sunt v. g.
animalia quaedam ipsis familiaria, cerui, tauri
sylueſtres, onagri, kathae, turtures gemen-
tes, cameli, item tonitrua, pluuiae, deserta,
gladii, haſtae, loricae, pulcrae Scenitides,
id eſt in rebus, quibuſcum quotidie versa-
bantur, describendis, ad viuum depingendis,
et aſſimilandis, versari et palmam procul dubio ferre. Huic itaque genti herbam por-
rige et lampadem, ambitiofa natio, quae ob
spiritus egregias dotes, tanquam tuum tibi
peculium, tam altas hodie criſtas erigis. Veterum Arabum spiritus vappidus non eſt, sed
eſt

eft fanus et recens, et calidus, et, vt ita dicam, aromaticus; neque coeperunt Arabes
prius acutas nugas, contortas fententiolas,
vitrea fracta, fulgura ex pelui, fatuos ignes,
fpargere, quam coeperunt feruire. Spiritus
hic ille eft, qui tam difficile reddit Arabicae
linguae, et poëfeos maxime, ftudium, illa
rerum aliarum per alia nomina defignatio, illa
mirarum fimilitudinum et delicatarum allufio-
num mira foecunditas, illa minutarum rerum
per obfcuras metaphoras elocutio, illa liberi
fpiritus per allegoriarum tormenta praecipita-
tio, illa rerum toto coelo difcrepantium, tanquam metallorum fefe inuicem deftruentium,
reguli et fcoriarum, fixorum et volatilium,
in vnum magma plus quam chymica colli-
quatio. Iam a Salomonis inde reginaeque Sa-
baeorum tempore in ore hominum et admiratione fuit aenigmaticus Arabum Laconifmus;
cuius quae apud al Meidanium et alibi legi
exempla, excellentia et numerofiffima, mihi
certe placuerunt, et illi praecipue, quos appellant, fermones actionum, non minus,
quam ille Scytharum mutus ad Darium per
ranas et mures et fagittas et aratrum fermo,
acuti et admirabiles. Eduardus Pocokius, vir
fummus, egregiam optimo confilio pofuit
operam in al Meidanio, paroemiographo Arabico, Latine vertendo, modo non fruftra, ti-
nearum et blattarum in gaudium, laboraffet.
Id fi prodiret opus in lucem, haberemus eius
commatis Arabum adagia et fcite dicta magno

nume-

numero, in quibus diuinam propemodum eius gentis fagacitatem, et vibrantem fulminis inftar praefentis animi promtaeque linguae vim, nemo eft qui non admirari, non ftupere poffit. Peregrinatores aliqui, qui, dum Barbariam luftrarent et Africam prouinciam, cum Arabibus Scenitis ibi palantibus notitiam contraxerunt, mirifice propriam iftis hominibus abfque haefitatione natiue apteque ad interrogata refpondendi, fenfufque et affectus animi viuis verborum coloribus pingendi dexteritatem, et inuictum in confundendis et ad filentium redigendis aduerfariis robur extollunt, neque defiderant, nifi honeftioris inftitutionis polituram, quae bene natam indolem a vilium et triuialium contubernio ad politicarum et fublimium rerum prytanea traduxerit. At in fcriptis quidem Arabum abundant excellentia rhetoricae artis exempla, pulcreque de cafibus humanis cogitata, et fapientia de vtriufque fortunae vfu formandifque moribus monita, quae non minus digna lectu et iucunda fore, quam funt aut veteris illa Graeciae Latiiue, aut recentiorum nationum, cenfeo. Ego certe nunquam fine maxima voluptate al Meidanium, an Nuwairium, Ibn Zeidun et Rihan al Albabi euoluo, id eft farragines integras talium apophthegmatum, orationum, hiftoriolarum, e quibus nobiles orientalium mores, ciuilemque et bellicam prudentiam, et ingenium vere philofophicum, tanquam in fpeculo, videas et cognofcas, at in

fpe-

speculo, si magni Casauboni similitudine vti
licet, ardente, quod, quos in se collegit,
virtutis et verae gloriae ignes in animum
tuum, ceu oppositum fomitem, transfundit.
Sed intelligo, me non animaduertentem in
laudes oratoriae Arabicae implicari, quum
poesin adumbrare constituerim. Reuertor itaque ad propositum. Sunt qui poetas Arabicos
ideo maxime commendant, quod eorum aliqui dulcedinem diuini amoris nostraeque
mentis eum Deo vnionem mystice cecine-
runt. Verum talia paucorum ad palatum faciunt, eorum fere tantum, quos atra bilis
angit, aut pietisticus aliquis aut Herrenhu-
tianus, id est fanaticus, vortex agit; et
praeterea tam mystica sunt et aenigmati-
ca, vt multorum iam exercuerint et fa-
tigarint interpretum ingenia, et interpretationes pepererint tot et tam diuersas, vt
appareat, hos mystagogos in suis oraculis
exponendis non minus laborasse neque feliciores fuisse, quam fuit Kircherus in Oedipo
suo et antiquarii bene multi in suis icunculis.
Ego certe mihi aeque confidenter Aegyptiorum
hieroglyphica et Mexicanorum calendaria,
quam illa mystica, explicare sumo. De reliquo non multum reperiet indagator in Arabica poesi attentione dignum, praeter ea,
quae superius allegabam, eius laudabilia. Dicet quidem forte aliquis, in Satyrico genere
Arabes excellere. At is fallitur, non excellunt;
vincunt tantummodo gentes alias canina oris

R 5 impu-

impudentia, vincunt peritia, fi qua eft, con-
viciorum plauftra iactandi, qualia non fub-
vrra fuggerit, non euomit nautica plebs, fed
ipfe Acheron, peftilentem mephitin, exhalat.
Comoedias non habent. et qui poterant? homines a natura prorfus ad iocos et facetias
non facti, ferii, graues, triftes, fuperciliofi,
vehementes, iracundi, intractabiles, quibus
aeftuans bilis nunquam non turget et flagrat.
Epicum carmen etiam ignorant. Poffunt tamen eo dignum praeftare argumentum, fi
quis ab Homerico aut Virgiliano numine in-
calefcat. Mihi certe non indignum videtur,
neque inglorium noftrae Germaniae, fi quis
terribilem quamuis et gloriofum, pacatum tamen et incruentum Muhammedis triumphum
celebraret, quando is Meccam, patriam fuam,
e qua octo ante annis non fine vitae difcri-
mine, paene folitarius, auffugerat, in exercitu
decies mille capitum repetebat, vrbem, fed
abfque caede, expugnabat, hoftibus parce-
bat victor, idola confringebat, vniusque Dei
cultum ex ritu Abrahamico et Ifmaelico re-
ftaurabat obfoletum, et regni Saracenici fun-
damenta ponebat; argumentum, quod ego
certe aptius epico carmini et dignius reputo,
quam Noachi nauiculam. Tragoedia quoque
carent Arabes, fed haurire poteft ex hoc in-
exhaufto fonte magnum ingenium magnis
dramatibus materiam. Qui multum praefta-
mus et egregie rem noftram egiffe videmur,
imitatores Graecorum, non producimus in

thea-

theatrum nifi iam obfoletas faepiufque recantatas aut Phaedras, aut Iphigenias, aut Medeas, aut Oreftes, quum ex Arabia licebat intactas perfonas, fcenae non indecoras, et cafus inauditos, lacrymis non minus dignos, arceffere. Quid fi quis al Hagjagjum pingeret moribundum, hominem nullius boni fibi confcium, quem non quinquaginta furiae, vt Oreften, fed aliquoties mille fpectra crudeliter et inique peremtorum circumuolitantia viuum adhuc et fpirantem diu noctuque admotis quafi fidiculis et ignibus torquent. Quid fi quis vxorem Chalifae Marwani produceret, quae, ob contemtus aliquam fufpicionem, virum iniectis ftragulis fuffocabat, exemplar impotentium et furiofarum mulierum, quae viris, quos matrimonio fuo ex humiliore loco in dignitates et beatam vitam eleuarunt, imperare praetendunt. Quid fi quis generofum illum Arabem Chriftianum produceret, qui, quum facile potuiffet datam fidem fallere, neque, praeter confcientiae fuae morfus, aut infamiam tuliffet, aut poenas dediffet perfidiae, malebat tamen morti fe offerre; quo is heroico facinore portam, vel arcum potius triumphalem, aperibat, per quem Chriftianifmus in aulam phylarchae Hirenfis ouans intrabat. Si locus hic et tempus paterentur, narrarem Vobis, Auditores, cafum hunc, quo non memini in omni hiftoria legiffe auguftiorem. Certe non eft animus, mea quidem ex fententia, quem is admiramiratione grandium spirituum Arabicorum implere et percellere nequeat, eiusque enarratio apud *Rihan* partim prosaice, partim metrice concepta, vnicum est, quantum equidem comperii, monumentum Arabicum, quod tragoediae speciem referat. Quid si quis Mankbernium sisteret, Chorezmiae et Transoxanae principem, qui victus a Genkizchano et ab Indo, magno fluuio, hinc, illinc ab hoste circumuallatus, quum aliam non haberet, nisi per flumen, elabendi viam, curabat, antequam ausus tam ancipitis fortunam tentaret, actus a desperatione in furorem, vxores, quotquot secum habebat, plus tercentum, ne Tataris in praedam cederent, vndis submergi. Quid si quis Bajazetum exhiberet, ferocem illum Turcam, ex sua persuasione inuictum et quauis fortuna potiorem, post amissam pugnam a victore suo, quem ante spreuerat, sed clemente et generoso victore Tamerlane, in castris suis benigne exceptum? Quid si quis tandem Ommiadarum tragicum finem spectatum daret, serae numinis vindictae documentum terribile, quod quoties recogito, gelidus quatit ossa horror. Nouus Abbasi de gente Chalifah, seu summus princeps Abu 'l Abbas, sanguinum effusor cognominatus, postquam Ommiadas, qui summam potestatem hactenus vsurpauerant, elisisset, inuitabat, quos benigna sors e communi suae gentis naufragio superesse voluerat, ad conuiuium, gratiamque et obliuionem praeteritorum

pol-

pollicebatur. Eunt verueces ad lanienam,
eunt in leonis antro epulatum. Quid enim?
Infert malum pedem malo fato in conuiuium
poeta, qui peregre venerat nouo principi no-
vum imperium gratulatum. Vix compofitam
ille procellam quafi Triton inflata furoris buc-
cina tantam refufcitabat, vt conuiuae Ommiadae ftatim non honeftis armis, fed, tanquam
canes aut lupi, fuftibus contunderentur. Non
tamen interrumpit haec tragoedia laetitiam:
continuatur conuiuium, infidetur aceruo cadauerum, imponuntur dapes femimortuis,
augufti tapetes conuiuales feralia fiunt ami-
cula, gemitus et fufpiria et vlulatus exfpiran-
tium chordarum et tibiarum concentus profe-
quitur. Lugubre conuiuium! Orci dapes!

Sed ne tam triftibus, aut inhumanis potius, et, vt verum fatear, theatro non deco-
ris Vos terream, Auditores, Veftramque diutius fatigem patientiam, tranfeo ad commen-
dandam paucis verbis geographiam et hiftoriam orientalem. Quantum geographia vetus, non facra tantum, fed et profana ex Arabicis geographis accipere queat lucis, quantum Herodotus, vbi nationes Perfico pa-
rentes imperio recenfet, quantum Arria-
nus, victoriarum Alexandri M. fcriptor,
quantum Strabo, Ptolemaeus, Plinius, Procopius et eius aequales, quantum Conftanti-
nus Porphyrogenitus, Paulus Venetus, Hay-
thon Armenus, Iofephus Barbarus, alii cum
veteres, tum recentes, inde illuftrari et emen-
d'ari

dari poffint, facile coniectatu eft. Ab Arabibus cognofcas veram fcriptionem et pro-
nunciandi modum, et etymologiam nominum, quae aut populi, aut vrbes orientis
gefferunt; difcas quando, a quibus, qua oc-
cafione conditae fuerint et auctae vrbes Sara-
cenicae in Hifpania, Africa, Oriente, vbi po-
fitae, quae fata expertae, quo praeftet quaeque, quid ferat, quae fit incolarum indoles,
vnde veniant optimi dactyli exempli caufa,
vnde afa foetida; vnde aloe, fal ammoniacum,
camphora, opium, naphtha, borax, alia, et
quomodo parentur. Ducit te Arabica geographia per amoenum quafi paradifum, vaftum, variifque diftinctum fpectaculis, nunc
laetas monftrat virentefque arborum et fru-
gum prouentu planities, nunc variegatum
collibus et conuallibus et riuis folum, nunc fra-
grantes cinnamomi, myrrhae, cedrorum et
palmarum fyluas, nunc exuftas a fole, fteriles
et aridas arenas, nunc horridos aeterna prui-
na geluque, profundifque et nigris fyluis
montes, nunc leonum antra, nunc camelorum, onagrorum, gazellarum greges, nunc
terram aratro follicitatam, nunc perfoffa martello runcinaque eius vifcera, nunc catarrha-
ctas, nunc eclipfes ingentium fluuiorum,
nunc tripudiantes per deferta Faunos et Saty-
ros, quos fua lingua Nafnas appellant Arabes,
nouum et ignotum nobis hominum genus,
nunc haud raros monftrat in illo deferto, per
quod Mofes Ifraelitas duxit, ignes, noctu qui-
.dem

dem clare ardentes, interdiu vero folo fumo
confpicuos, vt alia mittam naturae miracula,
quae geographia orientalis exhibet. Inde
quoque difcas, quod natale folum hunc et
illum magni nominis virum, feu imperato-
rem, feu literatum, tulerit, vbi natus, vnde
dictus al Birunius, al Farabius, Rhafes, az
Zaharawius, as Saherwerdius, al Ferganius
alii. Quem ambitio ftimulat magnum Bochar-
tum imitandi, quem fomnia Iouis fomniare
iuuat, in Arabicas ille colonias inquirat, quas
diu ante Mofis tempora rex Homeiridarum
Africus, vt perhibent Arabes, in vltimam
vfque Mauritaniam deduxit, nouofque fuos
colonos pro lubitu aut per loca diftribuat,
a Bochartianis Phoenicibus non occupata,
aut veteres migrare iubeat.

De gemella geographiae forore, hiftoria
orientali, aut rectius Muhammedana, quid
dicam? Vnde mihi, et quis, canendis eius laudibus par robur eloquentiae? quis grandes
omnes, quos ea praebet, euentus irretorto,
neque conniuente, oculo, vt folem medio
die fulgentem, afpiciat? Quis vaftum illum
campum, Afiam paene totam, et Africam dimidiam, breuem cogat in tabellam, viuifque
pingat coloribus, in quo a tot inde faeculis
tot et tam diuerfa hominum faecula femper
actuofa, trepida, feruidaque, femper fecum
collidentia et luctantia, tanquam innumerabi-
les formicarum nidi, aeterna fcaturigine bulliunt. Grandi nobis et illuftri telefcopio ad

tan-

tantum spectaculum, sed longiuscule distans, capiendum opus est. Passi fuimus hactenus idem, quod multis a vitiosa corporis structura contigit, vt in coram positis, vtcunque minutis, acutum cernant, procul remota, vtcunque grandia, visu non assequantur. Stupuimus e. g. Culichanum, illum diu felicem, et terribilem orientis tyrannum, nescii, non fuisse saeculum Muhammedanum, quod eius pares bene multos, quosdam quoque maiores, non ediderit. Miramur eum a gregario milite in tantam potestatem ascendisse; atqui iam diu ante illum Iacobus, Leitschi filius, e fabro cuprario potens eiusdem Persiae dominus euaserat. Erunt quidem, qui orientis gentes haud magis quidquam ad nos facere dicent, quam Peruuianos, si placet, aut Groenlandos. Verum non animaduertunt, id si statuant, eodem se flagello non tantum magnam partem historiae vetustissimae, a Graecis et Romanis traditae, sed et recentiorum gentium barbararum, Francorum, Hunnorum, Gothorum, Longobardorum, Vandalorum, notitiam, e ciuitate literaria proturbare. Sunt, qui omnem omnino veterem historiam vna quasi spongia deletam volunt, eosque damnant, quos et nos lubenter damnamus, qui nihil norunt, nisi annorum et nominum in tricis argutari. Negant illi nos tangere, negant nobis prodesse, si, quid olim alio sub sole gestum fuerit, sciamus, vixeritne, quod ipsi allegant exemplum, et quando Mardekempa-

dus

dus aliquis aut Pfammetichus. Queruntur
vetuftiffimam, id eft aetatis mundi primae hiftoriam, exilem et macram effe, párumque mo-
mentofam et hiulcam. Si vel maxime effet,
non tamen pateretur aliud, quam quod homo
patitur, qui, quo in virum excrefcat; puer
nafcitur; non aliud, quam quod fluuii patiuntur, qui apud originem tam funt ignobiles, vt vel nomine tenus ipfis accolis ignorentur, tam tenues, vt vel faltu poffint traiici:
procedente autem curfu aucti aliorum magna
colluuie, nomen adipifcuntur celeberrimum,
alueumque implent, quem oculis emetiri vix
queas. Spectabiliores quidem hi funt, quam
illi; attamen tanti non effent, nifi tantilli
fuiffent. Praeftabat omnino vetuftae nos hiftoriae, non particulas, fed omnia tenere.
• Quum vero id non licet, quis eft tam faftidio-
fus, quin partem fcire, quam totum ignorare, malit cum Arabibus. Expofita iam et ex-
haufta queruntur omnia, nefcii procul dubio,
quid actum fuerit, quid adhuc agendum fu-
perfit. Hippocratem non audierunt, qui nondum inuentorum adinuenire aliquid, quod
inuentum praeftet non inuento, et perficere
femiperfecta, reputari debere pro fapientiae
auiditate et opere, cenfet. Sed quorfum tamen tendunt haec omnia? Solam nimirum
fuadent excolere, folam literis confignare no-
ftrorum temporum hiftoriam, folliciteque notare actorum, vt euentus, ita quoque cauffas,
confilia, deftinationes, potentiam, debilitatem,

agen-

agentium. Laudabile profecto poftremum hoc
eft monitum: et optandum erat, vt a rerum
inde initio fuas de rebus geftis narrationes in
hunc modum condidiffent, qui huic negotio
animum applicuerunt, aut potius, vt tales hiftoriae, tam philofophicae, ab homine mortali
li condi poffent. At, quantum ad prius, non
videntur fatis cum vetere hiftoria confueuiffe
ofores, vt eius vfum recte aeftimare didice-
rint. Adimunt enim nobis omnem eius fructum et dulcedinem, magnarum actionum cafuumque documentis plenorum vtiliffima experimenta, et neceffitatem imponunt, iam
dudum maximo cum compendio inuenta, magno cum difpendio rurfus inueniendi; qualis
iactura quanti fit momenti, quantum damnum inferat, vel folus monftrat oriens, qui,
vtut abundet eruditis hominibus, et fapientiffimis quoque, nihilo tamen feliciores habuit femper et adhuc habet rectores, et nihilo meliore vtitur imperii adminiftrandi ratione, quam gentes maxime barbarae, faeuif-
fimisque turbis et calamitatibus identidem af-
fligitur, ideo tantummodo, quod Europaea-
rum gentium veterem nouamque hiftoriam,
fata et fanctiones ciuiles infpicere, cum fuis
comparare, et in exemplum fibi proponere
negligit. Sed nolunt hoc noftri homines, eo
nunc tandem aliquando videor mihi, quorfum omnis haec molitio tendat, intelligere.
Miferos, qui, quod moliuntur opus, non ani-
maduertentes impediunt! Imitantur nempe
fortes

fordes Tarfenfium, quos Dio Chryfoftomus
graui oratione increpat. Volunt ruinae veterum fuam famam fuperftruere; volunt demtis
veterum capitibus, quos in Immortalitatis templo meritum immortalibus ftatuis dedicauit,
fua capita, illorum titulis fuos fubftituere. Atqui fi fecutura hominum faecula viam, quam
ifti monftrant, ingrediantur, folique fuorum
temporum hiftoriae intenti praeterita negli-
gant, vt molefta fibi, et parum vtilia, et a fuis
priuatis rationibus multum feiuncta, neque
contemplentur et fpectatum edant, nifi viros,
quos ipfi vfu cognouerint, neque narrent, nifi
quibus ipfi interfuerint, actiones; fi, verbo,
talem tantum fcire laborent, et fcribere, hiftoriam, qualem ifti requirunt, et qualis vix poteft, ac ne vix quidem, vnius aeui ambitum ex-
cedere: neceffe eft, vt in vno praefente quafi
puncto fixus eorum oculus circumftantia non
videat, vt Ludouicus ille XIV. et Carolus XII.
breui aeque ignorentur et obfcuri fiant, atque
Mardokempadus aliquis et Pfammetichus; neceffe eft, vt eorum praecones, belli huius con-
filii auctores, faeculo poft aeque, atque Theo-
pompus et Philiftus, in obliuionem et piperis
tabernas abeant, illi qui proxime fuperioris
faeculi admiratio erant et deliciae. Ideone de-
lendi funt ex hominum memoria grandes euentus, quia cauffas eorum et adhaerefcentes quaf-
cutque minutias ignoramus? Foret quidem,
fateor, earum notitia gratior, maioreque lectorum animos impulfu feriret, ipfisque rebus et

acto-

actoribus clariorem lucem affunderet. Infunt
tamen illis ipfis actionibus, quas Graeci Latinique fatis tenuiter narrant, haud obfcuri quidam radii, e quibus quae fuerint earum cauffae, quae deftinationes agentium, colligas; e
quibus de fide narrantis, aut integra, aut fufpe-
cta, cenfeas; e quibus acris et attenta medita-
tio coecas hominum et dolofas eruat machi-
nationes. Inuoluuntur eodem crimine negli-
gentiae mei quoque Arabes, quo caeteri plurimi hiftorici. Illi certe, quos tractare mihi licuit, nudas fere tantum actiones, offa excarna-
ta, lectoribus apponunt. Non exponunt e. c.
quas leges fubierint hoftes dediticii, quae iura
et priuilegia a victoribus acceperint, quae conferre tributa et vectigalia debuerint, quis fuerit annuus reditum cuiuscunque imperii cen-
fus, quis copiarum numerus, quae regiminis
conftitutio, quae fucceffionum in fupremam
poteftatem leges, quae bellorum et tumultuum
cauffae interiores, quibus ea femper pactis et
foederibus compofita fuerint, quae miniftro-
rum clandeftinae fimultates et factiones, quales ab aulis abeffe nequeunt. Haec illi plerumque negligunt, quod tantum abeft, vt laudem,
vt potius ideo faepe grauiter ftomachatus et
omnia illis mala imprecatus fuerim; inducere
tamen in animum meum nondum potui, vt
repudii libellum iis fcriberem, praefertim quum
fpes fit admodum probabilis, ea, quae defide-
mus. cum tempore proditum iri ex volumini-
fis illis Arabum operibus hiftoricis, quae vel me-
melius

melum onerent. Partes ego certe quasdam Arabicae hiſtoriae luculenter et fuſe deductas reperii; de reliquo non tractaui niſi compendia, quae ſpeciales eiusmodi politicas et philoſophicas diſcuſſiones non adimittunt; neque tamen ideo contemni merentur. Finge, ſi placet, ex omnibus hiſtoriae Romanae ſcriptoribus te Florum et Eutropium ſolos habere, Liuio, Dione Caſſio, Tacito, caeteris carere. Ideone illam ſperneres? Non putem. Valeret procul dubio tantum tantarum rerum vel adumbrata maieſtas in animum tuum, vt eam admirareris. Patiuntur Arabum hiſtorici ſuos manes; vt plurimum ſunt indiſcreti et turbulenti rhapſodi. At opus hic eſt diligentia et iudicio, quae, quod vni deeſt, ex altero ſuppleant, et, disiecta velut Penthei membra, componant. Quid vero dignius eſt aequitate noſtra, quam rerum et regnorum hiſtoriam excolere, quae, olim florentiſſima, nunc nulla ſunt, ſi volumus, quod volumus, a poſteris noſtra non ignorari, quae nunc quidem ſuo ſpendore nos percellunt, at breui tempore nuſquam erunt. Graecorum amantes vel in horum gratiam deberent, ex mea quidem opinione, Arabice diſcere, et hiſtoriam orientalem excolere. Graecos enim veteres adeo afficiebat Cyri et ſecutorum deinceps Perſarum regum potentia, vt eos magnos reges, aut reges ſimpliciter, appellarent, quaſi nulli eſſent vſpiam alii, et eorum res diligenter ſpecularentur et deſcriberent. Atqui orientalis noſtra hiſtoria non fere niſi

S 3

eorum

eorum fucceffores, eademque dramata eadem in fcena iisdem a gentibus peracta exhibet. Ego certe, legens olim Herodotum, magnâ cum voluptate fenfi, et adhuc fentio quoties lego, quam fimillima fit illa vetus Herodotea facies imperii Perfici nouae ifti, quam Abulfeda proponit; quam fint eaedem gentes, eaedem prouinciae, eadem morum ciuilisque gubernationis inftituta. Stupemus Graecorum de rebus a fe feliciter aduerfus Perfas geftis narrationes, aut, vt non nemini videtur, culicum elephantis infultantium inanem et ridiculam petulantiam. Omni maiores opinione ftupemus victoriarum Alexandri M. progreffus. At multo maiores Alexandro viros orientis non vnum vel alterum, fed numero plures, Thogrilum, Genkizchanum, Timurum, duos totius orientis ab vltima China inde vsque ad Aegyptum, Pontum et Ruffiam domitores, vt et Fatehum illum, fic dictum, quafi Nicetorem, de Otfchmani ftirpe, Muhammedem, non ftupebimus? Romani orbis iactamus vaftam molem. At orientis dynaftias, quae Romanam tam fubactarum gentium numero, quam prouinciarum fpatiis, aequant partim, partim et fuperant, ignoramus. In fcripta referimus, fi quis regulus pago cuidam fori et nundinarum iura concedat. Perfarum vero reges, qui, quot et quantas vrbes condiderint, et inftruxerint populis, intelligere non curamus. Quanti hodie clamores, quanti animorum motus,

proh

proh Dii immortales, fi paruum quis aliquod
oppidum feu dolis et corruptela fibi comparet, feu quaffum a machinis et adaequatum
folo fuis titulis adiiciat, punctum, fi cum toto terrarum orbe comparetur: Homeiridarum vero expeditiones bellicas et colonias in
Orientem vltra Oxum et in Africam produ-
ctas, et recentiores illas Bathonis Tatari ab
Hyrcano mari ad noftram vsque Mifniam ex-
curfiones, quis curat? Exiguos animos! Mi-
feret me noftratium, quando ad infantiles
faepe minutias operofe tradendas et exagge-
randas, infcitia meliornm, delabuntur, et, liceat mihi absque inuidia Homericam fimilitu-
dinem aduocare, tanquam mufcae ad mul-
ctram dulci lacte plenam conuolant; quum licebat animum ad contemplationem vere magnorum et illuftrium, quorum nobis auguftum
theatrum orientalis hiftoria pandit, erigere.
Verfamur et laboramus, vt in cliuo caballus,
in paruis pagis, comitatibus, epifcopati-
bus, monafteriis ornandis, fituque et barba-
rie horridas monachales ineptias multo cum
taedio eruimus, et recenfemus eruditos, fi
Diis placet, futores et fartores, Ioannem et
Michaelem: quum poteramus in viros, quos
oriens tulit, bene de literarum incrementis
promeritos inquirere; quum poteramus animo vaftum illud imperium Perficum luftrare,
in auftrum quidem eo protenfum, vt ait Xe-
nophon, quo habitari amplius propter aeftum
nequeat; in boream vero, quo nequeat pro-

pter

pter frigus. Ego certe miror, noftros philologos nondum inceffiffe cupidinem fciendi,
quid de regnis illis atque prouinciis factum,
in quibus praeclara fuae virtutis exempla
Graeci et Romani ediderunt; quid fatorum
Pontus et Afia minor poft Mithridatem, Lu-
cullum et Pompeium; quid Armenia, Par-
thia, Mefopotamia, Chaldaea, poft Craffum
et Antonium, poft Phraates, Orodes, Vo-
logefes, Sapores, poft Trajanum, Seuerum,
Valerianum, Iulianum, Mauritium, Hera-
clium et alios; quid Africa poft Scipiones,
Hannibalem et Iubam, aliae poft alios, expertae fuerint. Poterant illi, quos hiftoria
medii aeui capit, ab Arabibus didiciffe, quinam illi fuerint, quibus cum Carolo Magno,
cum Carolo Martello, res fuit: illi, quos Italiam ex Africa factis incurfionibus depopulan-
tes, infigni virtute Saxonici repreflerunt Imperatores; illi, quos Normanni et Rogerius
ex Apulia, Calabria, Sicilia, expulerunt; illi,
quos Alfonfus et Ferdinandus ex Hifpania;
quinam illi fuerint Iconii Sultani, et illi Ami-
ri'l Mumenine, vel, vt cörrupte et ridicule
fcribunt, Mirmumeline, quinam illi Strago-
lix, Piffafirius, Mucaletus, Carbaffes, Tan-
grolipix, Affungur, Norandin, Anexianus,
Sebittegin, Cucumetius, Raduanos, Belfer-
chus, Darfianus, Artothus, Ducatus, Dolde-
quinus, Hertoldinus, Tanifmanus, Azati-
nus, Raconadius, aliaque plura virorum et
nominum μοϱμολύκεια, quinam illi Mafalmae,
Dahaki,

Dahaki, Aruritae, qui Conftantinopolitanos imperatores adeo vexaffe apud Cinnamum, Nicetam, et alios hiftoriae Byzantinae fcriptores, leguntur. Poterant multas Graeculorum nugas, de ortu Turcomanorum in Afia, refutare et magnas componere lites, quas ambitiofo apparatu et laboriofo molimine Leunclauius in Annalibus agitat, et tenebras difcutere, quibus diligens ille fcriptor fefe, quo magis explicare nititur, eo magis implicat. Poterant ab Arabibus nonnulla, quae Francorum res in Syria, Palaeftina et Aegypto geftas et cruciatarum expeditionum fortunam fpectant, accipere. Mirum illos, qui florentiffimarum quondam orientis ciuitatum nomina in numerato habent, non ftuduiffe cum hodiernis ea comparare. Mirum, amorem Arabicarum infcriptionum non concepiffe animum aliquem criticum epigraphicum, quem, formatum fuis manibus quum deturbarent in orbem terrarum Parcae, iubebant veteris aeui lapides lauare. Mirum, alium aliquem, quem ad numos veteres ab aerugine purgandos damnauit aeterna fors, caelum et lixiuium et microfcopium ad Arabicos nondum attuliffe. Mirum illos, qui mores animosque hominum et mirabiles imperiorum fortunas contemplari cum voluptate folent, fibi pabulum ex oriente non quaefiuiffe, quum tamen in Europaea noftra hiftoria non exftet cafus, e quo vel prudentiam difcat homo ciuilis, vel meditandi fumat argumentum animus

mus

mus diuinae fapientiae coecarumque fati viarum admirator, et fcrutandis hominum inge-
niis intentus, qui aeque illuftris in ea, quam
commendamus, hiftoriâ fe non praebeat. Arabem Gobriam, καὶ δἰ ἀμφοτέρων τὸ ξίφος
ὠθεῖν iubentem, exhibet ol Maidanius, et
idem quoque Harpagi dapes, et Zopyri crudelem erga herum fidem, et Herculem, fed
dicam potius Adonin, Arabicum, venenata
vefte fublatum, et Helenae non inuitae ra-
ptum, belli, plus quam Trojani, Arabici,
cauffam. Oharegitas aliquos dederunt alii,
qui Saguntinis animorum feritáte pares, ipfi
fe flammis fepeliebant. Quot Cadmaeas victo-
rias dedit Otfchmanica domus in Bajazedi filiis! Sed relabor, non fentiens, in argumentum fertile quidem, fed quod fupra iam at-
tigi. Vt itaque breuis fim, et paucis omnia
comprehendam, pronuncio, fidemque faciunt affertioni meae iam dicta, fatis et abunde in hiftoria Muhammedana et orientali
omni habere, quo fe occupent et delectent,
quotquot diuerfas populorum de Deo rebusque diuinis fanctiones, et fata religionum, aut
mores, leges, iura gentium et rerumpublica-
rum, aut curiarum formas, noffe cupiunt; aut
quos rerum naturalium, morborum, medica-
tionum, hiftoria capit; aut qui variam vario
tempore faciem orbis terrarum, ortusque et
interitus vrbium, et migrationes gentium,
contemplari amant. Qui genealogicis delectantur fcrutiniis, hic amplam inuenient et

dignam

dignam sua sedulitate materiam, series regum,
prae quibus plerique noftri reguli et dynaftu-
lae in cenfum non veniunt. Cui natura ge-
nium aliquem ἐρεβοδίφην addidit, Morphei filium, qui cum fabulis et heroibus mythicis, et
vmbris verfari gaudet, is multa fpectabit apud
Arabes mira et incredibilia, fanctorum acta, ra-
ptos a daemonibus in deferta, Bacchos Muhammedanos, quibus leones pedes lambunt; leget
narrationes prodigiofas de bellis Iudaeorum
cum Arabibus in tempore Iudicum, de excidio
Thafm et Gjadis, Ad et Themud, antiquiffima-
rum Arabiae gentium. Quem monftra iuuat
et prodigia videre Liuiana et Caffiana, quem
Sibyllas audire vaticinantes, quem Herodo-
teas tragoedias et Luciani vera mendacia legere; huic et apud Arabes al Cabam fponte fua
conflagrantem, folem ex toto contra naturam
abfque eclipfi deficientem, ftellas fluctuantes,
cineres per aërem volantes, Caffandras vatidi-
cas, mures faxorum iuga quafi ftramen man-
ducantes, et talia plura videre continget. Qui
rebus leuibus, ceu pueri ftruendis ludo cafulis,
delectantur, qui de veterum fibulis et aciculis,
de Iouis hafta, de Apollinis barba, de cefto Veneris, de afini vmbra, magna cum animorum
contentione pugnant, quibus in fcalpendis li-
mandisque literulis, apicibus et punctis vita eft,
quibus fitu obfitus et tineis femefus codex fua-
uius, quam vinum, olet; qui Graecis Latinis-
que in fcriptoribus nugarum intactum relin-
quunt nihil; his ego nouam, et fpatiofam certe,

palae-

palaeftram aperio, Arabicam, in qua fiue veru
furcillisque criticis, fiue tremenda falce et
Thracica bipenne graffari malint, fiue fe punctis traiiciendis, tanquam difcis et halteribus
iactandis fatigare, vel ad animi deliquium vsque, licebit. Mihi certe vtile videtur et necef-
farium, et opportunum tandem aliquando, cri-
ticorum animos a folennibus minutiis et nugis,
antiquariis e. c. chronologicis, grammaticis, a
literarum computatione, quibus Ilias et Ödyf-
fea conftant, a decempedatione chororum
Aeschyli, ab Aeolico digammate, ab hierogly-
phis Aegyptiacis, ab Etrufca literatura, ad alias
nouas ἀχρησομαθίας, prudentium medicorum
exemplo, ab vno morbo ad alium traducere, ne
fcilicet in vno fixi puncto et ftagnantes quafi
humores fpiffefcant, et diathefin aliquam in-
flammatoriam, aut atrabilariam, aut hypercri-
ticam, contrahant. Quos tandem hiftoriae li-
terariae tenet amor, hi mirabuntur exftitiffe in
oriente viros numero plurimos, literarum quo-
uis genere perpolitos, quo tempore nos Euro-
paei, tanquam glires per hyemem dormientes,
pinguefcebamus; gaudebuntque intelligentes,
quam eorum quisque fymbolam ad eruditionis incrementa contulerit. Habebunt omnes
digniffimam ingenuis hominibus occupatio-
nem, et recreationem animi fuauiffimam. Poterunt enim fecreta multiformis humanae mentis confilia rimari, et vbique locorum atque
temporum fibi fimile mortalium deprehendere
ingenium, dolofum, inconftans, alienorum aui-
dum,

dum, eniti per alterius ruinam nitens, illudi facile aptum et cupiens, veri boni pulchrique nefcium et incurium, gloriae, opum et voluptatum ftudio infelix. Poterunt, ex hac etiam, potiffimum et dulciffimum hiftoriae fructum percipere, qui eft, ab aliena virtute accendi, ab alienis vitiis, periculis et damnis fapere, noftra bona intelligere, diuinaeque mifericordiae vere contrito et grato animo gratias agere, quod iis calamitatibus nos exemit, quibus aliae gentes opprimuntur, quod ftuporis, fuperftitionis, fanatifmi quafi catarrhactam ab oculis noftris remouit, a qua tot aliae gentes coecutiunt; quod ea luce et libertate humani ingenii frui, fub ea rerum gerendarum feliciffima conftitutione, quae vltra leges principi nihil permittit, aetatem agere nobis permifit, quum tot aliae gentes fub crudeli gemant, arbitrariae et libidinofae poteftatis maledictione, quae rapinas animarum et opum impune agit, quae malos alit, inftrumenta fuae nequitiae, quae bonos et generofos omnes, ideo tantum, quod tales funt, odit, tremit, et trucidat. Quod infimum non eft, hinc etiam peruidere licet fagaci fcrutatori, quibus rotis et funibus agantur et impellantur actiones hominum, et impietatem atque tyrannidem faepe florentem caduca felicitate, commodos contra fimplicesque mores humi iacentes, abfque praemio, faepe quoque crudeliter proculcatos, verbo, fusque deque, tanquam in vortice, coeco impetu, fed quem fuperior fapientia moderatur, acta lataque omnia non fine admiratione et ftupore contemplari.

Suffi-

Sufficiant haec in praesentia, pauca de multis, Arabicae linguae studium commendanti-
bus; e quibus intellexistis, Auditores O. O. H.
et, nisi fallor, persuasum Vobis fuit, eam linguam plurimorum esse vsuum, et in omne literarum genus implicari, suasque radices, pro-
cerae quercus ad instar, per doctrinarum syl-
uam quaquauersum explicare. Intellexistis eius
linguae studium honesto animo dignissimum
esse, non merae memoriae opus, non hominis
inertis, ludicri, obscuri, absurdi, nugis comen-
dis et commentandis nati; sed grandem animum grandibus implere conceptibus, notitias
rerum perhibere, quas scire, quam ignorare,
praestat, integrisque, non vni alteriue saeculo,
sed pluribus, quod agant, si forte omnia iam ex-
hausta querantur, abunde sufficere; verbo, intellectum illustrare mentisque mores et affectus purgare, id est praestare omnia, quae ab
vlla possunt alia, quacunque tandem, scientia
requiri. Paucorum quidem hoc est studium,
sed neque multorum esse volumus. Non po-
scimus nisi paucos; sed egregios et sublimes,
quasi pictores et statuarios, non qui ollas et cu-
curbitas sepulcris appingant, quibus, vt abundat respublica, sic facile poterat suoque cum
commodo carere; sed, quos non omnis aetas
fert, Phidias et Praxiteles et Lysippos, qui nu-
mina et heroas et sapientiam virtutemque
omnem orientis spectaculo et admirationi sae-
culorum omnium aeternis tabulis dedicent.
Lucrosum quoque studium hoc non est; saltim

non

non fuit hactenus. Ego certe plus aeris et plus operae in hanc literaturam impendi, quam aut recuperaui et compensatam tuli, aut, vt credibile est, breui tempore recuperabo. At si vellemus omnes vile pectus et illiberale in sinu fouere, quod, priuata sua commoda publicis literarum incrementis praeferat, breui de bonis omnibus artibus actum foret. Dignum ego saltem me semper existimaui, talentum illud, quod diuina quaedam peculiaris mihi gratia indulsit, etiam absque praemio foenori dare; dignum me credidi, agellum illum, vtut sterilem et laboriosum, excolere, quem mihi supremus rerum nostrarum dispensator, tanquam seruo villatico, assignauit. Sordida semper et pessimo de luto ficta reputaui praecordia illi theologo, qui, neglecto sanctarum linguarum et historiae ecclesiasticae studio, nihil in Academia discat aliud, quam dignum sibilis et commiseratione centonem e Scripturae dictis et hymnorum laciniis confarcinare; iurisconsulto illi, qui, spretis historiae politicae et antiquitatum fontibus, vnice optet insanus rabula fieri; medico illi, qui, posthabito dogmaticae rationalis medicinae difficili et taedioso studio, non patiatur labore moraque maturari, sed, velut fungus, vna nocte nasci velit truculentus empiricus, pestis humani generis, sperans, posse arcanis aut specificis, quae ab auo, vel anu quadam accepit, malos omnes spiritus, tanquam Orci galea, profligare. Abesse debent ab artium liberalium cultura sordes et lucri spes;

abesse

abeſſe difficultatis rei metus. Difficile nempe ſtudium eſt linguae Arabicae, ſiue ipſam eius indolem cogites: non enim eſt alia aeque locuples, aeque ab ingenio noſtro abhorrens, atque Arabica: ſiue tempora noſtra ſpectes, et eam, quae nos premit, praeſtantium Arabicorum codicum penuriam; cui malo o ſi quis Deus ex machina, Deus euergetes, ſuccurreret. Paucis Corinthum adire licet, Bibliothecam ſpoliis orientalibus refertam. Plurimi, quibus licet, ſitientes, abſit inuidia prouerbio, tanquam canis, e Nilo bibere coguntur. Optime mihi ſum conſcius, quanto mihi labore conſtiterit, parua illa, quae vix manus volam implet, lacinia, quam trepidus et anxius, quaſi fur, conniuentibus triſtium et rigidorum vigilum oculis, ab illo aureo, non Colchico, ſed alio quodam, vellere auellere potui. Vtinam excitaret almum prouidumque rebus humanis numen opulentum aliquem et liberalem Muſageten, qui opes, quae ſaepe in parui momenti res, perſaepe in parum vtilia, haud raro in noxia, profunduntur, coëmendae impenderet bibliothecae codicum manuſcriptorum Arabicorum, et erigendae typographiae Arabicae, qualis olim a munificis Muſarum altoribus, principibus Mediceis, Romae fuit inſtituta, ex qua vt alios taceam ignobiliores, Auicenna et Geographus Nubienſis prodierunt. Vtinam Lipſia noſtra, niſi opulentae, certe eruditae Germaniae caput, vexillum tolleret caeteris vrbibus, facile ſecuturis

turis, omnisque generis bonos libros Arabicos, medicos, mathematicos, hiſtoricos, geo-
graphos, lexica, poetas, tanquam ex diuite
cornu Copiae profunderet. Neſciremus hodie graece, neque haberemus immortalia ve-
tuſtatis monumenta, Herodotum, Thucydiden,
Xenophontem, tragicos, Ariſtophanem, Plutar-
chum, Diones, alios, absque generoſa et hodie
vix tuto imitabili Aldorum, Iuntarum, Fro-
beniorum, Stephanorum, Morellorum audacia,
graecos libros absque latina interpretatione
edendi. Quidni et nos Aldi Stephanique fiamus
Arabici? quidni et nos fortunam tentemus?
cum maxima ſpes ſit, fore, vt, ſi qui impriman-
tur, ſed vtiles, ſed emendati, libri Arabici, ſtatim emtores inùeniant, futuros cum tempore
quoque leɛtores, quando nempe cupido inceſ-
ſat cognoſcendi, quid tandem bonarum rerum
abſconditus ſibi ſuus theſaurus contineat. Hoc
certe modo niſi procedamus, non video, qua
vlla alia ratione poſſit Arabica literatura emer-
gere. Inutile alias erit eius profeſſores conſtitue-
re, inutile prorſus erit eam attingere. Aut enim
magnum aliquid et eximium in his tentandum
eſt, aut nihil. Operae pretium non eſt, elemen-
torum huius linguae tantum ſibi comparare notitiam, id eſt clauem, vt exemplo vtar, quae fo-
resSeraglii magniTurcarum imperatoris referet,
ad quod aut conceſſum non ſit, aut nolimus,
accedere. Prima itaque noſtra et praecipua cura ſit oportet, vt de libris Arabicis nobis pro-
ſpiciamus, absque quibus aeque parum profi-

T   cie-

ciemus, atque in Graecis absque Graecorum libris. Ego quidem quantum in me virium et dex-
teritatis eft, quidquid diuinae clementiae aut debeo, aut debebo porro, id omne conferam eo,
vt adiutus Veftro, Auditores, fauore et ftudio, li-
brariam fupellectilem Arabicam libris aliquot lo-
cupletem, quos legiffe et tractaffe non poeni-
tebit. Praecipue ftudebo, Vobis, Ornatiffimi
Iuuenes, quotquot harum rerum amor tenet,
hiftoriam fic vulgo dictam orientalem tradere,
id eft doctrinam rerum, quas Muhammedanae
gentes per centum et mille annos in Afia et A-
frica, aliquando etiam in Hifpania, Italia, Thra-
cia, Pannonia gefferunt; doctrinam praeter meritum fuum hactenus in Academiis neglectam,
rem non iis tantum cognitu dignam et vtilem,
qui Arabicum agellum, fed et iis, qui omnem hiftoriam excolunt. Dabo Vobis non quidem
quantum aut Vos optetis, aut ego, fed quantum
mihi benigna indulfit fortuna, vel eius benig-
gnus largitor potius, DEVS, cui fupplices hu-
millimasque gratias venerabundi agimus ex merito, quod, fi non plenam lucem, aliquot faltim
radios eosque certe luculentos fulgentiffima-
rum rerum nobis affulgere clementer permife-
rit. Gratias item agamus maximas REGIAE
Suae MAIESTATI, domino noftro clementif-
fimo, quod, proferendis doctrinarum pomoeriis
intentus, mihi quidem prouinciam, in qua mon-
ftrare me potero, clementiffime demandare,
meamque diligentiam honefto ftipendio ad prae-
clare agendum incitare, Vobis autem occafionem

nem egregias res addifcendi, quae per totam reliquam Germaniam non docentur, facere voluit. Vt diu faluum nobis inte-
grumque fit tam carum, tam venerabile
caput! vt diutiffime floreat in Mufarum fpem
et gaudium Sereniffima S A X O N V M P R I N C I-
P V M D O M V S! vt femper illi adfint, quales
nunc funt, literati et literarum amantes C O N-
S I L I A R I I et rerum gerendarum adminiftri,
qui quae literarum ex vfu fint, indefeffa cura
prouideant et comparent. Vt quo me hactenus profecuti fuiftis fauore et beneuolentia,
R E C T O R A C A D E M I A E M A G N I F I C E, cae-
terique Celeberrimi et Spectatiffimi huius Academiae Proceres, praeclara eruditi orbis lumina, patroni aeternum honorandi, ex parte
quoque venerandi praeceptores, vt, inquam,
eodem porro me meosque qualescunque co-
natus fauore fecundetis. Veftra certe commen-
datio fola poteft emortuae paene literaturae
Arabicae vitam reddere. Vos fi claflicum ca-
natis, et ftudiofam iuuentutem, quae ad Vos
audiendos et admirandos confluit, ad diligentius excolendum hoc literarum genus accenda-
tis, quod exili hac oratione vt Vobis commen-
darem benigne permififtis: nullum eft dubium,
quin breui omnes ad fcholas Arabicas turmatim ruant. Quantum quidem in me eft, *Studio-
fi Iuuenes*, non deero, quacunque potero ratione, veftris ftudiis. Veftrum eft oblata bona
rapere, et, quemadmodum omnes ego in id ner-
uos intendam, vt almae huic Academiae com-

muni-

muni noftrae matri, ornamento fim, ita veftrum eft viciffim, ex Academia totius Germaniae vnica, quae Profefforem Linguae Arabicae habet, onuftos Arabiae fpoliis decedere.

Peractis itaque his nihil iam fupereft, quam
vt Summo Numini, pro praeftita his aufpiciis fic
fatis aufpicatis fua gratia gratias agamus fupplices, rogemusque diuinam maieftatem, velit porro mihi quidem animi corporisque vires ad do-
cendum neceffarias, Vobis autem, Optimi Commilitones, difcendi cupiditatem et conftantem
diligentiam largiri, noftrosque hos, quos fufci-
pimus, labores ad fui nominis gloriam et com-
mune humani generis bonum conuertere. Vobis autem adhuc agendae funt gratiae, agoque
illas Vobis et habeo maximas, Rector Academiae Magnifice, Viri Experientiffimi, Decane
Spectabilis, Ampliffimi, Excellentiffimi, Doctiffimi, Patroni Venerandi, Fautores Colendi,
Commilitones Nobiliffimi et Humaniffimi,
quod actum hunc praefentia Veftra decorare,
mihique infueto et rudi oratori benignas
aures indulgere voluiftis. Dixi.

CPSIA information can be obtained at www.ICGtesting.com
Printed in the USA
LVOW02s2119200314

378262LV00017B/663/P